Edizione novembre 2018
Proprietà riservata

MIKOS TARSIS

CRITICA LAICA

La fantasia è tanto più robusta quanto più debole è il raziocinio.

Giambattista Vico

Nato a Milano nel 1954, laureatosi a Bologna in Filosofia nel 1977,
già docente di storia e filosofia, Mikos Tarsis (alias di Enrico Galavotti)
si è interessato per tutta la vita a due principali argomenti:
Umanesimo Laico e Socialismo Democratico, che ha trattato in homolai-
cus.com e che ora sta trattando in quartaricerca.it e in socialismo.info.
Ha già pubblicato *Pescatori di favole. Le mistificazioni nel vangelo di
Marco*, ed. Limina Mentis; *Contro Luca. Moralismo e opportunismo nel
terzo vangelo*, ed. Amazon.it; *Protagonisti dell'esegesi laica*, ed. Ama-
zon.it; *Metodologia dell'esegesi laica*, ed. Amazon.it; *Amo Giovanni*, ed.
Bibliotheka.
Per contattarlo info@homolaicus.com o info@quartaricerca.it o info@-
socialismo.info
Sue pubblicazioni: lulu.com/spotlight/galarico e su Amazon

Premessa

Dopo il crollo del muro di Berlino e dell'Urss, il tema del rapporto tra socialismo e religione, in Europa occidentale, sembra essere totalmente scomparso. Eppure abbiamo ancora oggi il più grande partito comunista del mondo, quello cinese, che gestisce un sesto dell'umanità. Abbiamo Cuba che resiste imperterrita al più grande embargo della storia americana (e forse della storia in generale). Abbiamo altri paesi del sud-est asiatico che hanno chiaramente conservato tracce del più recente socialismo; per non parlare del pericoloso autoritarismo (sedicente comunista) della Corea del Nord. E che dire di quei paesi che al loro interno hanno porzioni di territorio in cui le comunità locali vivono reminiscenze di socialismo ancestrale, pur senza professarne l'ideologia?

Questo per dire che dal punto di vista mondiale non ci sarebbero tanti motivi per mettere una pietra sopra il tema suddetto.

Dai tempi del socialismo utopistico ad oggi i progressi fatti sul piano della laicità sono stati enormi: dal concetto di Stato laico alla secolarizzazione dei costumi e degli stili di vita.

Nonostante le aberrazioni del cosiddetto "socialismo realc", l'idea di emanciparsi progressivamente dalla superstizione e dal clericalismo è andata avanti; anzi si può dire che, oltre alla scoperta dei diritti tipicamente "sociali" (lavoro, assistenza, previdenza, istruzione, sanità, sicurezza...), il maggior contributo allo sviluppo dell'umanità il socialismo l'abbia dato proprio nel campo della laicizzazione (la quale, si badi bene, non può essere confusa con l'ateizzazione gestita dallo Stato).

Col tempo abbiamo capito che "Stato laico" vuol semplicemente dire "aconfessionale", cioè indifferente alle religioni, anche se le istituzioni non possono restare "neutrali" di fronte ai tentativi d'ingerenza clericale nelle leggi parlamentari.

Il miglior Stato che possa favorire la libertà di coscienza è appunto quello "laico", che in Italia, come noto, non esiste, a motivo della presenza dell'art. 7 della Costituzione, che riconosce un privilegio fondamentale alla chiesa romana, in virtù del Concordato e dei Patti Lateranensi.

Il futuro socialismo democratico (perché comunque di "socialismo" dobbiamo parlare, non potendo buttar via acqua sporca e bambino) non dovrà in alcun modo creare uno "Stato ateo", né tentare di separare la chiesa dalla società civile. Ognuno dovrà essere lasciato libero di credere nella religione che vuole, e ogni credente dovrà sforzarsi il più possibile, quando vorrà opporsi a determinate leggi statali, di farlo semplicemente *in quanto cittadino*, senza chiamare in causa i contenuti della propria fede.

In occidente è finito da un pezzo il periodo in cui era necessario opporsi a un'idea religiosa con un'altra idea religiosa, o quello in cui si permetteva alla religione di avere una propria presenza politica (teocrazia, ierocrazia, integralismo della fede, teologia politica ecc.). Solo in Italia si hanno ancora dubbi al riguardo.

L'umanità procede verso una sempre più grande *laicizzazione della vita sociale*, pur in mezzo a errori madornali, dalle conseguenze spesso spaventose. Tali errori sono stati compiuti proprio perché non si era capito che non basta la *laicità* per rendere migliore la vita: occorre anche la *giustizia*. E in questo campo, essendo gli uomini da millenni abituati all'antagonismo sociale, ovvero ai conflitti di classe e di casta, siamo ancora lontanissimi dall'aver trovato una strada davvero praticabile.

Si pensi solo al fatto che se, per l'affermazione dell'*umanesimo laico* oggi ci accontentiamo di un regime di separazione tra chiesa e Stato, tale separazione non è affatto sufficiente per garantire la realizzazione di un socialismo davvero democratico.

I migliori classici del socialismo hanno infatti sempre sostenuto che parlare di "Stato democratico" è una contraddizione in termini, in quanto l'obiettivo finale prevede l'*autogestione delle risorse e dei bisogni collettivi*, che non prevede alcuno Stato.[1]

---

[1] Molti di questi articoli sono degli anni Ottanta e Novanta e riflettono la mia partecipazione a Comunione e Liberazione durante il periodo liceale e universitario (praticamente me ne andai subito dopo il delitto Moro, quindi in realtà riflettono la *critica* di quella esperienza). Rileggendoli, non cambierei una parola, anche perché si riferiscono a un argomento che ho studiato molto e su cui penso di avere idee sufficientemente chiare. La conclusione vuole invece essere un invito a proseguire la critica laica riesaminando le fonti neotestamentarie: cosa che ho fatto abbondantemente.

Socialismo e ateismo nel giovane Marx

I

Se c'è una cosa che Marx intuì sin dai *Manoscritti* parigini del 1844 fu il nesso inscindibile di *ateismo* e *socialismo*. Egli infatti aveva capito che nell'economia capitalistica (come d'altra parte in ogni società basata sul conflitto di classe) si verifica un processo analogo a quanto avviene in campo religioso: "quanto più l'operaio si consuma nel lavoro, tanto più potente diventa il mondo estraneo, oggettivo, che egli si crea dinanzi, tanto più povero diventa egli stesso, e tanto meno il suo mondo interno gli appartiene".[2]

Cioè quanto più aumenta l'alienazione tra ciò che si produce e la proprietà di quel che si è prodotto, tanto più si pensa di poter recuperare il proprio prodotto attraverso l'illusione religiosa, cui oggi potremmo aggiungere (essendo passato un secolo e mezzo da quei *Manoscritti*) tante altre illusioni di tipo materiale e simbolico, tipiche delle società consumistiche, quali si sono venute affermando a partire dal secondo dopoguerra: tutta una serie di oggettistica che ha per così dire volgarizzato l'istanza religiosa, a dimostrazione di una progressiva laicizzazione degli interessi e dei costumi. D'altra parte il socialismo, già al tempo di Marx, aveva capito che "non già gli dèi, non la natura, ma soltanto l'uomo stesso può essere questo potere estraneo al di sopra dell'uomo" (p. 81).

Tuttavia, per evitare che si realizzasse il socialismo, i circoli dirigenti borghesi han fatto in modo, nella seconda metà dell'Ottocento, di scaricare sulle colonie tutto il peso delle contraddizioni del loro sistema, assicurando alle madrepatrie un relativo e diffuso benessere, con cui poter corrompere le idee del socialismo, che da teoricamente rivoluzionario divenne praticamente riformista, sino a scomparire quasi del tutto. Oggi, anche il miglior partito democratico non mette mai in discussione le fondamenta del capitalismo e al massimo si preoccupa di razionalizzarne le antinomie, facendo in modo che nel rapporto Stato/Mercato il piatto della bilancia non pesi eccessivamente a favore del mercato.

Le due guerre mondiali sono state fatte per ripartirsi le colonie tra i paesi occidentali più avanzati; la seconda, oltre a questo motivo, venne fatta anche per affossare l'esperimento del cosiddetto "socialismo reale", quell'insopportabile anomalia dell'Europa orientale, di estrazione

---

[2] *Manoscritti economico-filosofici del 1844*, ed. Einaudi, Torino 1970, p. 72.

contadina e di religione ortodossa, che pur aveva già subìto un'involuzione dal leninismo allo stalinismo. Tale socialismo però non solo riuscì a resistere agli attacchi del capitale, ma finì anche coll'espandersi notevolmente, acquisendo, tra i vari paesi, una vasta e potente nazione come la Cina (nel 1949).

Poi, a partire dalla metà degli anni '80, nella Russia di Gorbaciov si cominciò ad ammettere che un socialismo di stato era una contraddizione in termini, il cui mancato superamento aveva favorito processi del tutto antidemocratici, come l'autoritarismo politico e ideologico, l'abnorme militarismo, la distruzione dell'ambiente naturale ecc. Nei paesi esteuropei il socialismo amministrato dall'alto è per così dire "imploso" e, tutto sommato, in maniera relativamente pacifica; solo che, invece di cercare strade alternative, democratiche, nell'ambito del socialismo, s'è preferito ricominciare su basi del tutto borghesi, aprendosi alle influenze dell'occidente e cercando di recuperare in fretta il tempo perduto.

La differenza principale tra la Cina e l'Europa orientale sta semplicemente nel fatto che la prima ha permesso solo alla società civile di diventare "borghese", mentre lo Stato e la politica hanno continuato a restare autoritari. A dir il vero anche in Russia esiste l'autoritarismo politico, ma qui si è rinunciato, già con la presidenza di Eltsin, a qualunque caratterizzazione ideologica di tipo comunista.

Tuttavia il problema che Marx pose nel 1844 è rimasto immutato: quello di come risolvere concretamente, senza le illusioni religiose, consumistiche o di altra natura, l'estraneazione che caratterizza il lavoratore delle società antagonistiche, in cui vige la separazione tra il prodotto del suo lavoro (di cui si appropria il capitalista) e la proprietà di questo prodotto.

A tutt'oggi le migliori risposte che il capitalismo ha potuto darsi (grazie anche alle pressioni delle rivendicazioni operaie) sono state soltanto due: lo *Stato sociale*, che garantisce la fruizione di determinati servizi per i bisogni primari (salute, scuola, previdenza, assistenza ecc.) a prezzi relativamente contenuti, in quanto i loro costi vengono ripartiti a livello nazionale; la *contrattazione salariale*, in cui s'è permesso ai sindacati di giocare un ruolo di primo piano.

Oggi però entrambe le risposte sembrano non essere più sufficienti a ridurre il senso di estraneazione che caratterizza il lavoratore privo di mezzi produttivi. Le cause sono molteplici: 1) la gestione dello Stato sociale, essendo centralistica e continuamente condizionata da una mentalità affaristica, non ha saputo impedire sprechi e corruzione, abusi di ogni genere, al punto che il debito pubblico ha raggiunto e superato i livelli del prodotto interno lordo, impedendo quindi non solo il risparmio e gli investimenti ma anche il pagamento degli stessi debiti; 2) stipendi e salari non sono più adeguati alla continua corsa verso il rialzo dei beni di prima necessità, e i sindacati non paiono avere forze sufficienti per invertire la rotta; 3) a livello internazionale vengono emergendo nuovi paesi capitalisti che, coi prezzi molto bassi delle loro merci e i costi ridotti del lavoro salariato, risultano ampiamente competitivi rispetto ai paesi avanzati dell'occidente; 4) il prezzo di vari generi di prima necessità sta salendo alle stelle in tempi molto ridotti, proprio perché la domanda di questi paesi neo-capitalisti risulta di gran lunga superiore all'offerta attualmente disponibile; 5) vari paesi del Terzo mondo, strangolati dal debito internazionale e da uno scambio ineguale con l'occidente, non sembrano più disposti a continuare a svolgere un ruolo da comprimari e rivendicano un'indipendenza non solo politica ma anche economica; 6) colossali scandali finanziari e di imprese produttive scuotono in maniera sempre più pericolosa i trend delle borse.

La risposta che Marx diede al suo problema e che Lenin cercò anche di mettere in pratica, fu molto netta: la proprietà privata dei principali mezzi produttivi va *socializzata*, cioè va tolta ai singoli capitalisti e proprietari terrieri. "Questo comunismo s'identifica, in quanto naturalismo giunto al proprio compimento, con l'umanismo e, in quanto umanismo giunto al proprio compimento, col naturalismo" (p. 111).

Che ruolo ha l'ateismo in questo processo? Risponde Marx: "il comunismo comincia subito con l'ateismo (Owen), ma l'ateismo è ancora in principio ben lungi dall'essere *comunismo*: quell'ateismo è ancora più che altro un'astrazione" (p. 112). Cioè l'ateismo può aiutare a rinunciare all'illusione religiosa, ma non è lo strumento fondamentale per realizzare il comunismo. Anche perché quando questo sarà realizzato, "l'*autocoscienza positiva* dell'uomo non sarà più mediata dalla soppressione della religione" (p. 125).

"Infatti l'ateismo è, sì, una *negazione di Dio* e pone attraverso questa negazione l'*esistenza dell'uomo*, ma il socialismo in quanto tale non ha bisogno di questa mediazione" (ib.).

Con ciò Marx poneva forse fine alla critica della religione? No, semplicemente subordinava questo compito a quello, ben più importante, di eliminare la proprietà privata. Il superamento dell'identificazione di socialismo e ateismo sarebbe avvenuto solo a socialismo "realizzato", cioè allorquando gli uomini si sentiranno indotti a rinunciare all'ateismo in quanto le ragioni dell'*umanismo* e del *naturalismo* appariranno scontate, socialmente ovvie.

Dopo il fallimento del cosiddetto "Biennio rosso", Gramsci s'era illuso di poter privilegiare il momento della critica della sovrastruttura per portare, progressivamente, le contraddizioni a esplodere, rendendo così inevitabile la ricerca di una soluzione al problema della proprietà privata. Purtroppo anche il gramscismo non ha dato i risultati sperati. Infatti, in assenza di una battaglia politica organizzata attraverso un partito rivoluzionario, la battaglia culturale tende a scemare, fin quasi a scomparire del tutto.

Su questo Lenin aveva ragione: egli era ben consapevole che senza rivoluzione politica, il potere dominante, avendo strumenti molto più efficaci dei rivoluzionari, tende col tempo a fagocitare con successo la semplice battaglia culturale. Non bastano le armi della critica, ci vuole anche la critica delle armi.

Quello che è mancato all'Europa occidentale è stato proprio l'aspetto dell'organizzazione politica della rivoluzione, anche perché ogniqualvolta ci si è avventurati in questo percorso, si è finiti con l'assumere posizioni settarie, a causa delle quali il consenso delle masse popolari è rimasto sempre molto risicato.

La sinistra rivoluzionaria non è mai riuscita a superare la malattia infantile dell'estremismo. Lo dimostra il fatto che ancora oggi non si riesce a coniugare in maniera organica la critica della contraddizione tra lavoro e capitale con quella della contraddizione tra industrializzazione e ambientalismo. Cioè ancora oggi la sinistra non è in grado di capire che non basta risolvere il conflitto tra capitale e lavoro, ma bisogna anche chiedersi come superare una civiltà che sta devastando in maniera irreparabile la natura. D'altra parte gli stessi ambientalisti non riescono a far propria l'idea che l'unico modo per tutelare la natura è quello di fuoriuscire da qualunque civiltà basata sull'antagonismo sociale.

La destra vuole invece farci credere che l'alternativa allo Stato centralista è il *federalismo*, il quale, naturalmente, viene richiesto anche per potenziare al massimo il capitalismo delle aree più industrializzate del nostro paese. E se noi invece dicessimo che per uscire dal capitalismo e quindi dallo Stato centralista occorre ritornare all'idea di *autoconsumo*?

II

Con Marx abbiamo capito che c'è una certa differenza fra "democrazia politica" e "democrazia sociale", fra "emancipazione politica" ed "emancipazione umana". Il regime di separazione fra Stato e chiesa fa parte della democrazia politica, ma non è ancora il riflesso di un'adeguata emancipazione sociale ed umana.

Sino a quando infatti si parla di "separazione", si parla anche di una sopravvivenza del passato. Noi non sappiamo quando avverrà una generale emancipazione umana, però sappiamo ch'essa avverrà in una forma non molto diversa da quella del comunismo primitivo, che è stata l'unica, fino ad oggi, in grado di rispettare le esigenze riproduttive della natura.

La separazione "reale" fra Stato e chiesa (e non "formale", come nelle democrazie borghesi) è stata una conquista della rivoluzione socialista, pur tradita dalla dittatura ideologica e politica del partito stalinista al governo, il partito della paura del dissenso.

Tuttavia, anche quella separazione, insieme allo Stato e alle chiese, è destinata a estinguersi. Non solo la chiesa è una sopravvivenza del passato, ma anche lo Stato, solo che mentre lo Stato può porsi al servizio, nella fase iniziale della rivoluzione, di quei partiti che si orientano verso l'auto-amministrazione della società socialista, nessuna chiesa può mai fare questo, proprio perché essa vede l'autogestione come una minaccia per la propria sopravvivenza, basata sulla sfiducia nelle capacità umane di liberazione.

Un credente può anche essere un ottimo cittadino e un onesto lavoratore, può avere anche le migliori idee politiche di questo mondo, e tuttavia le sue concezioni filosofiche e religiose resteranno sempre - da un punto di vista "socialista" - non proiettate verso il futuro, non sufficientemente determinate a resistere contro chi vuol portare la storia indietro, contro chi vuol conservare gli antagonismi sociali, le differenze di ceti, classi o caste.

Il credente è per sua stessa natura un *pessimista*, a prescindere dal credo che professa. Se nella storia non fosse prevalsa la percezione dell'impossibilità di far tornare l'uomo all'epoca del comunismo primitivo, non sarebbero nate le religioni, che campano su questa percezione, cercando di oggettivarla il più possibile e impedendo in tutti i modi il formarsi di una percezione opposta.

La civiltà socialista prevede la scomparsa e dello Stato e delle chiese, per l'auto-amministrazione pianificata dell'intera società, che può anche essere suddivisa in piccole comunità autogestite, in rapporto tra loro, la cui principale produzione è quella per l'autoconsumo. La pianificazione deve servire per organizzare al meglio la produzione, per distribuire equamente le risorse, per perequare le differenze, in modo che ogni comunità possa svilupparsi senza dover assumere atteggiamenti irresponsabili.

Se, col passar del tempo, la religione scomparirà dalla società socialista, ciò non sarà dipeso dalla separazione in sé fra Stato e chiesa, che altro non è se non un'espressione giuridica di una democrazia politica, ma sarà dipeso dal fatto che gli uomini avranno acquisito un'adeguata emancipazione personale e sociale. Non è per legge che si può superare la fede religiosa, ma solo per convinzione. I cittadini dovranno arrivare al punto da non aver più bisogno dello Stato per impedire alla religione di clericalizzarsi.

È probabile che l'ideologia socialista perderà praticamente anche il suo connotato "ateistico", in quanto non vi saranno più delle concezioni religiose da combattere. Diventerà soltanto - come diceva Marx - un "positivo umanismo", un umanesimo scientifico e naturale, e null'altro. La separazione tra religione e ateismo diventerà sempre più un fenomeno della *coscienza*, la quale non avrà bisogno d'essere tutelata dallo Stato.

Così infatti scrive nei *Manoscritti economico-filosofici*: "l'ateismo è sì una *negazione di Dio* e pone attraverso questa negazione l'*esistenza dell'uomo*, ma il socialismo in quanto tale non ha più bisogno di questa mediazione... Esso è l'*autocoscienza positiva* dell'uomo, non più mediata dalla soppressione della religione, allo stesso modo che la *vita reale* è la realtà positiva dell'uomo, non più mediata dalla soppressione della proprietà privata". Ciò naturalmente a condizione che s'intenda con la parola "socialismo" non la semplice transizione dal capitalismo, ma l'edificazione del comunismo sulle basi materiali e culturali del socialismo.

III

Marx aveva praticamente dimostrato, già nei giovanili *Manoscritti* del 1844, che l'alienazione che l'operaio della società capitalistica vive sul piano economico, trova il suo equivalente sovrastrutturale in quello che accade al credente sul piano *religioso*. Ovverosia, "l'operaio si viene a trovare rispetto al *prodotto del suo lavoro* come rispetto ad un oggetto *estraneo*" (p. 72). Estraneo appunto perché, pur essendo la merce un suo prodotto, di fatto non gli appartiene, essendo a lui separata giuridicamente la proprietà della fabbrica.

Questa alienazione materiale trova il suo riflesso in quella spirituale della religione, la quale recepisce e giustifica, modificando continuamente i suoi contenuti, l'estraniazione materiale del capitalismo. E così, "quante più cose l'uomo trasferisce in Dio, tanto meno egli ne ritiene in se stesso" (ib.). Un legame così esplicito di capitalismo e religione sarà ricorrente in tutta l'opera marxiana, anche se mai sviluppato in maniera analitica, in quanto Marx s'interessa più della struttura produttiva che non della cultura.

Nel capitalismo, quindi, persino la legge naturale dello sviluppo industriale, che dovrebbe portare direttamente, sul piano spirituale, all'ateismo, diventa motivo di perpetuazione dell'alienazione religiosa. Nel senso che se è vero che "i miracoli divini diventano superflui a causa dei miracoli dell'industria" (p. 81), è altresì vero che, col capitalismo, i miracoli dell'industria tornano a vantaggio solo di poche persone proprietarie, mentre al lavoratori non resta che continuare a sperare - come vuole la religione - nei miracoli divini, almeno sino a quando essi non si accorgeranno che "non gli dèi, non la natura, ma soltanto l'uomo stesso può essere questo potere estraneo al disopra dell'uomo" (ib.).

Questa è una delle ragioni per cui secondo Marx "la critica della religione" va considerata come "il presupposto di ogni critica". Cioè l'operaio può iniziare a criticare il capitalismo partendo dalla critica della religione (in questo Marx si mostrava erede di tutti gli studi compiuti in Germania dalla Sinistra hegeliana).[3]

Marx assegnò all'ateismo un valore di "presupposto di ogni critica" perché nei paesi capitalisti qualunque aspetto sovrastrutturale, in aperta contraddizione con quelli strutturali (scienza, tecnica, industria, macchinismo, sfruttamento della natura, benessere materiale...), si è sempre caratterizzato per il suo stretto legame con l'ideologia religiosa, o comunque con l'illusione di matrice religiosa.

Prima del socialismo scientifico ogni morale era di origine religiosa, persino quella del socialismo utopistico, così come ogni diritto, ogni politica, arte o scienza. Il contenuto di tutte le scienze era costretto a esprimersi in un involucro religioso (basta vedere, p. es., le teorie di Newton). Riflettendo le contraddizioni antagonistiche della loro epoca, tutte le scienze manifestavano in modo illusorio, cioè sostanzialmente religioso, il loro tentativo di risolverle, e questo avveniva anche quando gli uomini cercavano di emanciparsi dalla religione. Ecco perché sino al socialismo scientifico la lotta contro la religione altro non è stata che la lotta di alcune idee religiose contro altre idee religiose.

Oggi, sotto il capitalismo, le forme ideologiche conservano il loro carattere illusorio, pur avendo perso lo stretto legame con la religione (legame che comunque può sempre essere ripristinato, all'occorrenza). Nei confronti della religione la borghesia ha sempre avuto un duplice e apparentemente contraddittorio atteggiamento: di *critica*, nel momento

____

dell'ascesa al potere economico e politico; di *compromesso*, nel momento della conservazione di tale potere. Di *critica* per potersi emancipare dal modo di produzione economico cui la religione era legata (quello feudale); di *compromesso* (o meglio di strumentalizzazione, per quanto reciproca) per poter impedire alla classe operaia di emanciparsi dal modo di produzione borghese.

Nel Terzo mondo, ove la critica della religione non ha raggiunto le punte ateistiche dell'occidente, quando l'operaio credente abbraccia ideologie di tipo socialista (p.es. la teologia della liberazione), facilmente gli viene attribuito dalla chiesa l'appellativo di "eretico" e ovviamente lo si minaccia di "scomunica", come accadde p.es. a quei teologi che andarono al potere insieme ai sandinisti. Un atteggiamento così autoritario, da parte della chiesa romana, è stato tenuto in Italia e per buona parte d'Europa almeno sino agli anni '70. Di qui la decisione, da parte degli operai credenti, di abbandonare la religione, proseguendo in maniera laica la propria opposizione al capitalismo.

Se la chiesa cattolica non si fosse legata così strettamente agli interessi del capitale, probabilmente gli operai cattolici avrebbero smesso d'essere credenti con meno facilità, o forse avrebbero contestato il capitalismo con meno decisione.

In ogni caso questo spiega il motivo per cui nel socialismo il regime di separazione di Stato e chiesa è un aspetto sovrastrutturale necessario alla socializzazione dei mezzi di produzione. Certo, se la religione non si fosse compromessa nel difendere il capitalismo (o il feudalesimo), il legame tra i due aspetti (separazione giuridica e collettivismo economico) potrebbe anche non essere indispensabile, ma è fuor di dubbio che là dove esistono più religioni (senza peraltro considerare l'ateismo), il socialismo non può che optare per il regime di separazione.

A Marx comunque non bastava l'emancipazione meramente "politica" dalla religione (come per Bauer); voleva anche quella *umana*, e questo inevitabilmente implicava il rovesciamento dei rapporti produttivi, in quanto l'*umano* per lui coincideva col *sociale* e non solo - come per Feuerbach - con la coscienza personale. L'atteggiamento nei confronti della religione andava privatizzato, ma non quello nei confronti della società che produce l'illusione religiosa.

La religione si pone sempre laddove esistono delle contraddizioni socioeconomiche basate sui conflitti di classe. Quando le classi antagonistiche si servono della religione politicamente (come fenomeno sociale) o ideologicamente (come convinzione personale), esse lo fanno o per illudersi (se sono oppresse), o per illudere (se invece opprimono). La religione infatti è allo stesso tempo - come dice Marx - "l'espressione della miseria reale e la protesta contro questa miseria" (ovviamente sempre nell'ambito dell'illusione). Rovesciare i rapporti di produzione antagonistici significa "rinunciare non solo alle illusioni sulla propria condizione, ma anche a una condizione che ha bisogno di illusioni".

Il proletariato - secondo Marx - sa che la sua emancipazione umana è legata al possesso dei mezzi produttivi e se questo obiettivo riesce a conseguirlo, non può trasformarsi in un nuova classe dirigente che usa la religione in maniera strumentale, proprio perché vuol rendere partecipe tutta la società di questo suo possesso.

Marx e Weber

Il rapporto che Marx stabilisce tra economia borghese e protestantesimo non è mai stato sufficientemente chiarito nelle sue opere. Da un lato infatti egli ha sempre considerato la religione come una sovrastruttura dell'economia; dall'altro però ha spesso scorto nell'economia borghese delle caratteristiche tipicamente religiose (che assumevano forme laicizzate).

Marx ha costatato lo stretto rapporto tra i due aspetti, ma ha scarsamente analizzato l'evoluzione del fenomeno religioso in rapporto all'evoluzione del contesto storico ad esso correlato. Marx in effetti non è mai stato uno storico in senso lato, ma uno storico dell'economia o, al massimo, della politica. Engels, in tal senso, ha prodotto qualcosa di significativo con gli studi sul cristianesimo primitivo (che però riprendono le tesi della Sinistra hegeliana) e sulla Riforma protestante.

Marx non ha analizzato per niente il riflesso del fenomeno religioso sul contesto socioeconomico corrispondente, ovvero i condizionamenti culturali della religione sui rapporti sociali. Qui occorre servirsi dei lavori di Weber - il "Marx della borghesia".

Anzi, in tal senso, si può dire che il nesso posto da Marx, nei *Manoscritti* parigini del '44, tra economia capitalistica e religione cristiana, racchiude, in nuce, tutte le analisi sociologiche di Weber, anche se Marx ha avuto il torto di non proseguire quelle ricerche, essendosi dedicato esclusivamente all'analisi economica.

Weber ha proseguito quelle ricerche, ma dal punto di vista borghese, cioè mascherando le contraddizioni antagonistiche del capitalismo. Ora bisognerebbe proseguire quelle ricerche dal punto di vista dell'umanesimo socialista.

Lenin e la religione

Nel primo articolo pubblicato da Lenin, su *Novaia Gizn*, riguardo all'interpretazione marxista della religione, intitolato *Socialismo e religione* (1905), sono presenti, in nuce, non solo tutte le tesi fondamentali del marxismo, ma anche tutti gli argomenti sui quali Lenin, in seguito, tornerà per approfondirli ulteriormente.

L'articolo si può dividere in cinque punti:

1. "La religione è una delle forme dell'oppressione spirituale" che nella società borghese è realizzata in virtù dell'oppressione materiale dei capitalisti e proprietari fondiari su operai e contadini. Lenin, come si può notare, si riferisce qui a una religione storicamente individuabile, quella sotto il regime capitalistico, ma i suoi giudizi, in realtà, presumono di avere un valore anche in retrospettiva.

2. Come si realizza questa oppressione è presto detto:

a) "La religione predica l'umiltà e la rassegnazione nella vita terrena a coloro che trascorrono tutta l'esistenza nel lavoro e nella miseria, consolandoli con la speranza di una ricompensa celeste". A Lenin qui non interessa dimostrare che la religione non ha sempre avuto una funzione del genere: interessa solo far capire che la funzione "reazionaria" è sempre stata prevalente nella storia della religione.

b) "Invece, a coloro che vivono del lavoro altrui la religione insegna la carità in questo mondo, offrendo così una facile giustificazione alla loro esistenza di sfruttatori". Un giudizio del genere, ovviamente, può essere applicato anche alla religione di ogni regime antagonistico.

3. Il proletariato, cosciente di questo, deve anzitutto rivendicare una precisa libertà politica: "La religione dev'essere dichiarata un affare privato" (della coscienza). Di qui la separazione completa della chiesa dallo Stato. "Ognuno dev'essere libero di professare qualsiasi religione o di non riconoscerne alcuna, cioè di essere ateo". "È inammissibile tollerare una sola differenza nei diritti dei cittadini che sia motivata da credenze religiose".

Negli atti ufficiali non va riportata l'eventuale confessione religiosa cui si appartiene, prosegue Lenin. Nessuna sovvenzione statale va data alle chiese. Questo va inteso nel senso che le chiese non possono godere di alcun privilegio. Tuttavia qui Lenin non aggiunge che le chiese possono continuare a svolgere i loro servizi grazie al sostegno materiale dei loro fedeli, i quali sono anche cittadini che pagano le tasse, per cui nei loro confronti una qualunque discriminazione sociale, dovuta a motivi ideologici, non è legittima. Questo significa che non si può pretendere che la religione resti un fenomeno privato della coscienza, senza alcuna manifestazione pubblica o sociale.

4. Questa privatezza della religione è valida solo di fronte allo Stato, non di fronte al partito. "La nostra propaganda comprende necessariamente anche quella dell'ateismo", in forma materialistica e scientifica, non volgare né anticlericale. La quale comunque non è sufficiente, di per sé, a vincere i pregiudizi religiosi, in quanto è necessaria la trasformazione socialista dei rapporti produttivi. Lenin qui raccomanda la diffusione delle opere dei filosofi materialisti francesi (Diderot, d'Holbach, Helvetius ecc.) che in Russia non erano ancora state tradotte.

In pratica Lenin voleva un partito non solo *politico* (capace di combattere la religione sul terreno giuridico, mediante la separazione di Stato e chiesa), ma anche *ideologico* (capace di combattere la religione sul terreno culturale, mediante la propaganda scientifica dell'ateismo). Lenin però avrebbe dovuto prevedere che un partito del genere, una volta giunto al potere, avrebbe avuto non poche difficoltà a comportarsi in maniera democratica nei confronti della religione. In nome infatti di una superiorità ideologica il partito avrebbe potuto impedire alla religione di manifestarsi non solo sul terreno politico, ma anche su quello culturale, il che avrebbe comportato un abuso di tipo giacobino. Questo per dire che ad ogni confessione religiosa va sempre riconosciuto il diritto di manifestare pubblicamente le proprie idee.

5. Il fatto che l'oppressione economica sia più importante di quella spirituale obbliga comunque il partito a "non dichiarare l'ateismo nel suo programma". Ciò significa che il partito accetta la militanza di proletari che conservano "residui di vecchi pregiudizi". La professione di ateismo non è quindi una condizione per diventare comunisti; e tuttavia il militante deve sapere che l'ateismo è parte integrante della filosofia marxista. Lenin distingue chiaramente, senza però separarle, le questioni ideologiche da quelle politiche.

È chiaro però che, stando le cose in questi termini, difficilmente un credente avrebbe potuto militare in un partito del genere. Avrebbe potuto farlo solo se motivato da cause oggettive di ordine sociale, ma a rivoluzione compiuta, se fosse rimasto credente, avrebbe inevitabilmente lasciato il partito. Un partito politico non può esprimersi così nettamente nei confronti dell'atteggiamento da tenere verso la religione: gli dovrebbe essere sufficiente appoggiare il libero dibattito culturale sul problema, lasciando che sia il tempo, oltre che la coscienza dei cittadini, a decidere quale atteggiamento sia migliore.

L'altro articolo metodologico è quello intitolato: *L'atteggiamento del partito operaio verso la religione* (1909). La prima parte non aggiunge nulla a quanto già detto nell'articolo precedente. Lenin precisa e conferma:

1. che il materialismo dialettico, sul piano filosofico, si riallaccia alle "tradizioni storiche del materialismo del XVIII sec. in Francia e di Feuerbach (prima metà del sec. XIX) in Germania", portandole alle loro ultime conseguenze;

2. che "tutte le religioni e chiese moderne, tutte le organizzazioni religiose d'ogni tipo sono sempre considerate dal marxismo quali organi della reazione borghese";

3. che l'ateismo - come vuole Engels - non va inserito nel programma del partito (cfr. invece i blanquisti e Dühring);

4. che il programma di Erfurt (1891) della socialdemocrazia tedesca non va interpretato nel senso che la religione va considerata come un affare privato per i marxisti (cioè di fronte anche al partito).

Per Lenin l'indifferenza nei confronti della religione equivaleva a una posizione opportunistica, che avrebbe sicuramente avuto un riflesso sul terreno politico. Questo perché Lenin tendeva a subordinare la politica all'ideologia, anche se si rendeva conto che non si poteva, in nome dell'ideologia, rischiare di non conseguire determinati obiettivi politici.

Infatti, la novità più rilevante di questo secondo articolo sta in alcune precisazioni fatte riguardo all'atteggiamento del partito verso la religione.

1. Lenin cominciò a considerare un grave errore credere che "l'apparente 'moderazione' del marxismo verso la religione si spieghi con le cosiddette considerazioni 'tattiche', come il desiderio di 'non spaventare', ecc.". La realtà è che se il marxismo rifiuta d'inserire l'ateismo nel programma politico del partito non è per ragioni di tipo strumentale, ma perché è convinto:

a) che la propaganda atea deve restare "subordinata" allo sviluppo della lotta di classe (subordinata non vuol dire "esclusa");

b) che la presenza della religione nelle masse va spiegata "materialisticamente", cioè in rapporto ai problemi di natura economico-sociale, problemi che devono essere affrontati e risolti anzitutto in modo politico. La religione va superata non tanto o non solo in una contrapposizione frontale coll'ateismo (ciò che, in sostanza, si ridurrebbe a un'astratta, illuministica, predicazione ideologica), quanto piuttosto in collegamento con una lotta di classe che elimini le radici sociali della religione ("la forza cieca del capitale"). Di volta in volta, quindi, va deciso quale rapporto tattico tenere con la religione. Mentre infatti sul piano ideologico il contrasto è irriducibile, sul piano politico invece sono possibili alleanze fra credenti e atei sulla base di piattaforme programmatiche che nulla hanno a che vedere né con l'ateismo né con la religione.

Tuttavia, Lenin non è ancora arrivato a formulare l'idea che la religione va rispettata anche nel caso in cui, dopo aver affrontato i problemi socioeconomici attraverso la lotta di classe (e l'aiuto dei credenti), la coscienza dei credenti coinvolti in tale lotta voglia restare religiosa. Un partito operaio così caratterizzato ideologicamente avrebbe mai permesso ai credenti di poter acquisire delle posizioni di potere nei propri ranghi?

2. Un'altra questione da considerare, per Lenin, è appunto questa: visto che nel programma del partito non è richiesta un'esplicita professione di ateismo, fino a che punto è legittimo accettare la militanza di un credente? La risposta a questa domanda viene posta da Lenin a un duplice livello:

a) "la contraddizione fra lo spirito o i principi del nostro programma e i convincimenti religiosi del credente può restare una contraddizione puramente personale, che riguarda esclusivamente questo credente; e il partito non può sottoporre i suoi iscritti a un esame sull'assenza di contrasti tra le loro opinioni e il programma del partito". Ciò in pratica significa che se un credente accetta la linea politica del partito, deve poi preoccuparsi da solo di risolvere le sue incoerenze sul piano ideologico. Dal partito avrà l'assicurazione che non sarà discriminato per la sua diversa ideologia.

b) E tuttavia - aggiunge Lenin - "noi ammettiamo all'interno del partito la libertà di opinione, ma entro i limiti precisi fissati dalla libertà di associazione: non siamo tenuti ad andare d'accordo con i predicatori attivi di concezioni respinte dalla maggioranza del partito". Il partito quindi garantisce al credente la libertà di restare credente, ma a condizione che il credente rinunci alla propaganda religiosa all'interno del partito, o comunque a una propaganda ostile al socialismo (cfr., su questo argomento, le posizioni di Gorki e Lunaciarskij contro cui Lenin polemizzò).

Si tratta, come si può notare, di una soluzione di compromesso: il partito operaio non può rinunciare alla propria ideologia, però farà in modo di non far pesare questa ideologia sulla coscienza del credente, a condizione naturalmente che il credente faccia altrettanto. Lenin comunque mostra d'essersi reso conto, con questo articolo, che le questioni politiche possono avere un'importanza equivalente a quelle ideologiche, per cui non si può, in nome dell'ideologia, sacrificare gli interessi della politica. Naturalmente questo modo d'impostare il problema, per restare coerente, deve fare affidamento sull'atteggiamento soggettivo di tutti i militanti del partito.

3. L'ultima questione che Lenin affronta in questo articolo è quella della privatezza della religione. Lo fa non tanto per ribadire la differenza, ormai acquisita, fra la posizione dello Stato e quella del partito, quanto per sottolineare che il principio della privatezza della religione ha subìto in occidente un'interpretazione di tipo opportunistico.

L'ossessiva indifferenza dei comunisti occidentali per la questione religiosa la si può spiegare:

a) col fatto che la lotta contro la religione è stata un compito in gran parte assolto dalla democrazia borghese nell'epoca delle sue rivoluzioni contro il feudalesimo e il medioevo. In Russia invece questo compito è stato affrontato direttamente dalla classe operaia;

b) col fatto che la lotta borghese contro la religione ha preso in occidente la forma dell'anarchismo anticlericale (blanquisti, Dühring, ecc.), ovvero della contrapposizione frontale, inducendo così i comunisti (che allora si chiamavano socialdemocratici) ad assumere posizioni più moderate;

c) col fatto che i governi borghesi, esaurita la loro spinta propulsiva progressista, si sono coscientemente serviti anche dell'anticlericalismo pur di poter distrarre le masse dal socialismo, cioè hanno fatto dell'anticlericalismo un terreno comune di lotta fra operai e padroni. Questo in Russia non era mai accaduto.

In pratica, Lenin contesta la mancanza di coerenza ideologica del marxismo occidentale, e quindi la sua subordinazione culturale, nelle questioni religiose, alla scienza borghese, infine lascia intravedere il rischio di assumere posizioni strumentali nei confronti della religione. L'indifferenza infatti è "ambiguità", non "chiarezza", per cui il marxismo occidentale potrebbe arrivare all'opportunismo in materia di atteggiamento verso la religione, appunto per avere dalla sua parte, per un obiettivo politico, il maggior numero possibile di credenti.

Nel *Progetto di programma del PC bolscevico* (1919) Lenin precisa che nella propaganda scientifica antireligiosa "bisogna evitare con cura di offendere i sentimenti dei credenti, il che condurrebbe soltanto al rafforzamento del fanatismo religioso". Fanatismo che nuoce non solo alla politica di classe del partito (il quale cerca di far convergere in un medesimo programma politico forze sociali diverse e ugualmente ostili al capitale), ma anche ai rapporti etico-sociali di queste stesse classi.

Lenin in pratica s'era accorto, a rivoluzione avvenuta, che, nel rapporto dei militanti comunisti coi credenti, all'interno o all'esterno del partito, non esistevano dei criteri oggettivi che salvaguardassero il rispetto delle opinioni religiose. Ora infatti è costretto a porre in essere il criterio etico della tutela della dignità umana, la quale non può certo essere violata per motivi di opinione. Tuttavia, cercando di stabilire una ragione primaria di questa tutela, egli fa leva sul fatto che la violazione dei sentimenti religiosi comporterebbe un danno politico nei confronti dello stesso ateismo, e cioè il rafforzamento del fanatismo religioso. Non vi sono ragioni di carattere ontologico. Cioè Lenin, che guardava le cose in maniera prevalentemente politica, non avrebbe mai accettato l'idea che una religione può essere vissuta praticamente meglio dell'ateismo, se il credente manifesta una coscienza umanistica superiore a quella dell'ateo.

Lenin e Gorki sulla religione

Un altro documento molto importante è la seconda lettera spedita a Gorki nel 1913 da Cracovia. Essa contiene alcune affermazioni che ancor meglio chiariscono l'atteggiamento politico che deve tenere il militante iscritto al partito.

Lenin rimproverò a Gorki d'aver espresso considerazioni "piccolo-borghesi" nell'analisi del rapporto fra socialismo e religione. Lo scrittore russo, infatti, aveva lasciato intendere, in uno dei suoi articoli, che il socialismo era stato capace di depurare o di purificare l'"idea di Dio" da tutte quelle sovrastrutture ideologiche del clericalismo cristiano.

Lenin lo ammonì scrivendo: "Questa vostra buona intenzione rimane vostro patrimonio personale, un 'pio desiderio' soggettivo. Una volta che l'avete scritto, è bell'e passato fra le *masse*, e il suo *significato* viene determinato non dalla vostra buona intenzione, ma dal *rapporto tra le forze sociali*, dal rapporto oggettivo tra le classi. In virtù di questo rapporto *ne consegue* (malgrado la vostra intenzione e indipendentemente dalla vostra coscienza), che voi avete imbellettato, inzuccherato l'idea dei clericali".[4]

In pratica cosa significano queste parole?

1. Che il socialismo è un fenomeno integralmente laico, cioè assolutamente umanistico, e che quindi, come tale, esso non ha nulla da spartire con la religione (il "socialismo cristiano" - aveva precisato Lenin poche righe più sopra - è "la peggior specie di 'socialismo' e la sua peggiore deformazione");

2. che qualsiasi opinione religiosa sul socialismo, cioè sull'utilità laica del socialismo nei confronti della "purificazione" della religione, deve necessariamente restare privata, altrimenti (cioè divenendo pubblica e trasformandosi quindi in giudizio politico) essa farà immediatamente il gioco dei clericali.

---

[4] Lenin, *Sulla religione*, ed. Progress, Mosca 1979, tr. it., p. 50.

Lenin vedeva le cose solo in maniera conflittuale e, per questa ragione, non voleva concedere al "nemico" (in questo caso i "clericali") alcuna opportunità. I "clericali", per Lenin, in pratica, coincidevano con tutti coloro che avevano delle opinioni religiose, o che comunque le usavano in funzione antisocialista.

Lenin fa capire a Gorki che il giudizio politico del socialismo sul fenomeno religioso è esplicitamente e irreversibilmente negativo, senza soluzione di continuità. Nei tempi passati - dice Lenin - "la lotta della democrazia e del proletariato assumeva la forma di lotta di un'idea religiosa contro un'altra. Ma anche questo tempo è passato da un pezzo. Oggi, tanto in Europa che in Russia, *ogni* difesa o giustificazione dell'idea di Dio, persino la più raffinata, la meglio intenzionata, è una giustificazione della reazione" (p. 51). Una giustificazione per l'appunto "oggettiva" della reazione, a prescindere cioè dalle intenzioni soggettive di chi si fa carico di tali apologie. Lenin giustamente non faceva alcuna differenza tra idea "nuova" e "vecchia" di dio: su "dio" tutte le idee, per lui, erano "vecchie", incredibilmente superate. Tuttavia egli non s'è mai posto il problema se possa esistere un diverso modo, più laico ed umanistico, d'interpretare la figura del "Cristo", così com'essa appare nei vangeli canonici.

In sostanza "l'idea di Dio - aggiunge Lenin - non ha mai legato l'individuo alla società, ma, al contrario, *ha sempre legato* le *classi* oppresse con la fede nella *divinità* degli oppressori". Ciò, in altri termini, vuol dire che *qualsiasi* giustificazione pubblica dell'idea di dio fa sempre gli interessi dell'oppressione padronale. Se c'è dunque la possibilità che un credente lotti per l'emancipazione degli oppressi, ciò è dovuto non tanto alla sua religione, quanto alle cause oggettive e concrete dello sfruttamento economico. È su questo che i marxisti devono organizzare il consenso col mondo dei credenti.

Le religioni tradizionali, in specie il cristianesimo (e soprattutto il cristianesimo *politico*, quale s'è venuto configurando da Costantino in poi), di fatto e di diritto, hanno sempre legittimato - a volte contro le loro stesse intenzioni - l'oppressione materiale dei popoli; sicché, là dove esiste l'ideologia religiosa, ovvero una religione "ideologizzata", esiste pure l'oppressione materiale ed economica: nel senso che la religione è un indice, un sintomo, di un'oppressione esistente sul piano socioeconomico.

A questa ineccepibile tesi di Lenin si può forse aggiungere che là dove manca l'oppressione materiale (come nel socialismo democratico), dovrebbe mancare anche la pretesa della religione a volersi porre in modo politico nella società. Il che però non significa che alla mancanza di oppressione materiale debba necessariamente seguire la fine della religione. La religione avrà una fine quando saranno le *coscienze* degli uomini a deciderlo.

Nella società socialista, infatti, l'assenza della giustificazione politica dell'idea di dio non dipenderà dalla coercizione del potere statale, bensì dalla *socializzazione dei mezzi di produzione*, che renderà inutile la propaganda religiosa e che determinerà l'esigenza di tenere separata la politica dalla religione.

Ora, che in virtù di tale separazione il cristianesimo (o qualsiasi altra religione) sia destinato a morire o sappia invece rinascere, alla società socialista, in definitiva, non può interessare. La legge fondamentale di tale società, in questo campo, è infatti la seguente: la laicità è obbligatoria per tutti nei rapporti pubblici o istituzionali. Ciò in quanto essa non si oppone alla religione in sé, ma alla religione in quanto superstizione e/o clericalismo.

Essendo un "umanismo integrale" (nei metodi e nei contenuti), il socialismo, dal punto di vista politico, non ha alcun motivo per opporsi alla religione in quanto tale: esso in pratica vive come se la religione non esistesse. Se dunque è possibile una "rinascita" della religione, ciò potrà avvenire solo all'interno dei limiti stabiliti dal regime di separazione, solo all'interno della coscienza dei cittadini, non nel loro modo di vivere la vita civile e politica. E comunque una rinascita del genere dovrebbe far riflettere i socialisti sull'effettiva consistenza del loro stile di vita, sull'effettiva presa sociale della loro ideologia.

La laicità obbligatoria sul piano politico-istituzionale non implica l'abolizione della religione, ma la sua facoltatività e privatezza. Ciò che è facoltativo deve necessariamente avere un carattere privato. Il cittadino socialista, quindi, deve necessariamente essere laico sul piano politico, anche se nella sua vita privata o nella sua personale coscienza può essere religioso. Se è credente egli ha diritto di esprimere pubblicamente la sua fede secondo le modalità previste dalla legge, cioè sostanzialmente nel culto. Tutto il resto deve viverlo in forma privata.

Ecco perché Lenin ha sempre evitato di contrapporre aprioristicamente l'ateismo alla religione. Il laicismo dello Stato socialista non è contrario, ma indifferente al contenuto in sé della religione. Ciò che esso non tollera è soltanto l'uso strumentale della religione a fini ideologici e/o politici. Naturalmente per quanto riguarda il rapporto fra partito politico e religione le cose, come noto, stanno diversamente. Il partito socialista non può fare differenza fra una religione in sé e una religione in quanto superstizione e/o clericalismo. Per il partito la religione è di per se stessa una superstizione, una sopravvivenza oscurantista di un passato irrimediabilmente superato.

All'interno del partito il cittadino deve educarsi a superare la religione non solo dal punto di vista politico, ma anche dal punto di vista umano, scegliendo in coscienza, spontaneamente, l'ateismo-scientifico. Il rispetto costituzionale della libertà religiosa all'interno della libertà di coscienza non è altro che un concessione politica che il partito fa allo Stato e alla società. Sul piano ideologico il partito sa perfettamente che la vera libertà non sta tanto nella possibilità di scegliere fra una religione o l'altra o fra ateismo e religione, quanto nella scelta compiuta a favore dell'ateismo, una scelta culturale e di coscienza.

L'ultimo Lenin

Nel *Discorso* pronunciato al III Congresso dell'Unione della gioventù comunista di Russia (1920) Lenin afferma che i comunisti, pur essendo generalmente atei, non sono amorali. "Per noi la moralità dipende dagli interessi della lotta di classe del proletariato". Non quindi una morale astratta, dogmatica, da applicare alle diverse situazioni, ma piuttosto una morale che emerga dalle diverse situazioni in cui il proletariato è soggetto protagonista.

Naturalmente un discorso del genere dà per scontato che i motivi della lotta politica del proletariato siano giusti e che lo stesso proletariato, combattendo per degli ideali giusti, si comporti in maniera adeguata. Difficilmente Lenin avrebbe accettato l'idea che, pur perseguendo ideali politicamente giusti, il proletariato può commettere delle azioni moralmente riprovevoli.

Nell'ultimo scritto di Lenin sulla questione religiosa, e cioè *Sul significato del materialismo militante* (1922), Lenin mette in guardia i comunisti dall'illusione di poter edificare il socialismo senza l'aiuto dei credenti, riconosce chiaramente che esistono dei materialisti anche nel campo dei "non comunisti" e ammette la totale inutilità della mera propaganda ateistica ai fini del superamento dell'ideologia religiosa: senza un rapporto sociale di attiva collaborazione coi contadini e gli artigiani per un miglioramento delle loro condizioni di vita, i marxisti non potranno mai sperare di vincere le idee del passato.

Lenin arrivò a mitigare il duro approccio ideologico nei confronti della religione solo dopo che il partito bolscevico conquistò il potere politico. Egli infatti si rese subito conto che "conquistare il potere in un'epoca rivoluzionaria è molto più facile che sapersene servire correttamente".

Gramsci, il Pc e la religione

Riguardo alla questione religiosa Antonio Gramsci scrisse due importanti articoli sull'"Ordine Nuovo" del 20 marzo e del 2 ottobre 1920.[5]

Nel primo di questi articoli un'espressione interrogativa soprattutto colpisce: "Gli operai comunisti, non contenti di dover lottare contro lo sfacelo economico che il capitalismo lascerà in eredità allo Stato operaio... dovranno anche suscitare in Italia una guerra religiosa accanto alla guerra civile? Anche se una parte dei cattolici, dei preti, dei frati, delle monache, accetteranno il potere dei soviet, domandando solo la libertà del culto?" (p. 62).

In virtù di tali domande i comunisti italiani han sempre sostenuto l'idea che coi cattolici bisogna evitare una "guerra di religione", cercando invece tutti i compromessi possibili contro il capitalismo: di qui ad es. l'accettazione togliattiana dell'inserimento del *Concordato* nella Costituzione repubblicana; il governo di solidarietà nazionale coi democristiani nella seconda metà degli anni '70; l'assenso sulla necessità d'impartire nelle scuole statali un qualche insegnamento della religione, il finanziamento pubblico alle scuole private, ecc.

Di quelle domande però si dimentica facilmente una cosa molto importante: *il nesso esistente fra guerra civile e guerra religiosa*. Gramsci dice chiaramente che la *guerra religiosa* deve essere sempre evitata se si vuole suscitare una *guerra civile*. Infatti prima di tutto viene la lotta contro il *sistema* (in cui tutti possono ritrovarsi, a prescindere dalle opinioni in materia di religione); solo dopo viene la lotta contro l'*oscurantismo*.

Ora, se il Pc rinuncia - come in effetti ha fatto - alla guerra civile, per quale ragione deve continuare a cercare dei compromessi coi cattolici? Si dirà: il Pc ha smesso di desiderare una guerra civile, ma non ha smesso di desiderare la fine del capitalismo; al cambiamento dei metodi non ha fatto seguito un mutamento degli obiettivi; dunque, il problema di un compromesso coi cattolici resta, in quanto la rivoluzione il Pc non è in grado di compierla da solo.

È vero, il problema di fuoriuscire dal sistema resta, ma, in assen-

---

[5] Cfr. *Comunisti e mondo cattolico oggi*, a cura di A. Tatò, Editori Riuniti, Roma 1977, ove sono riportati col titolo: *Dovremmo suscitare una guerra di religione?* e *La "questione romana" nel giudizio di Gramsci nel 1920.*

za di "metodi violenti", esso non diventa forse meno impellente? E se è così, che ragione c'è di piegarsi malvolentieri a certi compromessi? Oppure dobbiamo sostenere che i compromessi diventano sempre più necessari proprio perché s'è rinunciato a compiere qualunque rivoluzione e, ciononostante, non si vuole rinunciare a un certo protagonismo politico?

La seconda cosa che il Pci non è mai riuscito a comprendere o ad accettare in quelle domande di Gramsci è il fatto che questi non aveva posto la necessità di scendere a compromessi con i cattolici *senza condizioni di sorta*. L'esigenza di una guerra civile contro il capitale doveva certamente indurre il comunismo a ricercare con maggiore solerzia intese anche coi cattolici, ma ciò ovviamente avrebbe dovuto essere fatto entro limiti consentiti. E i limiti che Gramsci pone nella sua interrogativa sono i seguenti: che i cattolici *accettino il potere dei soviet* e non vadano oltre la richiesta della *libertà di culto*, evitando cioè di pretendere nessi organici tra fede e politica.

Un compromesso col mondo cattolico non può essere fatto che a queste condizioni, altrimenti ne va dell'interesse dello stesso Pc. Non è possibile promettere ai cattolici, in cambio del loro appoggio contro il capitale, che ad essi saranno concessi particolari privilegi o che sarà salvaguardato l'attuale regime concordatario, oppure, in forma più larvata, che si permetterà alle comunità religiose di avere un potere di tipo economico o politico. Il Pc non dovrebbe fare promesse che non può mantenere. Se i cattolici vogliono lottare a fianco dei comunisti contro il capitale, devono anche accettare l'idea che, a rivoluzione avvenuta, le circostanze in cui storicamente vivranno la loro fede subiranno dei mutamenti radicali.

Quali mutamenti? Se i comunisti non sono chiari, sin dall'inizio, coi credenti, questi inevitabilmente penseranno che i diritti alla libertà religiosa gli verranno riconosciuti solo *prima* della rivoluzione e non anche *dopo*. È proprio questa mancanza di chiarezza che toglie credibilità ai comunisti italiani.

Nel secondo articolo Gramsci lo dice testualmente: "Noi comunisti, veramente realisti, riconosciamo, tra i tanti fatti di cui è costituita la realtà contemporanea, anche il fatto religioso (…). Il bisogno religioso, il fatto religioso sono essenzialmente fenomeni universali, internazionali" (p. 65).

Memore dell'esperienza sovietica ai suoi albori, Gramsci sapeva bene quali erano i vantaggi del regime di separazione, sapeva cioè che con tale regime la libertà della chiesa diventava più "piena": non ovviamente perché *più politica*, ma perché *meno*. "Il comunismo non vuole soffocare le libertà religiosa; anzi, vuole garantirle 'tutte', e nel modo più pieno" (p. 66). In altre parole la vera libertà di religione la chiesa non la ottiene con un proprio potere politico, ma, al contrario, con un regime che *separa* la fede dalla politica. È difficile pensare che Gramsci non avrebbe sostenuto questa convinzione teorica (non solo sua, ma di tutto il marxismo) anche a fronte del fallimento del "socialismo reale".

L'unico rilievo negativo che si può fare a Gramsci è quello d'aver ritenuto che "il potere temporale dei papi... è stata l'unica forma che potesse, nei secoli passati, garantire la libertà della Chiesa" (p. 65). Probabilmente qui egli aveva in mente l'esistenza di un potere politico laico, non democratico, antireligioso, nei cui confronti la chiesa aveva bisogno di sostenere un'esigenza di tipo politico. Ma un giudizio storico del genere sarebbe completamente sbagliato e non è qui il caso di commentarlo.

Qui è sufficiente affermare che se i cattolici si convincono della sincerità e dell'onestà dei comunisti, questi non hanno bisogno di scendere a ulteriori compromessi. In ogni caso anche se i cattolici non si convinceranno della buona fede dei loro nemici storici, beneficeranno ugualmente della *libertà di culto*, poiché questa rientra nella più generale *libertà di coscienza*.

Laicità e religione nella sinistra italiana

Dai tempi di Gramsci la politica della sinistra italiana sulla questione religiosa è stata oggetto di lente e progressive trasformazioni. Senz'altro la più significativa, prima della scomparsa dei partiti storici del socialcomunismo, era stata quella che vedeva fra marxismo e cristianesimo (o fra marxismo e religione) non solo un'incompatibilità ideologica, ma anche la possibilità, sul piano politico, di creare alleanze o collaborazioni in funzione anticapitalistica. Nello stesso Gramsci questa consapevolezza era maturata intorno agli anni 1916-20, e nel 1921, al congresso di Livorno, la frazione comunista, per bocca di Terracini, non mancò di criticare i socialisti per non aver saputo trovare un'intesa col partito popolare di Sturzo contro i fascisti.

Sarebbe lungo qui ripercorrere, o anche solo ricordare, i frutti positivi che questa politica ha dato, nonché i tentativi reazionari fatti dalla destra per sconfessarli. Basterà accennare, tanto per fare un esempio, ai vantaggi ottenuti con l'ultima revisione del Concordato del 1929. Nonostante i limiti oggettivi di questo nuovo compromesso, vanno ricordati positivamente, almeno sul piano teorico: 1. la rinuncia alla religione di Stato; 2. la clausola dell'ora di religione fatta nelle scuole statali solo su richiesta esplicita; 3. i maggiori poteri attribuiti allo Stato in materia di diritto familiare.

Qui tuttavia vogliamo sottolineare un altro aspetto, quello relativo al fatto che, pur in presenza di questa giusta distinzione tattica fra ideologia e politica[6], raramente nel Pc si è sostenuto, con rigorosa coerenza, il valore dell'insegnamento marxista circa i rapporti con la questione religiosa. Soprattutto ci pare che su due questioni la chiarezza sia venuta meno: la *laicità dello Stato* e la *laicità del partito*.

I

---

[6] La distinzione togliattiana di ideologia e politica (ripresa da Lenin) è stata praticamente abbandonata da Berlinguer, soprattutto dopo il golpe cileno del 1973 contro Allende, sostituendo la parola "ideologia" con la parola "laicità", e riducendo la politica, anche contro le proprie intenzioni etiche, a un mero pragmatismo. E del marxismo egli non rifiutava solo l'aspetto ideologico, col quale - diceva - non era possibile garantire la laicità, ma rifiutava anche l'analisi economica relativa al plusvalore e alla proprietà collettiva dei mezzi di produzione, nonché la prassi politico-rivoluzionaria correlata a tale analisi (si vedano le *Tesi* del XV Congresso nazionale del Pc del 1979).

A tutt'oggi la tesi ufficiale della sinistra italiana riguardo alla natura dello Stato nel suo rapporto con la libertà di coscienza è praticamente la seguente: lo Stato che si desidera costruire è di tipo laico, né ateo né confessionale, cioè pluralistico, in cui nessuna ideologia o fede religiosa ha posizioni di esclusivismo o di privilegio rispetto ad altre e in cui la libertà di coscienza garantisce il diritto alla fede per il credente e il diritto all'ateismo o agnosticismo per il non credente. Così si espresse Berlinguer nella sua risposta alla lettera di mons. Bettazzi, e così, prima di lui, Longo all'XI Congresso nazionale del partito.[7]

Ora, non sfugge certo più a nessuno l'ambiguità di un termine come quello di *laicità*. Spetta però proprio al socialismo il merito d'aver chiarito, una volta per tutte, che uno Stato che ha rinunciato al confessionalismo religioso, ponendo tutte le religioni sullo stesso piano (come dovrebbe fare il nuovo Concordato, ma è dubbio che vi riesca stante l'attuale sistema di potere), può anche essere considerato uno Stato *laico*, ma non è ancora uno Stato *socialista*. In una società socialista il legislatore non può limitarsi a tutelare il pluralismo delle religioni e la loro uguaglianza di fronte allo Stato, ma deve garantire anche il diritto all'ateismo o comunque alla non-credenza.

Laicità, in effetti, non può certo significare che *tutte* le religioni, e non più solo una, diventano libere d'intromettersi nella vita politica dello Stato, né significa offrire a tutte uguali privilegi e favoritismi, eventualmente a seconda dei casi; ma, al contrario, significa estromettere *tutte* le religioni dagli affari politici e civili dello Stato. Per esempio: laicità non significa permettere all'imputato cattolico di giurare sulla Bibbia e a quello musulmano di giurare sul Corano, ma togliere qualsiasi giuramento di tipo religioso dai tribunali civili. Si può anzi aggiungere che se si elimina il giuramento religioso nei processi, se non si chiede al militare che religione professa, se si toglie dalle aule scolastiche il crocifisso e se si fanno altre cose del genere, lo Stato che in tal modo comincia a diventare davvero *laico* è già in sostanza uno Stato *separato* da qualunque religione.

---

[7] Nella tesi n. 15 del XV Congresso nazionale del Pc (1979) è detto espressamente che sia lo Stato che il partito devono essere *laici*, cioè non devono far propria alcuna particolare corrente di pensiero, per cui al partito si aderisce soltanto in base al programma politico, il quale ovviamente non prevede una diffusione culturale di idee non religiose: il militante può farlo solo a titolo personale. Il partito non è più visto come "avanguardia" o "prefigurazione" della società socialista e dello Stato socialista: il partito è soltanto "parte" della società e dello Stato e non è destinato a dilatarsi a Stato.

È giusto parlare di Stato *laico* e non di Stato *ateo*, in quanto la democrazia deve assolutamente evitare che la società abbia il timore di vedere l'ateismo prendere il posto del confessionalismo religioso. La scelta di accettare l'ateismo riguarda infatti solo la *coscienza* del singolo cittadino, anche se in un regime di separazione si vive una sorta di "ateismo indiretto", per via indotta. Ciò non deve scandalizzare nessuno. Il problema infatti non sta tanto nel negare l'ateismo allo Stato, ma unicamente nel tipo di risposta che si dà a questa domanda: affinché uno Stato laico non si presenti in veste antidemocratica come quello confessionale, affinché cioè non assuma le caratteristiche di uno "Stato confessionale rovesciato", cosa è necessario fare? La risposta forse potrà apparire scontata e quindi insufficiente per alcuni, ma è l'unica possibile: è necessario garantire effettivamente la *libertà di coscienza*.

Lo Stato confessionale, non prevedendo la libertà "dalla" religione, cioè la libertà dell'ateismo, non ha mai tutelato pienamente il diritto alla libertà di coscienza. Di questo è facile convincersi. Lo Stato laico dunque, pur essendo implicitamente ateo (come lo è qualunque regime di separazione), è l'unico Stato che sa tutelare sul piano giuridico quella libertà mediante cui un cittadino può liberamente scegliere fra l'ateismo è la religione. Viceversa, nello Stato confessionale il cittadino era (ed è) costretto, attraverso un'imposizione politica più o meno diretta, ad accettare una determinata religione o, al massimo, a scegliere fra una religione e un'altra, entrambe riconosciute ufficialmente dal governo in carica.

A questo punto è d'obbligo rispondere all'altra domanda, quella cui gli integralisti sono particolarmente legati: supposto che un cittadino scelga, in coscienza, la religione, in che modo egli si sentirà libero se poi nell'ambito dello Stato è quasi costretto a vivere nell'ateismo? La risposta qui si pone a un duplice livello:

- anzitutto la scelta che il cittadino fa di credere in una determinata confessione non è destinata a rimanere circoscritta nel mero ambito della coscienza. Generalmente il cittadino credente manifesta la sua fede attraverso le pratiche del culto, le attività di volontariato, l'editoria, ecc., cioè in modo *pubblico*;

- in secondo luogo va detto che l'ateismo indiretto che il cittadino-credente è indotto a vivere nell'ambito dello Stato laico, non è affatto un ateismo che viola i suoi sentimenti religiosi, che offende la sua dignità di credente (anzi questo dovrebbe essere considerato un reato perseguibile penalmente). La laicità dello Stato e delle sue istituzioni, ivi inclusa la scuola, non dovrebbe avere nulla di volgare, ma tutto di *scientifico*, da insegnarsi e studiarsi semplicemente a prescindere da un'ipotesi religiosa di partenza.

Non è dunque contraddittorio per il cittadino-credente comportarsi come *cittadino* nello Stato e come *credente* nella sua chiesa. Ateismo e religione nello Stato democratico si oppongono solo dal punto di vista *ideologico*, e in ogni caso, nell'ambito dello Stato il credente non è costretto ad accettare i principi teorici dell'ateismo: è sufficiente che accetti i *principi morali umanistici* dell'ideologia laica e democratica.

Senonché è proprio su questo che si palesano i limiti teorici della sinistra italiana. Parlare di laicità dello Stato non può assolutamente voler dire parlare di "Stato non ideologico". Se infatti da una parte è giusto mettere sullo stesso piano le diverse ideologie e le diverse religioni, dall'altra è profondamente sbagliato considerare allo stesso modo tutte le ideologie, mettendo la laicità al di sopra di ogni ideologia. Il socialismo non ha mai criticato il fenomeno dell'ideologia in sé, ma solo l'illusione di porlo al di sopra del contesto socioeconomico da cui invece dipende. Uno Stato democratico dovrebbe far propria *l'ideologia dell'umanesimo laico* e non dichiararsi indifferente nei confronti di qualunque ideologia, anche perché un'indifferenza del genere, sul piano pratico, non esiste[8]: lo Stato è fatto di persone, che naturalmente "si schierano", per quanto possano sforzarsi di apparire neutrale; senza poi considerare che non può esistere alcuno Stato democratico se non è democratica la società ch'esso rappresenta e una società non può essere autenticamente democratica se non è *socialista*.

II

E ora vediamo la questione del *partito laico*. Se sulla laicità dello Stato la sinistra italiana ha manifestato qualche imprecisione teoretica, su quello del partito le imprecisioni sono ancora più accentuate. In tal senso le tesi espresse da Berlinguer nella sua famosa risposta a mons. Bettazzi

---

[8] Uno Stato "a-confessionale" non vuol dire "a-ideologico": non esiste uno Stato senza ideologia, se non come forma illusoria delle ideologie borghesi. Uno Stato a-confessionale è uno Stato che non impone *esplicitamente* o *formalmente* la propria ideologia: non la impone nel senso che il cittadino non è costretto a credervi per poter definirsi cittadino, anche se è costretto ad accettare le leggi che il Parlamento (cui si accede a seconda delle diverse ideologie), promulga, a maggioranza, al fine di regolamentare la convivenza di cittadini che possono avere ideologie opposte. In un certo senso solo nel partito il cittadino è *costretto* a credere in un'ideologia, ma l'adesione al partito è del tutto facoltativa. Certo, il partito potrebbe chiedere un'adesione al *solo* programma politico prima di accedere al potere, ma, una volta fatto questo, è evidente che il partito si sentirà sempre più autorizzato a pretendere un'adesione *esplicita*, da parte del militante, anche nei confronti della propria ideologia.

non solo allora riassumevano in modo molto incisivo le posizioni che dominavano all'interno del partito, ma addirittura vengono ancora oggi a porsi come punto di riferimento obbligato per qualunque riflessione si faccia, da sinistra, sulla questione religiosa.

Anche qui le tesi ufficiali del Pc (ereditate poi dal Pd) sono note: si tratta di un partito laico e democratico, non teista, non ateista e non antiteista, che non professa esplicitamente una particolare ideologia e che desidera realizzare uno Stato con le medesime caratteristiche del partito.

La linea dominante nella direzione del Pc era dunque quella di far coincidere il rifiuto di ogni riferimento privilegiato a qualsivoglia religione o ateismo con il rifiuto di ogni specifica ideologia, a favore di una laicità democratica e pluralistica, al di sopra di tutte le religioni e di tutte le ideologie. Questo perché "ideologia" starebbe a significare una sorta di schematismo, dogmatismo, settarismo, integralismo, anticriticità e via dicendo. Il comunismo italiano non sarebbe una concezione del mondo, né filosofica né ideologica, ma semplicemente un metodo per analizzare economicamente la società e una prassi laico-democratica per trasformarla: il concetto di scienza è equivalente a quello di laicità ed entrambe quindi sarebbero opposte a qualunque ideologia. Per diventare e per restare comunisti non c'è quindi bisogno di abbandonare la propria religione o la propria ideologia, poiché basta accettare, in prima e ultima istanza, il programma politico del partito, basta cioè convincersi che non esiste alcuna ideologia vincolante, né come condizione per militarvi né come fine cui tendere.

La **prima** inevitabile conseguenza di questo modo astratto di considerare la laicità del partito è la rinuncia alla propaganda ateistica. Non essendo interessato a che il credente diventi ateo, pur senza alcuna coercizione morale o politica, il Pc pretendeva di andare oltre alle tesi classiche del marxismo, affermando non la semplice subordinazione della propaganda ateistica a quella politica, ma addirittura la sua soppressione. L'ateismo non sarebbe diventato altro che una sopravvivenza, ingenua e primitiva, del passato pre-socialista. Temendo di ledere i diritti di quei militanti che professano sistemi ideologici diversi, il Pc da un lato escludeva che un sistema ideologico potesse essere più vero di altri (in quanto tutti rientrerebbero nel mero ambito delle opinioni) e, dall'altro, credeva che, in questo modo, si potesse non professare alcuna ideologia (di qui la diffusione delle idee di Althusser a favore della scienza contro l'ideologia).

In realtà l'affermazione della laicità contro l'ideologia era il tentativo di affermare un'ideologia diversa, se non contrapposta, a quella ufficiale del marxismo. Il Pc dichiarava di non avere più una propria specifica ideologia cui fare riferimento, nel momento stesso in cui cominciava ad accettare l'ideologia piccolo-borghese delle classi medie, e questo avveniva a partire dal momento in cui non si riteneva praticabile, in Italia, una rivoluzione comunista.

La **seconda** conseguenza è stata la valorizzazione acritica e strumentale del senso religioso. Nella sua risposta alla lettera di mons. Bettazzi, Berlinguer diede ampio respiro alla famosa tesi di Togliatti approvata dal X Congresso, secondo cui "l'aspirazione a una società socialista non solo può farsi strada in uomini che hanno una fede religiosa, ma tale aspirazione può trovare uno stimolo in una sofferta coscienza religiosa posta di fronte ai drammatici problemi del mondo contemporaneo". Considerazione, questa, che, pur essendo formalmente corretta, presta il fianco, se priva di ulteriori precisazioni, a facili malintesi, anche se Togliatti, in verità, aveva evitato di aggiungere altro. Cioè egli non riconosceva alla religione un qualche ruolo fondamentale ai fini della rivoluzione. La religione potrà anche essere uno "stimolo", ma, alla resa dei conti, di fronte al compito di risolvere i complessi problemi sociali, economici e politici, essa o si trasforma in "reazione" oppure ripiega a livello di coscienza, permettendo al cittadino di lavorare come cittadino sul terreno laico dei problemi umani e terreni, esattamente come fecero i teologi della liberazione insieme ai sandinisti.

Socialismo e cristianesimo sono non solo valori "diversi", ma anche, per molti aspetti, "opposti", benché l'incompatibilità ideologica non impedisca la collaborazione politica, la coesistenza pacifica e l'intesa etico-civile su molti problemi comuni. Il socialismo non può rinunciare alla propria visione "integrale" della storia per permettere alla religione di riaffermare la propria. Non è certo colpa del socialismo se la religione, per varie migliaia di anni, non ha saputo risolvere nemmeno uno dei problemi concreti delle masse lavoratrici.

La realtà è che se la fede religiosa si esprime in modo progressista (come p.es. nella teologia della liberazione), ciò avviene solo nelle classi sociali oppresse o negli intellettuali che si fanno portavoce di queste classi, per cui l'aspirazione al socialismo subentra, in definitiva, non tanto "per" la coscienza religiosa del credente, quanto piuttosto "*nonostante*" tale coscienza. La religione, al limite, può anche stimolare oggi un movimento progressista, ma questo movimento, sviluppandosi, viene prima o poi a scontrarsi con problemi tali che la religione non è praticamente in grado di risolvere; e allora o la stessa religione soffoca la protesta, oppure questa si emancipa dalla religione.

Nel passato - diceva Lenin - talune idee religiose riuscirono anche ad essere "progressiste" rispetto ad altre. Ma oggi, in presenza di un'alternativa reale e concreta come quella del socialismo, che affronta, dimostrando di poterle risolvere, contraddizioni quanto mai stridenti e macroscopiche, diventa ben difficile la difesa di un'idea religiosa che non sbocchi nella "reazione". Ciò può non avvenire se i valori che la religione promuove coincidono con quelli del socialismo o verso questo sono indirizzati, ma in tal modo non viene più *difesa* la religione, viene *superata*. Bene dunque a riconoscere alla religione una funzione di "stimolo", ma nulla, assolutamente nulla di più.

Il partito deve soltanto guardarsi dall'offendere il credente desideroso di realizzare il socialismo: cioè non perché un cittadino è credente va considerato peggiore di un ateo. Tuttavia un partito di sinistra non deve neppure cercare di "inzuccherare" - come diceva Lenin - l'idea della religione per ottenere consensi e appoggi politici. Laicità non significa affatto potersi permettere qualsiasi tattica nei confronti della religione, secondo uno spirito machiavellico. Lenin l'aveva detto chiaramente a Gorki e Lunačarskij: "se per voi realizzare il socialismo significa realizzare un'idea religiosa, bene, questa è una vostra opinione personale, ma, per favore, non fatela passare fra le masse". I tempi appunto sono cambiati anche in questo senso, che ciò che rende il credente cosciente delle contraddizioni sociali è sempre meno la sua sensibilità religiosa e sempre più la sua sensibilità *umana*, quella cioè che, come cittadino e lavoratore, matura nell'ambito della società civile e politica. Un'ispirazione religiosa potrà forse non essere politicamente incompatibile col socialismo, ma è sempre più difficile che oggi si possa porre come condizione che stimola il credente a desiderarlo.

La **terza** conseguenza inerente alla tesi suesposta è la seguente: il partito e lo Stato coincidono perfettamente. Il partito è laico come lo Stato che vuole costruire. Viceversa Lenin aveva precisato - come noto - che se è giusto per lo Stato restare indifferente verso la religione, non lo è affatto per il partito. È vero che l'ateismo non può essere una discriminante per entrare nel partito, ma il militante deve sapere (anche se questa resta una sua "personale contraddizione") che: 1. il programma politico del partito comunista prevede il riferimento organico all'ideologia socialista e che 2. questa ideologia prevede l'ateismo-scientifico (il trattino serve per distinguerlo dal volgare anticlericalismo). Partito e Stato non possono coincidere: il primo è "avanguardia cosciente" del secondo.

Allo Stato non interessa se un cittadino e ateo o credente, al partito sì. Se il partito non avesse la preoccupazione di propagandare l'ateismo-scientifico si comporterebbe in modo sleale nei confronti dei suoi militanti; dimostrerebbe cioè di porre sullo stesso piano ideologico e culturale due punti di vista diametralmente opposti è solo perché, sul piano politico, si spera di ottenere il consenso dei credenti. Invece occorre far capire che se il punto di vista ateistico può essere accettato in via *ordinaria* e *permanente*, quello religioso può esserlo solo in via *straordinaria* e in previsione di un suo definitivo superamento, libero e cosciente.

Il partito deve essere alieno dall'usare strumenti coattivi per indurre il credente a diventare ateo, però non può rinunciare all'uso degli strumenti *scientifici* della cultura. La laicità intesa come rispetto ad oltranza di qualsiasi concezione ideologica (e che si limita a richiedere l'adesione al programma politico del partito) è una laicità che ha rinunciato a qualsiasi compito pedagogico e culturale, a qualsiasi funzione educativa e informativa. È una laicità appunto indifferente, priva di contenuto, disposta ad accogliere le idee e i principi che, di volta in volta, l'interesse chiama in causa o ritiene più opportuni. In tal senso si può dire che se il concetto di laicità, elaborato da certo comunismo italiano, ha senz'altro avuto il merito di favorire il carattere di "massa" del partito, indubbiamente ha avuto anche il torto di fargli perdere la sua caratteristica di "classe". Il Pc ha finito col realizzare col mondo cattolico un rapporto meramente *politico*, non culturale né scientifico: ha sperato inoltre di essere meglio accettato dai credenti, rinunciando ad elaborare sul piano culturale l'ateismo, ma, così facendo, o non ha ottenuto quello che cercava, oppure, se l'ha ottenuto, ha smesso di essere comunista.

*

Vediamo di dire le stesse cose in maniera diversa. In una società capitalista l'adesione a un partito comunista non può partire da esigenze identiche a quelle di un cittadino ove il socialismo democratico si è già realizzato. Indubbiamente in entrambe le società l'adesione a un partito comunista deve avvenire in maniera libera e spontanea, ma è evidente che in una società già socialista è inevitabile che la dirigenza di un partito del genere chieda all'iscritto un'adesione di principio non solo al programma politico ma anche all'ideologia politica e quindi il compito di svolgere una certa militanza.

In un paese capitalista invece la libertà di cui gode il cittadino è maggiormente condizionata: per un lavoratore sfruttato iscriversi a un partito di sinistra non è una scelta facoltativa, ma un'*esigenza vitale*, in quanto il partito offre determinate garanzie contro i padroni. In occidente i dirigenti dei partiti comunisti, essendo a conoscenza di questo, col passare del tempo, proprio venendo incontro alle esigenze di tutti i lavoratori sfruttati, hanno posto maggiori attenzioni ai programmi politici, tralasciando del tutto gli aspetti ideologici, indubbiamente più difficili ad essere accettati.

Senonché, rinunciando alle questioni ideologiche, i partiti comunisti occidentali hanno cominciato a interessare fasce di elettori che, pur non avendo da risolvere i gravi problemi della classe operaia, erano comunque desiderosi di un cambiamento sostanziale della società, soprattutto sul piano sovrastrutturale: di qui l'adesione non tanto "militante" ma di "opinione" da parte degli strati piccolo-borghesi e dei ceti medi e intellettuali. Ciò ha fatto sì che la dirigenza del partito ampliasse sempre di più il discorso *politico* e sempre di meno quello ideologico, trasformando altresì il partito in un organo sempre di più *parlamentare* e sempre di meno extraparlamentare.

Questo per dire che, laddove la libertà di scelta è indipendente da fattori sociali che la condizionano pesantemente, è oltremodo giusto che si richieda al militante comunista di rinunciare ai propri pregiudizi religiosi, o comunque di non professare apertamente, all'interno del partito, alcuna ideologia religiosa, anche se resta pacifico che solo la coscienza del militante può rinunciare spontaneamente, con la necessaria maturità dei tempi, a qualsiasi pregiudizio religioso.

La lettera di Berlinguer a mons. Bettazzi

storia dei rapporti tra socialismo e cattolicesimo in Italia

In una lettera aperta scritta nel luglio del 1976 a Enrico Berlinguer, segretario generale del Pci, mons. Bettazzi, vescovo di Ivrea, mostrava d'avere un certo timore dell'ideologia comunista e delle conseguenze politiche ch'essa poteva determinare (il riferimento, in questo senso, andava a quei cattolici indipendenti nelle liste del Pc, i quali, secondo lui, si stavano lasciando ingannare dalle manovre strumentali di questo partito, sempre più intenzionato a non fare della "questione cattolica" un impedimento per la militanza dei credenti nelle proprie fila).

A questa lettera Berlinguer risponderà con una lunga lettera nell'ottobre dell'anno successivo, che susciterà immediate reazioni da parte dell'"Osservatore Romano", che si chiedeva che cosa avrebbe fatto il Pci dell'art. 5 del proprio statuto, cioè come avrebbe conciliato il riconoscimento del valore della fede religiosa con l'ideologia marxista-leninista.

La successiva risposta di Berlinguer non si fece attendere: nel febbraio del 1978 affermò che la filosofia del Pc non era una filosofia atea. Il XV congresso comunista decise di modificare il suddetto art. 5 e presentò rilevanti novità con altre due tesi, la n. 16 e la n. 68: i militanti del Pc non erano più obbligati a riconoscere ed applicare il marxismo-leninismo. Il programma politico del partito era, in pratica, compatibile con la singola fede religiosa del militante.

Nella sua lettera a mons. Bettazzi, ispirata dal catto-comunista F. Rodano, Berlinguer cercò di rassicurare il prelato, dimostrandogli che l'ideologia del Pc era diversa da quella che lui s'immaginava. Il Pc italiano infatti - secondo il segretario generale - non si caratterizzava affatto per il suo riferimento dogmatico al marx-leninismo. Anzi, esso aveva smesso da tempo d'essere un partito ideologico e quindi settario, preferendo di gran lunga una soluzione più laica e democratica.

In pratica Berlinguer, pur osservando giustamente che il riferimento al marxismo non poteva avere alcunché di dogmatico, rinunciava a caratterizzare ideologicamente il proprio partito, cioè dopo aver distinto - com'è necessario fare - le questioni ideologiche da quelle politiche, aveva abbandonato definitivamente le prime, qualificando le seconde con l'appellativo di "laicità" e sostenendo che questa impostazione della strategia del partito esisteva già prima della sua segreteria.

In realtà Berlinguer aveva dato una formulazione di laicità del tutto inedita in seno al partito. Nella lettera veniva detto che il Pc non era un partito "né teista, né ateista, né antiteista". Sino a Longo le cose non stavano così. Ideologicamente il partito era ateista, solo che politicamente non faceva di questo ateismo un argomento per selezionare i propri aderenti.

È vero che, sin dal 1945, Togliatti aveva introdotto una distinzione tra ideologia e politica, permettendo l'iscrizione al partito sulla base dell'adesione al programma politico, a prescindere dalle convinzione filosofiche o religiose dei singoli militanti. Ma questo anche Lenin l'aveva permesso, aggiungendovi, semplicemente, che non era compito del partito sindacare sulle convinzioni di coscienza; semmai sarebbe stato un problema personale per il militante conciliare le proprie convinzioni religiose con la propaganda del partito a favore del materialismo storico-dialettico e dell'ateismo scientifico.

È anche vero che Togliatti non volle mai mettere il militante credente in una posizione scomoda del genere; anzi, pur di avere l'appoggio dei cattolici, evitò sempre con cura di far svolgere al partito una politica culturale a favore del materialismo e dell'ateismo. Il confronto tra cattolici e comunisti doveva vertere su questioni politiche, socioeconomiche o al massimo su valori culturali unanimemente riconosciuti. L'unico storico di un certo spessore che all'interno del Pc si era permesso di fare delle ricerche chiaramente orientate a favore dell'ateismo era stato Ambrogio Donini, che però non arrivò mai ad analizzare criticamente il Nuovo Testamento.

Tuttavia Togliatti non mise mai in discussione il ruolo privilegiato che sul piano ideologico andava riconosciuto al marxismo, nella versione che se n'era data durante la III Internazionale, anche se di questo marxismo riteneva soltanto ciò che poteva non urtare la sensibilità religiosa dei cattolici, o comunque egli cercava di attenuare il più possibile le differenze di principio tra filosofia marxista e teologia cattolica. Qualunque controversia ideologica veniva considerata controproducente per il consenso elettorale, specie in un paese politicamente arretrato come l'Italia. Anche con Longo la situazione era rimasta inalterata.

Berlinguer invece volle superare ogni identificazione della politica comunista con una particolare filosofia o visione del mondo. Non si preoccupò di attualizzare il marxismo e il leninismo, rendendoli più coerenti con le esigenze del mondo contemporaneo: semplicemente li considerò ideologicamente superati, sia perché troppo legati agli sviluppi deleteri dello stalinismo, sia perché culturalmente ottocenteschi, influenzati dal giacobinismo, non molto diversi da una qualunque teoria del socialismo utopistico. Il partito doveva diventare ideologicamente neutrale, totalmente indifferente, sul piano dei principi, alle questioni filosofiche o religiose; doveva diventare una sorta di collettore delle esperienze più eterogenee, il cui compito non era tanto quello di realizzare il socialismo, quanto piuttosto quello di rendere vivibile il capitalismo.

Nella lettera a mons. Bettazzi, Berlinguer precisò a chiare lettere, con una definizione che restò poi famosa, che il partito non era "né teista, né ateista, né antiteista". Il fatto che non fosse *teista* non c'era neppure bisogno di dirlo, in quanto al massimo era alla Democrazia cristiana che si poteva fare un rilievo del genere. Che non fosse neppure *antiteista*, anche questo era da tempo scontato, poiché l'anticlericalismo non è mai stato accettato dal comunismo italiano, né mai si sono volute fare guerre di religione di alcun tipo (Togliatti arrivò addirittura ad accettare l'art. 7 della Costituzione). La novità invece stava nella *negazione dell'ateismo*, che sempre è stato considerato una componente fondamentale dell'ideologia e della cultura del socialismo scientifico, benché mai inserito (se non forse in Albania) nei programmi politici dei partiti comunisti.

Nella sua lapidaria e inconsueta affermazione, Berlinguer aveva messo sullo stesso piano una posizione ateista, cioè *scientifica*, con una teista, cioè *religiosa*; e sul medesimo piano aveva messo l'ateismo, cioè il *raziocinio*, con l'antiteismo, cioè l'*intolleranza*. In nome di non si sa quale presunta laicità, egli aveva mescolato nello stesso brodo ideologico ingredienti completamente diversi, e aveva trattato questi ingredienti come ideologie di derivazione illuministico-radicale (più o meno piccolo-borghesi), considerando in definitiva l'ateismo non una conquista matura del socialismo scientifico, ma una sopravvivenza oscurantista ereditata da un passato da dimenticare perché troppo intollerante.

Influenzato dalle idee dei catto-comunisti, Berlinguer era arrivato alla conclusione che se la parola "laicità" voleva necessariamente dire (anche) "ateismo", allora il partito sarebbe inevitabilmente rimasto integralistico, cioè dogmatico, al pari della Dc. Per lui la "laicità" era l'antitesi dell'"ideologia", era la forma scientifica della politica. Facendo questo però non si accorgeva: 1. di sostituire un'ideologia con un'altra (poiché ciò è inevitabile che avvenga), 2. di dare alla sua nozione di laicità un'interpretazione di tipo positivistico, cioè borghese.

È vero che il marxismo non è un dogma ma una guida per l'azione, e tuttavia nessun vero marxista si permetterebbe di dire che su certe questioni di principio il marxismo non è dogmatico: in questa filosofia politica vi sono alcune leggi oggettive che per nessuna ragione al mondo un marxista vorrebbe abbandonare, anche nel caso in cui la loro pratica applicazione fosse o fosse stata la più sbagliata del mondo (si pensi p.es.

alle tesi filosofiche sull'automovimento della materia e sulla sua perenne trasformazione, sulla natura della dialettica, ma anche a quelle economiche sulle crisi cicliche di sovrapproduzione, sulla caduta tendenziale del saggio di profitto, ecc.).

Privo di ideologia, il Pc finiva col cadere proprio in quel pericolo che Berlinguer pensava di poter scongiurare, e cioè di elaborare programmi "in modo meramente empirico, 'praticistico', senza alcun collegamento a principi, ecc.". Son proprio queste le conseguenze che in verità bisognerebbe temere, quando si rinuncia a un'ideologia di fondo, frutto di elaborazioni intellettuali durate dei secoli.

La "nuova" laicità proposta da Berlinguer altro non era che una sorta di filosofia utilitaristica ammantata di idee vagamente socialiste, un'indifferenza gnoseologica assunta a livello di concezione ideale di vita. Separare non tatticamente ma *strategicamente* la politica dall'ideologia significava fare della politica una sorta di scienza neutra e dell'ideologia una questione meramente privata della coscienza.

A causa di questa impostazione "sospensiva" del rapporto socialismo/credenti, il Pc arrivò a rinunciare definitivamente a una politica culturale a favore dell'ateismo e si limitò a sostenere una sorta di agnosticismo in materia di religione, venendo così ad equiparare le funzioni del partito con quelle dello Stato. Si adottò questa strategia nella speranza, rivelatasi poi illusoria, di veder allargata la propria base elettorale, facendo in modo che la propria debolezza politica venisse compensata dall'idea di realizzare un "compromesso storico" con la Dc, che avrebbe dovuto servire per portare al governo i comunisti senza compiere alcuna rivoluzione.

In effetti Berlinguer non aveva fatto altro che applicare sul piano ideologico quanto cercava di realizzare su quello politico, con la sua idea di "compromesso storico" e di "solidarietà nazionale". Egli s'era persuaso di poter avvicinare meglio la Dc quanto più rinunciava a qualificare il suo partito sul piano ideologico. Voleva approfittare dell'ondata contestativa del '68 per proporre ai democristiani una co-gestione del paese sconvolto dai disordini e dalla crisi, e quindi per proporre un maggiore interventismo statale nell'economia.

Il problema per lui non era più quello di superare la proprietà privata dei fondamentali mezzi produttivi, ovvero quello di come uscire dal capitalismo senza finire nelle secche dello stalinismo, ma semplicemente quello di far credere ai propri militanti che la democrazia borghese (tutelata dalle basi Nato, sotto il cui "ombrello protettivo" egli diceva di voler restare) era un *valore umano universale*, la vera anticamera del socialismo prossimo venturo.[9]

La chiesa romana, timorosa di veder perdere consensi in seguito alla suddetta contestazione generale, s'era decisa nel 1976 a por fine, almeno teoricamente, al collateralismo dell'associazionismo cattolico verso la Dc, e aveva in parte appoggiato gli sforzi di mediazione politica operati dallo statista A. Moro, favorevole all'ingresso dei comunisti nel governo.

L'iniziativa ecclesiale, presa nel convegno "Evangelizzazione e promozione umana", era stata preceduta dall'enciclica *Octogesima adveniens*, del 1971, con cui Paolo VI apriva il dibattito sulla pluralità delle scelte politiche dei cattolici. I quali però nel complesso rimasero ancorati al loro integrismo politico-religioso e talune posizioni aperturiste, analoghe a quella di Moro, furono solo delle eccezioni. I timidi tentativi di dar credito alla laicità della sinistra, da parte della chiesa istituzionale, furono improvvisamente interrotti dall'assassinio di Moro (cui lo stesso Paolo VI indirettamente contribuì, chiedendo alle Brigate Rosse di liberarlo "senza porre alcuna condizione") e soprattutto dall'elezione al soglio pontificio dell'integrista filo-ciellino Karol Wojtyla.

La lettera che Berlinguer spedì a Bettazzi fu oggetto di migliori attenzioni negli ambienti sudamericani della teologia della liberazione, dove infatti si usava la metodologia marxista senza però accettarne l'intera filosofia. Inoltre questi teologi cattolici avevano particolarmente apprezzato il fatto che Berlinguer riconoscesse alla religione cristiana una possibile funzione positiva nella trasformazione della società anche in senso socialista. Senonché la teologia della liberazione fu presto oggetto, a causa di queste dichiarazioni, di una dura reprimenda da parte sia di Wojtyla che dell'allora cardinale Ratzinger, i quali scomunicarono definitivamente quella corrente ecclesiale.

Dopo il crollo della I Repubblica italiana e la fine della Democrazia cristiana, una parte minoritaria di cattolici aderì a una sinistra che di "socialista" non aveva più nulla e che preferiva relegare alla coscienza

---

[9] Il concetto di "democrazia universale" assomiglia molto a quelli di "democrazia pura" o di "democrazia in generale" o di "potere di tutto il popolo", coi quali Kautsky, Scheidemann, Renner, F. Adler, Gompers, Henderson, Renaudel, Vandervelde ecc. s'opponevano al potere dei soviet e alla dittatura del proletariato. Avendo una "fede superstiziosa" nello Stato neutrale e interclassista, nel concetto politico di "maggioranza parlamentare", costoro s'illudevano di poter realizzare il socialismo senza alcuna vera lotta rivoluzionaria, nella convinzione che la transizione sarebbe stata del tutto indolore, priva di una irriducibile resistenza all'espropriazione da parte dei capitalisti e dei proprietari terrieri.

dei singoli militanti l'affronto di tutti i problemi etici e valoriali. La fetta maggiore dei cattolici preferì invece aderire alla nuova destra di Forza Italia e della Lega Nord.

L'idea di "socialismo democratico" oggi va ricostruita completamente e di sicuro non può essere fatto rinunciando a tutelare gli interessi del laicismo per favorire il consenso elettorale dei credenti, né si può pensare di far convergere la militanza cattolica verso le idee laico-borghesi rinunciando a qualunque idea di socialismo democratico.

Etica e socialismo cristiano

Il XVII Congresso nazionale del Pc (1986) ha ratificato, con la ben nota *Tesi 41*, intitolata "Le scelte politiche dei cattolici", una delle posizioni che all'interno del partito era venuta emergendo già con la segreteria di Enrico Berlinguer.[10]

È d'altra parte naturale che la cosiddetta "rivoluzione copernicana" prodotta da questo partito sul terreno ideologico (o teorico che dir si voglia) trovi un riflesso anche nella questione del rapporto con la religione. Anzi, a dir il vero, è già da parecchi anni che le tesi del Pc su tale argomento non ricalcano più quelle tradizionali del marxismo. Ora però questo abbandono degli "stereotipi culturali consunti" - come qualcuno li chiama - non solo viene giustificato a tutti i livelli, ma anche ulteriormente approfondito.

Dopo le battaglie politiche del 1968-76 la coscienza smantellante di "certi comunisti" sempre più spesso s'è andata chiedendo - osservando che, nonostante i processi di secolarizzazione e laicizzazione, il fenomeno religioso non è scomparso - se non fosse il caso di rivedere i classici giudizi in materia da parte del marxismo e del leninismo. Tale iper-autocritica è stata compiuta non per continuare a rifiutare il sistema, cercando di combatterlo in maniera più efficace, ma per legittimarlo ulteriormente, rinunciando a qualsiasi vera alternativa. Secondo questi "neo-comunisti" il riferimento al Pc, per i cattolici, è andato perdendo la sua importanza non tanto perché il partito non lotta più come ieri contro il sistema, quanto piuttosto perché non riconosce alla religione tutto il suo valore etico o pre-politico. Di qui l'inversione di rotta.

Rinunciando a considerare il socialismo democratico come l'unica vera opzione politica credibile per gli oppressi del mondo contemporaneo, l'unica adeguata al nostro tempo, allo sviluppo delle nostre società industriali; rinunciando a confrontarsi, se non in maniera superficiale o strumentale, con le diverse esperienze di socialismo sparse nel mondo,

---

[10] Cfr. Rinascita, *Documenti per il Congresso*, editrice L'Unità, Roma 1986. La Direzione del Pc era composta in quel Congresso da: Natta, Bassolino, Giovanni Berlinguer, Borghini, Bufalini, Cervetti, Chiaromonte, Colajanni, Fassino, Ingrao, Lama, Macaluso, Minucci, Mussi, Pellicani, Petruccioli, Quercin, Ranieri, Reichlin, Speciale, Tortorella, Trupia, Turco, Ventura... Alla Segreteria vi erano Alessandro Natta, Gavino Angius, Giuseppe Chiarante, Massimo D'Alema, Giorgio Napolitano, Achille Occhetto, Alfredo Reichlin, Aldo Tortorella, Livia Turco. Nel giugno 1988 Occhetto sostituirà Natta.

questi pseudo-comunisti chiedono, da un lato, un'aperta disponibilità a rivedere *ad libitum* il giudizio classico sulla religione e, dall'altro, esprimono una smaccata acquiescenza verso le idee della borghese socialdemocrazia. Ed è così che, intorno a questo "nodo irrisolto" del partito, si comincia a ventilare l'ipotesi che la laicità comunista, pur tanto decantata, non sia ancora sufficiente ad attirare le simpatie e i consensi di tutti i cattolici progressisti. Basta dunque - si tuona dall'alto della propria frenesia restauratrice - col primato della politica, della lotta di classe, dell'analisi strutturale! La politica è incapace di dare un'adeguata risposta ai bisogni vitali della gente... È venuto il momento di ridare corpo alle utopie del messaggio religioso, di riscoprire il valore etico della fede cristiana, di rinunciare a tutti i dogmatismi.

Il linguaggio dei revisionisti non è però così esplicito: esso anzi deve necessariamente restare nel vago e nel generico (almeno quel tanto che basta) se vuole insinuarsi nelle pieghe dell'ortodossia (quale "ortodossia" poi non si sa proprio, se è vero, come è vero, che questi processi culturali passano sulla testa dei militanti senza che nessuno o quasi dica niente). Si evita cioè di specificare la politica di chi, di quale classe sociale, di quale ideologia; si dice soltanto: la politica! Non volendo spendere una sola parola chiara, inequivocabile, quando le circostanze lo richiedono esplicitamente, si finisce col mescolare nel proprio brodo ideologico ingredienti fra loro completamente diversi (come ad es. le concezioni piccolo-borghesi del '68 e l'avventurismo della gruppettara extraparlamentare di quegli anni, da un lato, e il realismo politico del Pc dall'altro), e implicitamente quindi si finisce (condizionati come si è dall'esperienza sovietica) per condannare la politica del vero marxismo, ritenendola pari-responsabile della "distruzione della vita", del soffocamento delle libertà individuali e così via.

Si arriva in sostanza a dire che la politica degli anni 1968-76 non ha saputo valorizzare l'esperienza della fede religiosa appunto perché assegnava alla politica un primato che assolutamente non le spettava. Quale assurdità! Come se il Pc dovesse valorizzare il lavoratore-credente che milita nelle sue fila più come "credente" che non come "lavoratore"! Come se il lavoratore-credente degli anni 1968-76 si fosse deciso a militare nel Pc più per l'esigenza di veder valorizzata la propria fede che non per quella di esserlo come lavoratore oppresso e sfruttato!

Non solo, ma dopo aver constatato il fiasco del loro proprio sotto-marxismo rivoluzionario, nonché l'impossibilità da parte dell'occidente di offrire valide alternative (l'occidente in fondo viene accettato proprio perché non sembrano esistere, a loro giudizio, altre vie e la "terza via" di Berlinguer, in questo senso, neppure la si ricorda più), dove vanno a mendicare un nuovo senso della vita questi marxisti pentiti dell'ultima ora, questi ex-comunisti non ancora completamente guariti dal morbo nostalgico del rivoluzionarismo? Vanno in America latina. Vedendo migliaia e migliaia di credenti che si sacrificano sull'altare della giustizia-libertà, essi non possono che chiedersi, struggendosi di invidia e di gelosia (sempre che siano in buona fede): "come mai loro, che sono solo credenti e molto arretrati, sanno lottare così efficacemente contro quelle bestiali dittature, e noi, che già siamo comunisti ed evoluti, non riusciamo a trasformare la democrazia borghese in direzione del socialismo?".

Con tali interrogativi, che plaudono spassionatamente a quelle forme, peraltro sempre più inevitabili[11], di ribellismo proletario-cristiano, difficilmente si riuscirebbe ad apprezzare con pari entusiasmo la scelta di quei credenti che han deciso e che ancora oggi decidono di militare nei partiti comunisti separando nettamente la fede dalla politica. Preoccupandosi d'incensare i tentativi dei credenti rivoltosi del sud America (fatti passare per "rivoluzionari" appunto perché "credenti"), costoro si dimenticano di valorizzare una delle grandi conquiste del movimento comunista europeo e mondiale: *la privatizzazione dell'atteggiamento verso la religione nella lotta per le questioni sociali e politiche.*

Perché questa dimenticanza? Il fatto è che mentre ieri (cioè negli anni 1968-76) la separazione della fede dalla politica era vissuto dal cattolico entro un impegno politico-progressista, carico di speranze e di tensioni para-messianiche, a fianco o all'interno delle molte battaglie condotte dal Pc, oggi invece, con il generale riflusso nel privato, ovvero con il ripiegamento, per molti cattolici, nel comune gabbione dei pentiti (il cui perimetro non può certo essere ristretto ai soli ex-brigatisti), la riconferma della suddetta separazione, a vantaggio della politica, appare a questi marxisti "gialli" come un autentico non senso. Se la politica ha fatto bancarotta - si afferma -, la fede deve ora aspirare a una *revanche* di tipo sociale. In realtà quindi ciò che si vuole dimenticare è che l'entusiasmo passato dei cattolici per la politica comunista era strettamente legato alla contestazione operaio-studentesca del 1968-69, alla forte crisi petrolifera e sistemica del 1973, che inaugurò quella mondiale del biennio 1974-75 e che costrinse tutti a riflettere seriamente sull'effettiva solidità del nostro sistema economico e sulla particolare necessità di un governo a "solidarietà nazionale".

Oggi, se i cattolici-comunisti o progressisti sono apatici non dipende da un "cattivo rapporto" che con loro il Pc avrebbe, quanto piuttosto dal fatto che il Pc ha un "cattivo rapporto" con il complesso della so-

---

[11] Inevitabili per il peggioramento della crisi e per il miglioramento della coscienza proletaria.

cietà civile e politica. È vero, forse mancano nuove condizioni materiali di crisi, altrettanto gravi, da indurre i cattolici ad assumere atteggiamenti risoluti in politica. Ma il vero problema resta un altro: a tutt'oggi non pare proprio che il livello di partecipazione cosciente e collettiva del Pc alla soluzione della crisi del paese sia così sostenuto da togliere ogni dubbio sulla sua reale capacità di valorizzare le istanze rivendicative più urgenti. Quello che manca al Pc è un proficuo impegno politico sul piano *extraparlamentare*. D'altra parte - ci si può chiedere - può esistere una prassi rivoluzionaria senza teoria rivoluzionaria? Può esistere la voglia di lottare quando si vive come se questa società dovesse durare in eterno, o pensando al massimo d'intervenire quando il governo borghese si renderà finalmente conto dei propri limiti e chiederà ai comunisti di sostituirlo?

Ma non è tutto. Questa progressiva lateralizzazione della politica per far posto alla "densità" della questione religiosa, che sempre più dovrebbe essere considerata come fatto "strutturale" della convivenza civile, non è per nulla semplice e naturale come si vorrebbe. Si pretende in realtà che il credente interpelli la politica non in quanto *cittadino* al pari di altri cittadini, ma proprio in quanto *credente*, cioè non in qualità di lavoratore più o meno sfruttato, più o meno disoccupato, ma in qualità di soggetto morale "speciale", che ha da dire qualcosa di "diverso" al mondo cattolico, rispetto al comunista ateo, qualcosa che il mondo politico non può neppure immaginare. Si chiede in sostanza al partito di permettere ai cattolici progressisti che vi militano di vivere un'esperienza più "globale" della loro religiosità, senza costringerli a forzate separazioni di fede e politica. Si chiede cioè che le opinioni di una minoranza prevalgano su quelle della maggioranza, che la libertà di pensiero e di coscienza prevalga su quella di associazione, che addirittura il partito si trasformi in un baldo paladino, attorniato da paggi e paggetti, ognuno dei quali con la propria bandiera ideologica. Si esige insomma la revisione non di una ma di *tutte* le tesi classiche del marxismo, quelle sul fenomeno religioso e tutte le altre.

È bene che i comunisti lo sappiano, ci ammoniscono i revisionisti: i cattolici sono più forti di loro, in quanto sanno vivere meglio i problemi della famiglia, dell'assistenza, del volontariato, dell'emarginazione, della scuola...; ed è appunto per queste ragioni che vanno premiati, e soprattutto oggi, che di "Stato sociale" i magnati dell'industria e della finanza non vogliono più sentir parlare. La programmazione economica ha dei limiti: il Pc deve rendersene conto; ha quei limiti che proprio i cattolici, con la loro iniziativa privata, possono, almeno in parte, superare. L'alternativa quindi non è se uscire o no dal capitalismo, ma se restarci con o senza l'aiuto dei cattolici, che rappresentano la forza maggiore nel settore non-monopolistico. Se si accetta questo aiuto, allora il Pc dovrà laicizzarsi ulteriormente, trasformando il movimento operaio in una "controfigura laica" del movimento cattolico.

Sono queste le illusioni che ci propinano gli opportunisti di sinistra degli anni Ottanta. Le cose che qui si tacciono sono un mare: ad es. il ben noto concetto di "*morale comunista*". Da quando in qua i comunisti hanno scelto di limitare il loro impegno alle sole questioni politiche? Dove s'è mai visto ch'essi abbiano delegato di proposito alla chiesa la soluzione di compiti così urgenti come l'emarginazione, la crisi della famiglia, l'assistenza sociale, ecc.? Non sono stati forse loro, insieme a molte altre forze progressiste, a cercare di togliere alla chiesa e ad altre istituzioni private questa responsabilità civile e sociale per estenderla a tutta la collettività? Chi ha lottato e chi continua a lottare contro le scuole private, gli aborti clandestini, le ipocrite situazioni adulterine nei matrimoni indissolubili e contro tutto quel vergognoso e farisaico assistenzialismo, che qualcuno - e purtroppo non a torto - ha il coraggio di considerare più efficace e quindi può giusto dello sfascio totale e garantito del nostro Stato? È forse colpa del Pc se i cattolici han sempre circoscritto il loro intervento sul sociale a questi ristretti campi, affrontandone i relativi problemi, inevitabilmente, in una maniera gretta o corporativa, piuttosto che all'interno di una prospettiva più globale di programmazione economica? O forse, per valorizzare l'insieme dei valori che ispirano l'agire storico dei credenti, il partito dovrebbe mettere sullo stesso piano la programmazione e il volontariato? le strutture pubbliche dello Stato e quelle private di una minoranza di persone che "credono"? Fino a che punto il Pc deve spogliarsi della sua identità per cercare di ottenere appoggi da parte dell'elettorato cattolico?

Chiediamo dunque a questi solenni liquidatori delle grandi tradizioni del movimento comunista italiano: avete mai sentito parlare di "morale comunista"? Trattasi di una morale strettamente vincolata agli interessi della classe operaia (che coincidono con quelli di tutti i lavoratori sfruttati), interessi che, per essere pienamente affermati, hanno necessariamente bisogno del momento politico. Infatti, solo a livello politico si può verificare se i valori etico-sociali sono realizzabili o no. L'aver spostato l'accento dal politico al pre-politico, in questo senso, non servirà ad altro che a dimenticare e a far dimenticare che il problema n. 1 della classe operaia è quello economico e che, se non si risolve definitivamente questo problema (il che può avvenire solo in modo politico), qualsiasi valore etico è destinato a inverarsi nel suo contrario, come da tempo le leggi obiettive della storia dimostrano. La iper-valorizzazione delle istituzioni private, del volontariato e dell'assistenzialismo cattolico è dunque la riprova che il revisionismo considera improponibile qualsiasi seria pianificazione pubblica dell'economia, cioè qualsiasi autentica rivoluzione politica.

Qui, a ben guardare, non c'è neppure il tentativo strumentale di ripristinare il vecchio connubio di religione e socialismo, come già era stato fatto ai tempi del socialismo utopistico, e come ancora si sta facendo nei paesi emergenti ad opera della teologia della liberazione. L'ingenuità del socialismo-cristiano poteva e può essere considerata accettabile solo perché era ed è la religione che andava e va verso il socialismo, ma con i revisionisti nostrani accade il contrario. Qui non è più l'esigenza ma il rifiuto della liberazione che marcia come un gambero verso la teologia.

Lenin diceva che la peggior deformazione del socialismo è quella di combinarlo con la religione (lettera a Gorki). Una cosa infatti è vedere un credente che lotta come comunista nelle file del Pc o in un Fronte di liberazione nazionale, attenendosi scrupolosamente ai principi del programma politico (che poi tale credente pensi di realizzare il socialismo attraverso la religione o questa attraverso quello, resta ovviamente un suo problema personale); un'altra è vedere dei comunisti "pentiti" che vanno a mendicare dal cristianesimo un po' di significato per la loro misera azione politica. È in questa seconda angolazione che va visto il tentativo di questi "*gentlemen* della fede", politicamente revisionisti, di rinunciare, con la *Tesi 41*, a qualunque forma di vero socialismo.

Mentre fino a Berlinguer il partito sosteneva, sulla scia di Togliatti, che anche una coscienza religiosa *può* stimolare il credente alla lotta di classe, evitando, con ciò, di sottolineare che il credente poteva sentirsi stimolato alla lotta di classe "nonostante" la sua coscienza religiosa (poiché a quella lotta, in genere, vi era indotto dalle contraddizioni sociali); oggi invece s'afferma che tale coscienza, per essere vera, può anche non indurre a compiere alcuna lotta, proprio perché la fede religiosa ha un valore *in sé* e ciò viene dimostrato dal fatto che con essa il credente s'impegna nell'ambito pre-politico per il miglioramento qualitativo dell'intera società.

Revisionismo e pre-politica

I

Verso la metà degli anni Ottanta, mentre in Russia, con la *perestrojka* e la *glasnost* di M. Gorbaciov, si stava scoprendo il valore della democrazia, in Italia invece gli eredi della politica di E. Berlinguer si accingevano a uscire definitivamente da qualunque idea di socialismo alternativo al capitalismo. Là si pensava di democratizzare il socialismo, qui invece di rendere accettabile il capitalismo per non aver bisogno di compiere alcuna vera transizione. E i comunisti italiani ebbero il coraggio di dire che Berlinguer aveva anticipato i tempi, che la sua frase sull'"esaurimento propulsivo" del cosiddetto "socialismo reale" era stata profetica. Gorbaciov non aveva fatto altro che mettere in pratica le osservazioni critiche di Berlinguer.

Come sia poi andata a finire è sotto gli occhi di tutti: la Russia è diventato un paese capitalista, non sapendo come far coesistere democrazia e socialismo, e in Italia il partito comunista è scomparso e, con esso, qualunque idea di socialismo. La stragrande maggioranza della sinistra italiana è unicamente preoccupata di far funzionare, così com'è, il sistema borghese, evitando di smantellare, come invece vorrebbe fare la destra, lo *Stato sociale*, che il sistema ha utilizzato, dopo le due guerre mondiali, il fascismo e la resistenza delle classi marginali, per far credere a quest'ultime che non c'era alcun bisogno di passare al socialismo vero e proprio.

La "rivoluzione copernicana" compiuta dal Pc sul piano ideologico, rinunciando a qualunque aspetto del marxismo, aveva già trovato un riflesso, con Berlinguer, anche nella questione del rapporto con la religione, là dove egli aveva sostenuto che il partito non era "né teista, né ateista, né antiteista". Dopo la sua morte le cose sono andate progressivamente peggiorando, fino al punto da trasformare il partito in un organo della socialdemocrazia europea.

È sufficiente leggersi alcuni articoli pubblicati nel 1985 su "Rinascita" per convincersene. Per esempio nel n. 35 Luciano Guerzoni, scrivendone uno dal titolo *Coscienza religiosa e laicità della politica*, ci tiene subito a precisare, ritenendo che il processo di "revisione" interno al Pc non si sia ancora concluso, che dobbiamo abbandonare "stereotipi culturali ormai consunti", "ogni rappresentazione meramente ideologica del reale". La sua considerazione emerge da una domanda politica ben precisa: "perché il riferimento al Pc, decisivo per una vasta area cattolica nel corso degli anni '70 e nel contesto di battaglie - quali il divorzio e l'aborto - non poco problematiche per i credenti, è venuto via via perdendo… la sua pregnanza e il suo significato?". A suo giudizio il segretario A. Natta non ha offerto delle prospettive concrete di ampio respiro e praticabili da subito. Come mai?

Guerzoni pensa di saperlo. Anzitutto egli è convinto che sul rapporto del Pc con la religione sarebbe opportuno "riprendere o aprire *ex novo* una riflessione e una ricerca", la quale non potrebbe certamente "non muovere dal dato dell'accompagnarsi, al processo pur irreversibile di secolarizzazione sociale e culturale, della permanenza della religione: una permanenza forte e vieppiù libera e consapevole".

Probabilmente Guerzoni, quando usa aggettivi come "forte, libera e consapevole", non intende riferirsi al revival restauratore della triade Wojtyla-Ratzinger-Siri, né, tanto meno, alle esperienze estremiste di quella gruppettara che passa sotto il nome di Hare Krishna, Chiesa dell'unificazione di Moon, ecc., ma piuttosto alle tendenze para-rivoluzionarie di alcuni movimenti ecclesiali latinoamericani, a tutti ben note.

Sia come sia, cioè anche supponendo che Guerzoni abbia ragione, riferendosi alla teologia della liberazione e movimenti affini, benché questi movimenti - a voler essere obiettivi - traggano la loro "forza, libertà e consapevolezza" proprio dal fatto che, in un modo o nell'altro, si ricollegano alle idee del socialismo scientifico, mi pare comunque che qui ci troviamo di fronte sia a una sopravvalutazione del fenomeno religioso in generale, sia a una sottovalutazione dell'esigenza di socialismo nell'ambito del capitalismo avanzato.

Guerzoni ha già rinunciato a considerare il socialismo come l'unica vera opzione politica credibile per gli oppressi del mondo contemporaneo, siano essi atei o credenti. Lo dimostra il fatto che nelle sue riflessioni è forte l'acquiescenza verso le idee della socialdemocrazia e, di conseguenza, la disponibilità a ripensare totalmente il giudizio classico del marxismo sulla religione. Ed è così che, intorno a questo "nodo irrisolto" del Pc, si comincia a ventilare l'ipotesi che la laicità del partito, pur tanto decantata, non sia ancora sufficiente per attirare le simpatie e i consensi di tutti i cattolici progressisti. Come se il vero problema di questo partito non stesse nel fatto d'aver abbandonato ogni riferimento organico al marxismo, ma, semmai, in un rapporto con la religione ancora poco chiaro, ancora "troppo poco laico".[12]

---

[12] Per i comunisti occidentali e per quelli italiani in particolare la parola "ideologia" suscita non pochi fastidi. Parlare di "ideologia scientifica" sarebbe assoluta-

Per questo egregio critico del socialismo non solo va rifondata la laicità del partito (come se Berlinguer non l'avesse già fatto in maniera inedita), ma va pure data una risposta precisa "a una coscienza credente... che nel tempo della secolarizzazione sempre meno accetta di essere scissa fra la propria dimensione o esperienza di fede e la propria vocazione civile e sociale, pur essendo consapevole... che in questo tempo storico non si dà comunque ritorno all'esperienza della 'cristianità' e delle 'strutture civili cristiane'". Il partito insomma dovrebbe trasformarsi in una sorta di "chiesa laicizzata", al fine di accontentare i cattolici progressisti.

*

Su questo punto vorremmo aprire qui una parentesi, commentando un passo dell'articolo della redazione di "Testimonianze" apparso sul numero 36/1985 di "Rinascita". Dice testualmente: "se il rapporto fede-politica viene ed è comunque chiamato a porsi in modo... non più integralistico o dualistico, ma dialettico (e cioè oltre la confusione, ma anche oltre l'astratta separazione, perché la fede non può restare estranea alla società e alla politica, pena il dualismo, ma non può produrre, in quanto tale, identità socio politica, pena l'integrismo), un partito che attribuisce valore strategico alla questione del rapporto con i credenti non può... non tener conto di questa svolta, di questa vera e propria rottura epistemologica". (Naturalmente la svolta sarebbe stata provocata dalla teologia della liberazione).

---

mente un non senso. Eppure Engels e, con lui, Lenin dicevano che il marxismo "non è un dogma ma una guida per l'azione". Lo stesso Marx rifiutava di dirsi "marxista". Ebbene, con questo forse volevano dire che tale "guida" non deve poggiare su alcuna ideologia specifica? È forse possibile avere una concezione dell'esistenza che non abbia nulla a che fare con l'ideologia? Quando Marx parlava di ideologia lo faceva forse per condannare tale fenomeno in sé e per sé, da contrapporre per esempio alla scienza, oppure lo faceva per limitarsi a rilevare che fino al socialismo scientifico le ideologie non sono mai riuscite a concepirsi come un riflesso della realtà, non volendo mai ammettere o riconoscere la loro stretta dipendenza dai fattori socioeconomici? Certo, ideologia può anche significare voler restare legati a delle concezioni ideali che non rispondono alle esigenze della vita sociale, ma è assurdo pensare di non averne una propria solo perché si professa una concezione laica o scientifica della vita. Se in luogo della parola "ideologia" si preferisce quella di "filosofia", dove sta la differenza? Anzi, dovremmo dire che le filosofie erano delle ideologie astratte, in quanto non preoccupate di cercare mezzi e modi politici per realizzare i loro ideali di vita.

"Testimonianze" mal sopporta sia l'integrismo di Comunione e liberazione che il dualismo dell'Azione cattolica. Ma che significa per CL "integrismo"? Significa legare la fede alla politica per riportare la società al Medioevo. E che significa "dualismo" per l'AC? Significa permettere al cittadino d'essere borghese nella sfera pubblica e credente in quella privata. Qual è l'alternativa dei teologi della liberazione? Sì al legame di fede politica, ma per superare la società borghese in direzione del socialismo.

La redazione di "Testimonianze" dice forse questo esplicitamente, ovvero dà un giudizio chiaramente politico della svolta prodotta dalla TdL? No, essa si limita semplicemente a dire che il rapporto fede-politica, posto in modo dialettico dalla TdL, costituisce una "rottura epistemologica". In che senso però neppure la redazione lo sa: da un lato infatti essa predica l'unità della fede con la società e la politica, senza specificare né per quale società né per quale politica; dall'altro nega alla fede il diritto di produrre un'identità socio-politica, senza però chiarire a quale identità la fede deve rifarsi se vuole restare progressista.

La redazione avrebbe anzitutto dovuto rispondere a queste altre due domande: 1. che cosa può impedire alla TdL, che lega la fede alla politica, di non essere o di non diventare un movimento integralista? 2. In che misura un credente che separa la fede dalla politica, ma che accetta la politica del partito comunista, può essere considerato meno "progressista" (solo perché "dualista") del teologo della liberazione?

*

I credenti non devono interpellare la politica in quanto *credenti*, ma in quanto *cittadini*: non hanno più bisogno di farlo in quanto credenti proprio perché la laicità garantisce loro piena libertà di credere. Cioè devono rivolgersi alla politica in qualità di lavoratori sfruttati o disoccupati, non in qualità - come dice Guerzoni - di "soggetti morali speciali", che hanno da dire qualcosa di "diverso" al mondo politico, qualcosa che il mondo politico non riesce neppure a immaginare. Egli in sostanza chiede al partito di Natta di permettere ai cattolici progressisti che vi militano (o che lo vorrebbero), di vivere un'esperienza più "globale" della loro religiosità, senza costringerli a forzate separazioni di fede e politica (in tal senso anche Natta avrebbe fatto la sua a dire a G. Girardi che il Pc è estraneo alle questioni religiose *stricto sensu*). Guerzoni cioè chiede che le opinioni di una minoranza prevalgano su quelle della maggioranza, che la libertà di pensiero prevalga su quella di associazione, che addirittura il partito si trasformi in un baldo paladino attorniato da paggi e paggetti ognuno con la propria bandiera.

"Chissà perché - si domanda poi con ingenuo candore - la pace o il volontariato sarebbero più 'cattolici' del lavoro e dei diritti e della condizione del cittadino malato, mentre per altri problemi (aborto, eutanasia, inseminazione artificiale, emarginazione, assistenza, sistema educativo-scolastico, famiglia) sembra prevalere l'esercizio di una sorta di delega tacita all'egemonia e alla mobilitazione, di fatto pressoché esclusiva, delle sole forze cattoliche".

Noi tuttavia ci chiediamo: dove s'è mai visto che i comunisti abbiano delegato "di proposito" alla chiesa la soluzione di compiti così urgenti come quelli elencati da Guerzoni? Non sono stati forse loro, insieme a molte altre forze progressiste, a cercare di togliere alla chiesa e ad altre istituzioni private questa responsabilità sociale per estenderla all'intera collettività? Chi ha lottato contro le scuole private che affermano d'essere un servizio sociale per il quale pretendono finanziamenti pubblici, gli aborti clandestini, gli ipocriti matrimoni indissolubili, l'assistenzialismo farisaico che approfitta delle debolezze altrui per indurre a credere in una qualche religione? È forse colpa del Pc se i cattolici hanno sempre limitato il loro intervento sul sociale a questi ristretti campi, affrontando i relativi problemi in una maniera gretta e corporativa, piuttosto che all'interno di una prospettiva più globale di programmazione economica e politica? Forse che il Pc, per togliere ai cattolici tale presunta egemonia, dovrebbe rinunciare a parlare di "programmazione", dandosi in massa al volontariato? O forse, per valorizzare "l'insieme dei valori che ispirano l'agire storico del credente", dovrebbe mettere sullo stesso piano la programmazione e il volontariato, le strutture pubbliche dello Stato e quelle private di una minoranza di persone credenti? Fino a che punto il Pc deve spogliarsi della sua identità per ottenere appoggi da parte dell'elettorato cattolico? Il suo destino è soltanto quello di diventare una palestra di opinioni?

L'articolo di Guerzoni fa *pendant* a quello di Giuseppe Vacca, apparso nelle stesse pagine della rivista. Come questi infatti, ad un certo punto, prevedeva di utilizzare la chiesa romana alla stregua di un "braccio spirituale" del Pc per il problema dell'unità del "genere umano" (una sorta di "cosmopolitismo catto-comunista"), così quello, nella conclusione delle sue riflessioni, propone ai cattolici di riconvertirsi al Pc solo se si darà respiro a "una progettualità politica che riscopra la dimensione dell'etica, che si sostanzi cioè di un insieme di valori - non precostituito, ma continuamente da ricercare e definire nel concreto storico - assunto

come costitutivo della politica come funzione, come servizio, come esperienza".

Guerzoni sembra conservare il distacco puritano del ciellino che
nega alla politica qualsiasi autonomia, che pone il pre-politico al di sopra
del politico, che considera il politico in sé come una sfera malata, deca-
dente, votata al fallimento, a meno che non si subordini in toto alla religione. D'altro canto però la secolarizzazione lo costringe ad affermare
che tale etica non può rifarsi a nessuna Bibbia, a nessun dogma, in quanto si costruisce "di volta in volta". Sta forse in questo il concetto di laicità? l'alternativa all'ideologia?

A Guerzoni non interessa sapere che esiste una "morale comunista" strettamente vincolata agli interessi della classe operaia, che coincidono con quelli di tutti i lavoratori sfruttati; gli sfugge completamente il
fatto che i valori di questa morale hanno bisogno, per essere realizzati,
del momento politico. Guerzoni vuole spostare il problema dal politico al
pre-politico perché in realtà vuole rinunciare a porsi il problema n. 1 della classe operaia, quello *economico*. La valorizzazione delle istituzioni
private e del volontariato e dell'assistenzialismo cattolico è in sostanza la
riprova ch'egli considera improponibile qualsiasi seria pianificazione
pubblica dell'*economia*.

È lui stesso a dirlo chiaramente: "per me, e penso per molti credenti, la vera discriminante o, se si preferisce, l'alternativa non passa per
l'insondabile nebulosa della fuoriuscita dal capitalismo, bensì per il rifiuto della politica come mera macchina o tecnica". Dopodiché la stoccata
contro "l'agghiacciante insipienza di CL" serve appunto a legittimare la
propria "anima ciellina" o, quanto meno, il proprio complesso d'inferiori-
tà verso un movimento così ricco d'iniziative ma anche, purtroppo, così
terribilmente oscurantista.

*

Non sfugge alla preoccupazione di cercare una convergenza tra
comunisti e cattolici sul terreno dell'eticità o del pre-politico, al fine di
costruire insieme la cosiddetta "alternativa democratica", la redazione
della rivista "Il tetto", che, rappresentata da P. Colella e D. Jervolino, ha
pubblicato sul n. 38/1985 di "Rinascita" un articolo dal titolo *L'impegno
politico dei credenti*.

Ora, ci si chiede qui in che misura possa essere valido un tentativo del genere. Infatti se esso viene inteso nel senso che la riscoperta del-
l'eticità è funzionale alla relativizzazione della necessità di una trasfor-

mazione radicale dell'economia, o addirittura a una sua rinuncia, il tentativo è certamente votato all'insuccesso. Cioè potrà anche esserci un'alternativa democratica sul piano sovrastrutturale, utile ad abbattere ideologici steccati, ma qualsiasi discorso che voglia spostare l'attenzione dal politico al pre-politico, finisce inevitabilmente col sostituire l'obiettivo strategico di una vera alternativa al sistema.

Le seguenti affermazioni di Colella e Jervolino: eticità significa "ricerca e costruzione progettuale di una società diversa nella quale tutto sia più a misura d'uomo e che non si limiti a liberare l'uomo dalle condizioni di bisogno o di asservimento", possono essere interpretate solo nel senso che siamo in presenza del solito discorso illusorio secondo cui è sufficiente rinnovare gli aspetti sovrastrutturali del sistema per ottenere che le trasformazioni strutturali avvengano secondo una logica di mera consequenzialità: come se il compito di liberare l'uomo dal bisogno o dall'asservimento non fosse per l'etica la cosa più urgente!

II

Il secondo articolo che vogliamo prendere in esame è la lettera che il cristiano-socialista G. Girardi ha inviato al segretario del Pc A. Natta ("Rinascita" n. 32/1985).

Egli prende le mosse da una severa critica politica che quest'ultimo aveva rivolto, tempo fa, alla nota *Istruzione* del cardinale Ratzinger. Con questa lettera, in sostanza, Girardi vuole sollecitare il Pc - ora che il cattolicesimo è più chiaramente orientato a destra e che la politica comunista del compromesso storico con la Dc è terminata - ad usare una "decisa opposizione" contro il neotemporalismo wojtyliano e il neoconservatorismo democristiano. Oltre a ciò, viene chiesto al Pc di operare una scelta di campo "fra i cristiani in conflitto".

Com'è naturale la lettera di Girardi fa venire in mente quella che nel 1976 il vescovo Bettazzi aveva scritto a Berlinguer. Allora la richiesta era diversa e diversa fu la risposta: Bettazzi chiedeva più laicità e democrazia all'interno del Pc e Berlinguer accettò tranquillamente la sfida. Oggi Girardi chiede più "opposizione e scelte di campo" e Natta, pur senz'altro d'accordo con lui in via di principio, non nasconde le sue perplessità sul *come* concretizzarle. In effetti, la risposta non pare così suadente e disinvolta come quella di Berlinguer. Questo perché mentre nel '76 il terreno era favorevole a una transizione al sistema e Berlinguer poteva "attaccare", anche se poi preferì il compromesso storico, ora invece, mancando quel terreno, Natta è costretto a "difendersi". Paradossalmente allora si trovarono vicine due persone in fondo molto lontane, oggi si trovano lontane due persone in fondo molto vicine.

Alla richiesta di operare una maggiore opposizione antigovernativa e anche antiecclesiastica, nonché una più chiara scelta di campo a favore dei cristiano-socialisti, Natta risponde mostrando di non capire come realizzare tali obiettivi con criteri e modalità diversi da quelli usati fino ad oggi. Il rischio infatti è quello di cadere - dice testualmente - nel "massimalismo", nell'"isolamento", nella "politica che diventa solo testimonianza". In particolare, sul problema della scelta di campo, afferma, senza nascondere il suo stupore: "quale scelta? su quale terreno?". E più avanti: "sul terreno più strettamente politico occorre guardarsi dall'errore di considerare come possibili interlocutori solo quei gruppi di cattolici che siano già completamente schierati su posizioni di impegno politico a sinistra". E motiva questo dicendo che bisogna confrontarsi anche con gli altri cattolici, compresi quelli che militano nella Dc.

Natta considera soltanto dei "*possibili* interlocutori" quei cristiani "*già compiutamente schierati*" a sinistra. In altre parole, il Pc non può fare una scelta preferenziale per questi cristiani, in quanto deve restare aperto a tutte le componenti del mondo cattolico. Si badi: non è che il Pc predichi la "non scelta" come scelta di campo. Più sopra infatti Natta aveva ribadito che "è sin troppo chiaro quale sia e debba essere la nostra posizione". Quindi la scelta è stata fatta ed è a favore dei cristiani che lottano per il socialismo. Come mai allora - ci si chiede - Girardi resta insoddisfatto?

Girardi resta insoddisfatto appunto perché il Pc - a suo giudizio - si limita a fare una scelta formale o convenzionale fra i credenti progressisti e quelli reazionari, e non svolge in modo conseguente tale scelta, dandole un contenuto più concreto, più circostanziato. Ora, se questo limite è vero, da che cosa nasce? È semplice ed è strano che Girardi non l'abbia colto: il rifiuto di compiere una scelta preferenziale a favore dei cristiano-socialisti, che vada al di là delle pure e semplici dichiarazioni di principio, nasce dal fatto che il Pc da parecchi anni ha optato per un rapporto prioritario, sul piano pratico, con le forze meramente parlamentari, perdendo l'aggancio organico con le masse.

Senonché oggi il Pc si trova costretto a vivere in Parlamento un rapporto tattico completamente diverso da quello realizzato all'epoca del compromesso storico. Lo stallo del partito sta appunto in questo, ch'esso è stato indotto dalle circostanze a parlare di alternativa democratica senza avere ancora le parole adatte per farlo. Come mai? La ragione sta nel fatto che il Pc non ha iniziato a parlare di alternativa a causa del peggioramento della situazione economica, ma perché, in primo luogo, la Dc ha rifiutato il compromesso storico. Le due cose sono diverse e il fatto che Girardi chieda a Natta "maggiore opposizione", dimostra soltanto che non si è capita la differenza. La logica vuole invece che le pressioni dei cristiano-socialisti e delle altre forze laico-popolari di sinistra potranno sollecitare la dirigenza del Pc a un maggior "radicalismo" solo se contemporaneamente vi saranno delle condizioni economiche favorevoli. Il che attualmente non è. Natta infatti alla pressione di Girardi non ha reagito come questi si aspettava, proprio perché non ha ancora valide ragioni per farlo.

La politica del compromesso è finita e quella dell'alternativa resta equivoca. Se si punta troppo sull'alternativa si rischia di non essere capiti e di perdere voti a destra, se vi si punta troppo poco si rischia l'emarginazione a sinistra. I fatti vogliono purtroppo che la situazione economica non sia ancora così favorevole all'alternativa e alla comprensione popolare di questa alternativa, come lo è stata invece la fine parlamentare della politica di compromesso con la Dc. Ecco perché l'atteggiamento dell'attuale Pc è di tipo "attendista": si attende cioè che lo stato dell'economia peggiori affinché la scelta dell'alternativa trovi le necessarie e obiettive legittimazioni.

Il problema però, a questo punto, diventa un altro e di natura così complessa che il contributo di Girardi non può che essere modesto, almeno sul piano teorico. Il Pc non può aspettare né che l'economia peggiori, né che l'alternativa s'imponga da sé. In una situazione del genere, cioè dopo la rinuncia forzata al rapporto preferenziale con la Dc, il Pc, se vuole essere di nuovo credibile e vincente, deve ritrovare il suo tradizionale legame con le masse, riaffermando, in modo incisivo, un rapporto privilegiato con le forze progressiste, laiche e religiose, che si muovono fuori del Parlamento, che si trovano dentro e fuori dello stesso partito e che aspirano a un rinnovamento sostanziale della nostra società. Solo mediante un rapporto organico di questo genere si potrà poi approfondire, a livello di contenuti, la proposta dell'alternativa democratica lanciata a livello parlamentare.

Da questo punto di vista la risposta del segretario Natta pare interessante proprio perché si pone come constatazione, lucida e a tratti drammatica, di un vuoto da colmare; ed è stimolante quindi anche per quello che non dice. Si ha come l'impressione che il Pc si sia talmente abituato alla politica del compromesso e alle battaglie meramente parlamentari d'aver perso la dovuta chiarezza sulle questioni di fondo che caratterizzano la sua ideologia politica e che lo stesso riferimento a una politica di alternativa necessariamente impone. Si ha cioè l'impressione che il Pc abbia smarrito le finalità ultime della sua strategia politica all'interno delle operazioni tattico-parlamentari che pur occorrono in quanto inevitabili. Ad esempio sul piano della politica economica spesso e volentieri si sentono affermazioni a favore di una gestione "statale" dell'economia capitalistica, la quale viene considerata di tipo "misto", dove pubblico e privato collaborano a un fine comune, ma non si sentono mai affermazioni a favore di una *transizione al socialismo*. D'altra parte ciò è normale in un partito che da anni ha messo in sordina argomenti come la lotta di classe, l'internazionalismo proletario, il riferimento all'ideologia marxista, gli ideali del socialismo scientifico... Non è possibile pensare di realizzare un'alternativa sul piano politico dimenticando di realizzarne una sul piano *teorico e culturale* e sottovalutando, nel contempo, il fatto che l'azione delle masse è sempre più importante di qualsiasi attività parlamentare.

Se il Pc avrà chiaro quale socialismo realizzare, non potrà poi limitarsi ad affermare - stando alle obiezioni di Natta - la sua estraneità nei confronti delle questioni religiose, ma dovrà anche indicare su quali prospettive concrete i cristiano-socialisti e le altre forze popolari di sinistra possono lavorare con tale partito. Prospettive che certo non possono basarsi - come lascia intendere Girardi - sul puro e semplice "spirito rivoluzionario", bensì su un attento calcolo delle forze in campo.

III

Giuseppe Vacca sul n. 35/1985 di "Rinascita" si lamenta che G. Girardi, nella sua lettera indirizzata al segretario del Pc A. Natta, ha dato una lettura "troppo seccamente politica dell'attuale pontificato". Nel senso che forse è esagerato vedere nella restaurazione di Wojtyla il tentativo di accodarsi al progetto neoconservatore dell'amministrazione reaganiana, o considerare che la presa di posizione contro i teologi della liberazione sia stato in realtà un modo per chiarire che il nemico n. 1 della chiesa è il marxismo. E giustifica questo dicendo che se la chiesa ha prodotto l'*Istruzione* è stato anche per il bene dell'*unità religiosa*, alla quale gli stessi comunisti sono interessati. Difatti - prosegue Vacca - "nei nostri orizzonti c'è l'obiettivo di prendere parte sempre più viva alla possibile unificazione del genere umano".

Ora, a parte la nebulosità di queste affermazioni e il fatto ch'esse sembrano contraddire verità lapalissiane, il sillogismo dell'articolista pare proprio essere il seguente (e fa specie che una rivista del genere accetti di pubblicare articoli così apertamente anticomunisti): *sì* alla teologia della liberazione, perché progressista, ma *no* (se solo per questo) alla

58

liquidazione della chiesa romana, poiché essa, rinnovandosi (con Wojtyla?), ha ancora la capacità di svolgere "nel modo più efficace e più alto una funzione unificatrice" a livello mondiale.

Difficile dire cosa significhino queste frasi. Qui sembra esserci un invito, rivolto al partito, di servirsi della chiesa cattolica così come gli imperatori romani, a partire da Costantino, si servivano del cristianesimo. Convinto cioè di poter andare presto al potere, il Pc spera forse, per bocca di Vacca, che con l'aiuto europeo del cattolicesimo, gli sarà più facile conservare un certo "primato politico" sui vari comunismi terzomondiali. Quale massimo partito occidentale di sinistra questo partito sembra avere la pretesa di poter scalzare la decaduta leadership sovietica nell'ambito del sistema socialista mondiale e di reimpostare il rapporto fra i diversi partiti comunisti secondo un'ottica neo-eurocentrica, in cui la chiesa cattolica, una volta realizzato il socialismo occidentale, si porrà come suo "braccio spirituale".

Come spiegare altrimenti frasi di questo genere? "Sarebbe opportuno approfondire, storicamente, quanto abbia pesato sul nostro movimento l'impostazione che i partiti comunisti al potere (ma non solo essi) hanno dato alla questione religiosa e chiarire quanto anche questo abbia inciso nel determinare 'l'esaurimento della spinta propulsiva' prodotta dalla rivoluzione d'Ottobre e dalla costruzione dell'Urss". Non è un po' ingeneroso o semplicistico dire, stando all'opposizione in qualità di comunista, che tutti i comunismi al potere sono diventati totalitari, soprattutto perché legati all'ideologia marxista-leninista? Se un partito comunista è totalitario, ciò va dimostrato nella *prassi*, non è detto che questo totalitarismo provenga direttamente dalla sua ideologia politica, che sicuramente, almeno fino allo stalinismo, era molto più democratica di qualsiasi ideologia borghese, soprattutto sul piano della giustizia sociale: è stato detto, p.es., che l'unico "Stato ateo" del mondo, ai tempi del "socialismo reale", era quello albanese.

Viceversa, guardando l'ideologia politica della chiesa romana, è difficile pensare che da essa non possa nascere un regime totalitario. Quando l'integralismo del cattolicesimo sembra non provenire dalla sua ideologia, è perché elementi di laicità e di democrazia si sono insinuati, spinti da circostanze concrete, al suo interno. Che oggi s'incontrino cristiani votati alla causa del socialismo, non significa ch'essi si siano allontanati da un'ideologia religiosa obiettivamente reazionaria: significa soltanto che i problemi sociali ed economici si sono così aggravati che anche per loro il riferimento al socialismo è diventato inevitabile, in quanto il capitalismo non è in grado di risolvere i propri problemi e tanto meno è in grado di farlo il cattolicesimo, che pur pretende di porsi come "terza via".

Ma ora guardiamo quest'altra affermazione: "Il movimento operaio e socialista in Europa è alla ricerca di nuovi paradigmi"; "grande è l'impulso che a tale ricerca è venuto dall'acutizzarsi del nodo Nord-Sud". È vero, l'ideologia borghese che vede un Nord capitalistico (compresi dunque i paesi socialisti, fatti passare per dei regimi capitalistici di Stato burocratizzati) e un Sud sottosviluppato, ha certamente contribuito a far credere che la propulsione bolscevica si sia esaurita, ma possiamo forse dire che sia aumentata quella dei partiti comunisti europei? Affermazioni come quelle di Giuseppe Vacca fanno solo pensare che il comunismo italiano abbia la pretesa di svolgere un ruolo prima nazionalista, poi eurocentrico, infine mondiale, sostituendosi alla funzione che fino ad oggi ha svolto l'Urss.

Tuttavia l'analisi di Vacca non si ferma a questo. D'altra parte il titolo del suo articolo è particolarmente impegnativo: *Riflettiamo sulle prospettive mondiali della questione cattolica*, che, tradotto in soldoni vorrebbe dire: vediamo come noi comunisti possiamo utilizzare la questione cattolica per poter imporre sul piano mondiale la nostra revisione delle classiche tesi marxiste-leniniste. A tal fine l'egregio articolista è addirittura disposto a fare un'azzardata concessione: "perché non sollecitare, nel dibattito nuovo che si sviluppa nella sinistra europea, un'attenzione più intensa ai modi in cui le lacerazioni e i conflitti che percorrono la 'struttura del mondo' si illuminano alla luce degli analoghi processi che caratterizzano le vicende delle chiese e di quella cattolica in modo particolare ed emblematico?". Ovverosia: perché, vedendo il successo del pontificato di Wojtyla, non la smettiamo d'interpretare i processi religiosi a partire da quelli socioeconomici e non iniziamo a fare il contrario, dando, in questa nuova analisi, un posto preminente alla confessione cattolica, sfruttando il fatto che nel Terzo Mondo vi sono da gestire tensioni rivoluzionarie di cui si fanno carico moltissimi credenti orientati verso il socialismo?

"Credo di non esagerare pensando - conclude Vacca - che da un impegno di questo tipo possano venire impulsi efficaci al movimento operaio e socialista per la sua riforma. Esso verrebbe spinto a ricercare le vie (e il gusto) per essere (o, se si vuole, per tornare ad essere) una potenza spirituale del nostro tempo, senza di che mi pare difficile ch'esso possa assolvere il suo stesso compito politico più urgente: elaborare una via d'uscita al declino dell'Europa, reinterpretandone la figura e il destino".

In pratica cosa vuole Vacca? Cosa c'è dietro questo ambiguo ed eclettico modo di ragionare? Non credo di sbagliarmi se affermo che qui c'è il tentativo (strumentale) di ripristinare il vecchio legame di *sociali-smo e religione*, come già era stato fatto, più spontaneamente, ai tempi del socialismo utopistico, e come ancora si sta facendo, al di fuori dei partiti comunisti, nei paesi terzomondiali, per opera ad es. della teologia della liberazione, e come anche alcuni dichiarati comunisti, militanti del partito, fecero nella prima metà di questo secolo in Unione Sovietica (mi riferisco a Bogdavov, Gorki e Lunaciarskij). Purtroppo però - ed è la storia che lo dice - tutti i matrimoni del socialismo con la religione sono miseramente falliti, e il fatto di volerci riprovare, in quanto comunisti, non è solo un segno di forte immaturità politica, ma anche un indizio di sbandamento piuttosto vistoso verso la reazione.

IV

L'intervento di Giovanni Bianchi, vicepresidente delle Acli, sul n. 39/1985 di "Rinascita", riprende il tema - attualmente molto apprezzato dal mondo cattolico - della riscoperta dell'*eticità* e quindi dell'abbandono del primato della politica. Il titolo infatti, *Torniamo a distinguere salvezza e politica*, non vuole soltanto indicare l'esigenza di porre fine alla pretesa di qualificare come "religioso" il tentativo neointegralistico di subordinare la fede a un progetto politico cristiano (vedi la cosiddetta "cristianità" di Comunione e liberazione, molto simile alla politica religiosa di Wojtyla), ma vuole anche riaffermare che nella distinzione di etica e politica quest'ultima ha perso oggi la sua centralità operativa, in quanto l'ambizione della sinistra italiana (in cui viene incluso lo stesso Pc), espressasi soprattutto negli anni 1968-76, di costituire un'alternativa all'attuale sistema dominante, s'è rivelata del tutto fallimentare.

"Etica e politica - sostiene Bianchi - sono in quest'oggi chiamate a un nuovo confronto. Non è crisi dell'autonomia del politico, ma crisi profonda della sua tradizionale centralità". "La politica deve cioè farsi laterale per far posto alla densità della questione, che è il senso dell'esperienza o della ricerca della fede, come fatto *strutturale* della convivenza civile nella crisi della secolarizzazione. Siamo cioè oltre Gramsci...".

La conferma della necessità di riscoprire il valore del *pre-politico* è data appunto - secondo Bianchi - da due fatti incontestabili, sulla cui reciprocità spesso i cattolici scommettono, sicuri di vincere, il destino della loro chiesa, e cioè la crisi dell'utopia rivoluzionaria e la permanenza della religione. Il parallelo non è certamente casuale. Si tratta in realtà di una speculazione - che ha fatto campare di rendita molti intellettuali cattolici - orchestrata intorno all'assurda pretesa trotskista di veder dissolversi la religione al solo contatto dell'impeto rivoluzionario.

Bianchi naturalmente non può sospettare che la crisi sovrastrutturale della secolarizzazione sia dovuta alla mancata realizzazione politica ed economica del socialismo. La sua analisi si pone a un altro livello, quello appunto etico o idealistico: la secolarizzazione - a suo giudizio - è venuta meno proprio perché si era posta un obiettivo irrealizzabile; ora essa deve fare marcia indietro e riscoprire il valore della fede religiosa, che con troppa frettolosità era stato censurato o quanto meno emarginato.

Sono almeno tre i limiti riscontrabili nell'analisi di Bianchi. *Anzitutto* - premesso che l'accentuazione degli aspetti politici negli anni 1968-76 era strettamente dipendente dalla crisi del nostro sistema economico, che rifletteva, a sua volta, la crisi del sistema capitalistico mondiale - va detto che, oltre a misconoscere questo, Bianchi evita di prendere in esame i veri motivi della politica fallimentare di quegli anni: ossia la mancanza di una crisi economica sufficientemente acuta e generalizzata, di una chiarezza circa gli obiettivi strategici da realizzare e di una organizzazione politica forte, compatta e disciplinata. Idee fondamentalmente anarchiche e piccolo-borghesi si trovavano mescolate all'interno di una fraseologia marxista pseudo-rivoluzionaria. Si pensi soltanto a quale entusiastica ovazione concesse buona parte del Movimento studentesco alla cosiddetta "rivoluzione culturale" maoista. Sarebbe però esagerato sostenere che la posizione del Pc di quegli anni sia coinvolgibile nella critica di questa assenza di realismo politico. Il Pc semmai difettava del contrario, cioè di un impegno assiduo, capillare, a livello extraparlamentare, nel quotidiano delle masse.

In secondo luogo la tesi anticiellina di Bianchi, per cui la fede va tenuta separata dalla politica, può essere ritenuta valida ed efficace ai fini di una trasformazione qualitativa della società solo a condizione che il credente s'impegni come laico in una politica di alternativa democratica al sistema, altrimenti resta solo una forma di misticismo. Dunque Bianchi come intende la separazione di fede e politica? A ben guardare egli non rifiuta soltanto la posizione neomedievalista di CL, ma anche quella cristiano-socialista della Teologia della liberazione. Senza limitarsi a separare la fede dalla politica, ma subordinando invece questa a quella, Bianchi, con fare massimalistico e pressappochistico, getta via il bambino con l'acqua sporca.

"Il *totus politicus* non ha risparmiato le posizioni del cattolicesimo militante", dice, ad un certo punto, più disilluso che mai. Ciò significa che per Bianchi, d'ora in avanti, la verità della religione non la si misura né *rapportandola* a una politica progressista (è il caso dei cristiano-socialisti), né *separandola* da questa politica (che i cattolici indipendenti nel Pc cercano ad es. di realizzare in maniera laica), ma la si misura *contrapponendola* ad ogni sorta di politica, progressista o reazionaria, nella certezza di realizzare una "spiritualità pura".

"La stagione delle lotte e dei consigli è - produttivamente - alle nostre spalle", leggiamo non senza una certa meraviglia. "La politica non basta a capire come cambia la chiesa, perché... la questione religiosa è qualcosa di permanente e di strutturale per la nostra società. Perché i percorsi della ricerca di senso, sono... sovente un'esperienza non dicibile, un progredire a tentoni". Dunque il rifiuto dell'ossessione della politica porta Bianchi ad accettare, con altrettanta ossessione, il primato dell'etica o della morale religiosa, cioè del pre-politico.

Il *terzo* aspetto da sottolineare è appunto legato a questo. La riscoperta dell'eticità contro il primato del politico è in sostanza una posizione reazionaria e conservatrice. Anzi, tenendo conto che questa obliterazione è del tutto forzata e innaturale (dopo gli anni della consapevolezza e dell'impegno politici, seppur frammentari e disomogenei), la posizione è anche tendenzialmente votata all'irrazionalismo.

Infatti quale potrà essere il nuovo modello di politica che l'etica impolitica di Bianchi riuscirà a creare? "La gente chiede meno paradisi ideologici e più risposte efficaci di medio periodo". Eccoci dunque accontentati: *no* a una complessa e globale strategia di trasformazione della società in direzione del socialismo, in quanto ciò è utopico, demagogico, velleitario; *sì* invece al piccolo cabotaggio, alla tattica (che qualcuno definisce kissingeriana, altri giolittiana) del "passo dopo passo", in nome del sano pragmatismo anglosassone. Qualsiasi commistione di etica e politica è respinta in partenza: al massimo si può tollerare un'influenza indiretta (bellarminiana) della prima sulla seconda.

La politica - così ragiona Bianchi - vuole e deve restare autonoma, ma, poiché la storia di questi ultimi anni la condanna, essa deve pure riconoscere la sua manifesta impotenza, per cui il riferimento organico all'etica le è diventato obbligatorio e vincolante. Egli in pratica rivuole una società pre-68, quando, per il mondo cattolico, il carisma di papa Giovanni s'imponeva da sé, per la sua intrinseca forza spirituale. Di qui l'amara constatazione: "La storia che prepara il Concilio non coincide con la storia che ad esso segue". Come se le acquisizioni moderniste del Concilio Vaticano II fossero state tali da poter scongiurare con certezza qualsiasi *revival* integralistico! Come se lo sforzo del Concilio fosse stato quello di aprire "nuovi orizzonti" e non invece quello di adeguarvisi!

I cristiani insomma - prosegue Bianchi - non devono impegnarsi "a lato o contro il paese, ma con e nel paese". Accettando cioè lo *status quo*, quello con le sue leggi fondamentali, essi devono favorire una cultura del dialogo, "togliendo da questo termine ogni residuo anni sessanta… ogni rimpianto del compromesso storico". Non più dunque il problema di come superare il capitalismo, ma piuttosto quello di come amministrarlo con discernimento e oculatezza.

A tal fine è del tutto irrilevante pensare - dice Bianchi - a una "unità politica dei cattolici": "l'unità si dà nelle differenze". Ciò che più conta è l'esperienza personale, la testimonianza e l'esempio del singolo individuo cristiano: abbiamo bisogno "di esperienze radicali, della pratica del paradosso della croce… per tentare di capire oggi la differenza cristiana". Bisogna cioè costruire qualcosa di nuovo nella consapevolezza che la cristianità come obiettivo strategico è definitivamente tramontata, ma anche nella consapevolezza che il fatto religioso permane e che per questo costituisce qualcosa di diverso e di irriducibile.

C'è qui, come si può notare, un ritorno, in forma esasperata, all'individualismo cristiano-borghese della società italiana anni '50 e '60, nella convinzione che il capitalismo monopolistico, di Stato e non, sia un fenomeno storico del tutto insuperabile, assolutamente inevitabile. La contrapposizione frontale non è solo fra etica e politica, ma anche fra *individuo*, che aspira alla paradossalità, alla emblematicità, e *gruppi sociali* che lottano per il progresso democratico effettivo della società. Sul piano della progettualità, dell'obiettivo strategico non sembra, a questo punto, che vi sia molta differenza fra il tentativo restauratore di Wojtyla e Ratzinger e quello di Bianchi. La differenza sta forse nei mezzi di cui si dispone o forse nella preoccupazione di tutelare determinati interessi di potere, ma l'esigenza è la stessa.

Qui e là si ripete comunque il dramma degli irrazionalisti esistenziali del secolo scorso, come Kierkegaard e Nietzsche, per i quali la lotta contro il conformismo cristiano-borghese si risolse nella formazione volontaristica del superuomo. Bianchi stesso lo ammette: "Trovo più dramma e più Nietzsche, e non per moda, nella mia esperienza quotidiana": questo sembra essere il dramma della coscienza religiosa di chi non sa più dirsi cristiano (perché comunque la secolarizzazione c'è stata) e neppure che non lo è (perché la secolarizzazione, per lui, non c'è stata e non ci può essere sino in fondo). Il neo-soggettivismo cristiano si accompagna al generale e qualunquistico rifiuto di quanti ancora ripropongono la centralità della politica e soprattutto di quella rivoluzionaria: la presunta neutralità dell'etica separata dalla politica oggi, meno di ieri, può mascherare la sua ipocrisia piccolo-borghese.

Socialismo e libertà di coscienza

Mons. Francesco Skoda era, verso la metà degli anni Ottanta, docente di ateismo comunista presso la Pontificia Università Urbaniana di Roma. Il suo testo principale, oggi fuori commercio, *L'ateismo comunista sovietico*, La casa di Matriona (1983), già dal titolo lasciava trasparire la pretesa di esporre in maniera scientifica delle tesi che invece risultavano profondamente clericali.

Infatti la premessa metodologica per un qualunque dialogo col marxismo veniva posta dal docente nella "politicità della fede": col che in pratica si escludeva in partenza la possibilità di un qualunque confronto democratico. Forse la parte più significativa era quella in cui l'autore si sforzava di riassumere le tesi di E. I. Lisavcev, che qui riportiamo brevemente.

1. L'emancipazione proletaria è unicamente di carattere umanistico, cioè non ha nulla a che vedere con la religione;
2. il proletariato si serve di una concezione scientifica del mondo, antitetica a quella religiosa;
3. l'emancipazione proletaria dalla religione non è soltanto di tipo politico, ma anche di tipo umano, in quanto fondata su nuovi rapporti socioeconomici;
4. solo la democrazia socialista è stata capace di realizzare la vera separazione fra Stato e chiesa;
5. questa separazione, nei paesi borghesi, al massimo è stata affermata sul piano del diritto, ma essendo il diritto una copertura del dominio di classe, quella affermazione di principio non ha mai potuto concretarsi a livello pratico;
6. di qui la falsità della libertà borghese di coscienza, che garantisce solo il diritto alla religione, ma non anche quello all'ateismo;
7. la reale uguaglianza dei cittadini può essere garantita solo se si sottrae la chiesa alla tutela dello Stato; in tal modo viene garantita l'effettiva libertà di coscienza e la fede religiosa non è più oggetto né di privilegio né di discriminazione;
8. che la chiesa abbia svolto nel passato un'attività politica in stretto rapporto con gli interessi autocratici degli Stati, è l'analisi storica a dimostrarlo;
9. la rivoluzione bolscevica non voleva distruggere la religione o la chiesa, ma la chiesa di stato o lo Stato confessionale; non voleva

proibire l'attività religiosa del clero e dei credenti in genere, ma quella politica associata alla fede;

10. fu la chiesa a rifiutare nettamente, specie nel primo periodo, le possibilità offerte dal nuovo sistema (si pensi p.es. all'anatema lanciato dal patriarca Tichon contro i comunisti, ma anche al fatto, assai più grave, che durante la guerra civile del 1918-20, l'opposizione al potere sovietico fu condotta dal suddetto patriarca ortodosso, largamente appoggiata dal metropolita cattolico Ropp, dal protopresbitero greco-cattolico Fjodorov, dal vescovo dei seguaci del rito antico Simon e da altri autorevoli esponenti del mondo religioso. Nelle truppe dei controrivoluzionari confluirono non pochi sacerdoti ortodossi, mullah e cappellani della chiesa cattolico-romana);

11. che cosa ha preteso di dimostrare la rivoluzione comunista? Che le istituzioni ecclesiastiche non sono eterne, ma condizionate dalle trasformazioni sociali delle diverse epoche.

Oggi, alla luce del crollo del socialismo reale, le tesi di Lisavcev andrebbero certo riviste, ma non sulla base delle critiche integralistiche del prelato accademico, quanto piuttosto in relazione ad alcune precisazioni fondamentali:

1. tra religione e ateismo, pur essendovi opposizione sul piano ideologico, può esservi collaborazione su altri piani dell'agire sociale e civile;

2. la concezione scientifica che supportava l'ateismo, collegando in maniera organica il socialismo allo Stato, s'è rivelata fallimentare, nel senso che la nuova concezione del socialismo democratico dovrà considerare la società civile superiore allo Stato;

3. l'emancipazione umana del proletariato non può dipendere *sic et simpliciter* da quella politica: occorre un impegno sociale e civile che per molti versi è superiore a quello politico, in quanto riguarda la sfera della coscienza, della mentalità, dei valori etici e culturali;

4. la separazione tra Stato e chiesa non può voler dire la separazione della società dalla chiesa, cioè lo Stato non può favorire con la politica o con atti amministrativi una separazione che i cittadini devono acquisire per convinzione, accettare per scelta.

Ma vediamo ora le tesi di mons. Skoda. La critica marxista della religione, a suo parere, si basa su tre pregiudizi:

1. che la religione sia opera della sola fantasia ed equivalga a superstizione;

2. che la scienza sia nemica della religione;

3. che tutte le religioni costituiscano un ostacolo alla realizzazione di una società giusta, libera dallo sfruttamento.

In pratica quindi il marxismo contesterebbe la religione sia come *superstizione* (aspetto ideologico e culturale) che come *clericalismo* (aspetto giuridico e politico).

In realtà per il marxismo non esiste neppure la "religione in sé", indipendente dall'uomo, strutturale o connaturata alla coscienza umana. Sono gli uomini che fanno le religioni e ogni religione, in tal senso, non è che una "sovrastruttura ideologica" di una società alienata, divisa in classi contrapposte.

Il socialismo scientifico non ha mai creduto nella possibilità di una religione qualitativamente "migliore" di un'altra, ovvero nella capacità che la religione ha di "purificarsi" e quindi di permanere nel tempo. Il socialismo non combatte la religione solo quando questa sconfina nella superstizione o nel clericalismo, ma la combatte anche *qua talis*, poiché ogni religione è "in sé" una forma di superstizione che tende ad assumere posizioni clericali. Qui sta la grande differenza del socialismo dal radicalismo giacobino e in genere dall'ateismo borghese.

Il marxismo non interviene a difesa del cittadino solo quando la religione compie un abuso gnoseologico ai danni della collettività (*superstizione*) o quando rivendica un potere politico ai danni dello Stato (*clericalismo*), ma interviene anche quando nella coscienza del soggetto si formano delle opinioni o concezioni religiose: di qui l'istruzione e la formazione della gioventù, l'educazione permanente degli adulti, il confronto sul terreno culturale, scientifico, ideologico tra opposte concezioni di vita. La separazione del politico dal religioso non è che un aspetto della più generale emancipazione *umana* del cittadino, la quale prevede il rigoroso rispetto della libertà di coscienza.

Infatti qualunque opera di persuasione e di convincimento a favore dell'ateismo scientifico va fatta nel rispetto - tutelato dalla Costituzione - della libertà di coscienza. Una legge autenticamente democratica deve vietare l'istigazione all'odio, all'ostilità sociale in rapporto alle credenze religiose. Non si può e non si deve in alcun modo combattere con armi politiche, amministrative, giudiziarie o poliziesche la religione come opzione personale che il cittadino sceglie di vivere non in modo concorrenziale alla laicità, ma in modo parallelo.

E tuttavia un socialismo autenticamente democratico non può restare indifferente neppure di fronte a una tale scelta personale, proprio in quanto esso aspira a formare delle personalità emancipate non solo politicamente e socialmente ma anche umanamente. Non è sufficiente combattere la pretesa di fare della religione un pretesto per non obbedire alle leggi democratiche dello Stato, bisogna anche persuadere civilmente l'uomo ad abbandonare ogni idea o concezione religiosa ("civilmente" nel senso di un uso *razionale* delle argomentazioni).

Ovviamente questo non è un compito di cui può farsi carico lo Stato, che ha semplicemente il dovere di garantire la libertà di coscienza (della religione e dell'ateismo); è un compito che spetta alle organizzazioni culturali (dei partiti e non) che si riconoscono nel socialismo democratico.

Ma la vera spina nel fianco di mons. Skoda e di tutto il cattolicesimo romano è la separazione di Stato e chiesa. Infatti, sul materialismo filosofico del socialismo i cattolici, al limite, sono anche disposti a transigere, convinti come sono che, conservando essi indirettamente il potere politico, si può sempre riuscire a integrare l'ateismo nel sistema o comunque a renderlo inoffensivo. Quel che per loro è molto difficile da tollerare è il materialismo affermato da un punto di vista politico.

Ciò che il prelato non sopporta è l'idea che in uno Stato socialista si costringano i cittadini a edificare una società che ha, tra gli altri scopi, quello di eliminare la religione. In realtà l'obbligo per tutti i cittadini di costruire il socialismo implica soltanto l'obbligo di essere laici in quanto cittadini, ovvero in quanto soggetti che fanno politica, non implica affatto l'obbligo di essere atei in quanto uomini. La libertà di coscienza (che include quella di religione) è un diritto vero e proprio e non - come dice il prelato - una manovra propagandistica basata su ragioni pratiche e tattiche, cioè una sorta di concessione che si fa a una sopravvivenza del passato.

Semmai è sotto il capitalismo che, pur essendoci un regime di compromesso o concordatario a livello istituzionale, in cui si obbligano i cittadini ad accettare la rilevanza politica della fede, il modello di società porta progressivamente a una forma molto ambigua di laicità, in cui da un lato si vuol far credere, illusoriamente, che l'emancipazione culturale implichi anche quella sociale, mentre dall'altro si ostacola l'emancipazione sociale servendosi anche in maniera regressiva della stessa religione.

Il vero laicismo in politica e il vero ateismo nella cultura sono possibili solo sotto il socialismo democratico, poiché solo qui si tutela in maniera adeguata la libertà di coscienza. L'ateismo va scelto sul piano umano e quindi non può essere una condizione imposta dallo Stato alla libertà di coscienza. L'emancipazione politica e ideologica dal clericalismo e dalla superstizione non pregiudica a priori la possibilità di scegliere privatamente un valore religioso alternativo, considerato più autentico; anzi, in un certo senso (formale o estrinseco o indiretto), quella emancipazione pone per così dire le condizioni di una scelta religiosa più consapevole, anche se queste condizioni possono ovviamente essere usate non in direzione di un diverso valore religioso, ma in direzione di un ateismo accettato in coscienza. È proprio nel regime di separazione che un credente può "purificare" meglio la propria fede, depurandola dai condizionamenti del clericalismo.

Si potrebbe anche sostenere che all'interno del socialismo democratico, attraverso lo strumento della separazione tra Stato e chiesa, viene tutelato il carattere "pubblico" della fede in modo pienamente *giuridico*, mentre in occidente, ove in luogo della separazione esiste il regime concordatario, la medesima garanzia è offerta in primo luogo da un'imposizione di tipo *politico*. Nelle società borghesi la chiesa pone e difende la propria presenza pubblica appoggiandosi allo Stato, cioè usando la forza di quest'ultimo come condizione della propria istituzionalità. Il diritto cioè è al servizio della politica, che è il luogo dei rapporti di forza.

Ecco perché l'ateismo in occidente, ove è impossibile distinguere rigorosamente gli aspetti civili da quelli ecclesiastici, non è un diritto vero e proprio, ma una semplice scelta personale priva di tutela giuridica. Il fatto che la libertà di coscienza, sotto il capitalismo, abbia un senso solo nella misura in cui prevede la libertà di religione e non anche quella "dalla" religione, comporta inevitabilmente sul piano pratico che ogni settore della vita civile, in modo diretto o indiretto, risulti permeato di elementi religiosi, per quanto laicizzati essi siano.

Mentre sotto il socialismo democratico un credente integralista, a causa della scarsa maturità della sua coscienza, può avvertire una certa "doppiezza" tra la sua fede e i suoi doveri laici di cittadino, viceversa sotto il capitalismo la doppiezza è *oggettiva*: ad essa l'ateo è costretto proprio per motivi politici.

Il fatto è che per mons. Skoda e per il cattolicesimo in generale è inaccettabile ridurre la religione alla dimensione soggettiva della coscienza: il valore di una fede si misura sull'incidenza ch'essa ha nella sfera pubblica. E qui davvero siamo agli antipodi tra socialismo e cattolicesimo-romano.

Per il socialismo eliminare la dimensione politica della fede non significa necessariamente eliminare la fede, ma soltanto il temporalismo e l'oscurantismo della chiesa, che nel passato hanno procurato gravissimi guasti alla democrazia. Se in virtù di questa eliminazione politica la fede diventa vuota, insignificante, impossibile da viversi, la responsabilità non può ovviamente ricadere sul socialismo, ma piuttosto su quella stessa chiesa, che non ha saputo fino ad oggi trasformare la propria concezione religiosa della vita in un'espressione di vera emancipazione sociale e culturale.

Certo nel passato vi sono state manifestazioni socio-religiose protese verso l'affermazione di una società autenticamente democratica, ma queste manifestazioni o sono state riassorbite dalla logica reazionaria della chiesa al potere, o sono apparse in forma democratica e persino rivoluzionaria non in quanto "religiose" ma in quanto autenticamente "umane". Tali manifestazioni hanno trovato un prosieguo più coerente non all'interno della chiesa o in virtù della religione, ma nell'ambito della società civile, in virtù di idee laiche prossime alla democrazia e al socialismo.

Indubbiamente vi sono stati abusi anticlericali anche da parte del socialismo, ma oggi resta acquisito il principio umanistico secondo cui la scomparsa della religione sarà effettiva solo se e quando avverrà in maniera spontanea, come naturale conseguenza di un sviluppo socioeconomico sempre più democratico.

I cattolici integristi come Skoda antepongono alla possibilità di collaborare fattivamente su obiettivi comuni coi laici, la necessità di far anzitutto valere la propria esigenza d'imporsi politicamente. Piuttosto che ammettere delle ragioni a favore dell'ateismo, preferiscono equipararlo al nichilismo. Piuttosto che vedere l'ateismo associato all'esigenza di una migliore democrazia sociale, preferiscono vederlo come una forma di ingiustificato arbitrio.

Le posizioni teistiche vengono tutelate dall'integrismo religioso soltanto per motivi politici. Posta questa *conditio sine qua non*, resta difficile dialogare con chi se ne serve per negare all'ateismo una qualunque fondatezza morale, cioè con chi nega alla morale laica una propria autonomia, con chi ritiene impossibile una qualunque etica umanistica a prescindere dalla religione. Gli integralisti negano l'evidenza storica dei fallimenti del cristianesimo politico e, nonostante questi fallimenti, non riescono neppure a immaginarsi un cristianesimo senza potere politico.

Con questo non si vuol affatto sostenere che l'ateismo sia per sé migliore della religione. Il criterio della verità resta sempre quello della pratica.

Il secolarismo e Augusto Del Noce

I

Il giudizio di Del Noce sul secolarismo è unilateralmente, irrimediabilmente negativo. Il secolarismo - dice nel saggio *La pedagogia della secolarizzazione e il conflitto delle culture* - è "la riduzione della religione trascendente o della morale che ne dipende a retaggio del passato destinato progressivamente a scomparire".[13]

A Del Noce sfugge completamente l'idea che il secolarismo abbia anche saputo creare, pur fra i suoi tanti limiti, un regime di separazione fra l'etica e la religiosità per permettere ad entrambe uno sviluppo autonomo e più libero, non necessariamente antitetico.

Il fatto ch'egli veda il secolarismo unicamente come contrapposto alla religiosità, fa senza dubbio pensare alla presenza di un certo *integralismo della fede* nella sua posizione filosofica.

Chi considera il secolarismo *qua talis*, cioè a prescindere dalle sue manifestazioni concrete, come antitetico alla religiosità in sé e non invece a quella sola religiosità compromessa col politico (che è poi il clericalismo), è ancora incapace di sottrarsi al rischio di vedere politicizzata la propria fede religiosa. Politicizzare la religione porta automaticamente a escludere che possano esistere maniere diverse di risolvere problemi comuni (p.es. quello della pace, dei diritti umani, della tutela ambientale ecc.).

La positività del secolarismo sta in realtà nell'aver ridimensionato la pretesa totalizzante della religione cattolica, anzi di tutte le religioni, spezzandone il nesso che le legava alla politica.

Se ora, da questo semplice fatto, qualcuno ha tratto la conseguenza che non solo è finita la presenza pubblica della fede (in senso *politico*), ma anche quella privata (in senso *pre-politico*), in quanto il secolarismo sarebbe contrario alla fede *qua talis* (il che non è), ebbene di questo il secolarismo non può essere ritenuto responsabile. Se oggi è morta la fede in sé, dopo la sua estromissione dalla politica, forse può anche significare che la fede di ieri, quella politicizzata, non era in realtà una vera fede, ma una semplice ideologia politica ammantata di contenuti religiosi.

---

[13] Convegno di Comunione e Liberazione a Rimini nel 1975.

71

Dalla stessa espressione di Del Noce, citata sopra, s'intravede il difetto dell'integralismo. Egli infatti non si limita a parlare di "religione trascendente", ma aggiunge anche "o della morale che ne dipende". È proprio questa aggiunta che sta ad indicare la politicità della fede, ovvero il suo essere totalitario.

Il fenomeno del secolarismo ha invece avuto, quando è nato, la preoccupazione di separare la religione dalla morale, considerando la prima una questione di coscienza e la seconda una questione pubblica di tutti i cittadini. La morale dello Stato, quella della società civile non deve dipendere (almeno esplicitamente) da alcun valore religioso, ma unicamente da se stessa.

Certo, sul piano culturale (e psicologico) è difficile immaginare che dopo tanti secoli di dominio del religioso, la morale laica possa pretendere un'assoluta autonomia, ma qui la questione è di principio: dopo il fallimento della religione come esperienza di liberazione, la morale laica non può sostenere che la propria identità dipenda da qualche religione.

Il fatto poi che Del Noce abbia unito la religione alla morale con una semplice "o" è abbastanza indicativo della confusione che l'integralismo cattolico opera fra civile e religioso. A suo dire infatti, il secolarismo va condannato non soltanto perché contrario alla "religione trascendente", ma anche perché contrario alla "morale pubblica" (da tutti riconosciuta) che da quella religione "dipende".

In pratica Del Noce continua a dare per scontato che la morale pubblica del cattolicesimo-romano sia l'unica possibile per la sopravvivenza della società civile. Qualsiasi altra morale porterebbe alla "distruzione".

Il problema, in sostanza, resta sempre quello. Per tutti i cattolici integristi e soprattutto per gli intellettuali, una fede senza espressione pubblica, senza la dimensione del civile o del politico, senza rilevanza giuridica e istituzionale, è una fede destinata a morire. Una religiosità basata unicamente sui sacramenti, sul culto, sulla liturgia, sulla spiritualità, sulle tradizioni... è una religiosità passiva, intimista, catacombale. La religione deve farsi politica, altrimenti non riesce a influenzare la società. Questi intellettuali non si limitano a desiderare un'influenza *indiretta* della religione sulla società: ne vogliono una la più possibile *diretta*.

Del Noce quindi è un acerrimo nemico sia del secolarismo che della laicità. L'unica laicità che è disposto a tollerare è quella crociana, che, come noto, era abbastanza ossequiente, sul piano politico (non ideologico), nei confronti della tradizione cattolica italiana.

Persino contro il suo stesso partito, la Democrazia cristiana, egli esprime giudizi molto severi: "mi capita di sentire che il compito del partito democristiano sarebbe di adeguare la coscienza politica dei cattolici alla moderna società democratica, dissipando le tentazioni 'teocratiche e integralistiche'. O che, alla fine, il partito dovrebbe rinunciare all'aggettivo 'cristiano' per risolversi in un partito 'democratico', inteso a garantire le migliori condizioni per lo sviluppo produttivo e per la 'realizzazione' temporale di ognuno, assumendo una pura posizione di 'neutralità' nel campo culturale e nel campo religioso".

Per quale ragione Del Noce rifiuta tale prospettiva (pur presente all'interno della stessa Dc)? Lo spiega subito dopo: "ancora un passo e arriviamo all'idea di un cristianesimo che si risolve nella politica…".

La sua paura, in sostanza, è quella che, laicizzando la politica, si finisca col perdere il senso religioso. La soluzione quindi, per lui, sta nel conservare entrambi gli ambiti, politica e religione, sulla scia di quanto papa Leone XIII aveva affermato nell'enciclica *Aeterni Patris* (1879): "la rinascita cattolica dev'essere, secondo il pensiero del pontefice, inscindibilmente religiosa, filosofica e politica; 'politica', perché richiesta come necessaria per la salvezza anche temporale della società umana; ma questa politica deve appoggiarsi su una filosofia che sia a sua volta preambolo della fede".

Prima dunque la religione, poi la filosofia (religiosa) e infine la politica (questo il processo ontologico); poi il processo inverso (quello più propriamente fenomenologico): la religione deve portare alla "buona" politica e questa di nuovo al primato della religione.

Stando a Del Noce, si tratta, espressamente, del "1. riconoscimento della trascendenza del cristianesimo rispetto a ogni civiltà e a ogni ordine sociale-politico storicamente dato; 2. necessità dell'impegno politico dei cristiani perché l'ordine democratico non debba concludere nella peggiore delle catastrofi".

Il sillogismo, detto in parole semplici, è il seguente: a) il cristianesimo è superiore a qualsiasi realtà temporale, b) senza cristianesimo queste realtà subirebbero una catastrofe, c) il cristianesimo deve gestire tutte le realtà temporali.

Il difetto di questa argomentazione sta prima di tutto nella premessa, che risulta indimostrabile a una coscienza laica. Solo un credente infatti può convincersi che il cristianesimo sia superiore a tutto (senza poi considerare che esistono almeno tre grandi correnti cristiane: ortodossa, cattolica e protestante).

Ma la premessa è, oltre che indimostrabile, anche inattendibile: basterebbe infatti esaminare la storia per smentirla. Di qui l'importanza, per Del Noce, dell'asserzione b), che se immediatamente appare come una "prima conclusione", di fatto non è che una "seconda premessa":

"senza cristianesimo il mondo crolla". Qui sta la vera politicizzazione della fede.

In virtù di questa pretesa, l'integralismo praticamente chiede al mondo di dimenticare la storia e di non preoccuparsi se l'asserzione a) è indimostrabile: è e sarà sempre il potere politico-religioso che la renderà vera, perché è sempre questo potere che offre l'interpretazione più giusta dei fatti storici.

Qui non si è in presenza soltanto di una "profezia" ("senza Dio il mondo crolla", "il mondo senza Dio combatterà inevitabilmente contro la chiesa"), ma anche di una "minaccia" o, se vogliamo, di una sorta di "ultimatum" ("la chiesa deve governare le realtà temporali, che il mondo lo voglia o no").

A questo punto, come si difende il cattolicesimo di Del Noce (che è poi quello di Rocco Buttiglione e del movimento di Comunione e Liberazione), dall'accusa di essere "integrista"? Ecco la risposta: "integrista è, a rigore, chi pensa che dalle Scritture o almeno dalla metafisica cristiana, possa venir dedotto un modello unico e perfetto di 'società cristiana' valido per tutti i tempi e per tutti i luoghi; nella pratica, chi pensa che la causa della religione cristiana e quella della monarchia di diritto divino siano inscindibili, legate a un vincolo necessario".

Si tratta dunque di un problema di "forme". L'integrista riprovato da Del Noce è quello rozzo, chiuso, incapace di comprendere l'evolversi dei tempi, l'inevitabilità di un certo adeguamento della fede alle mutate condizioni storiche. In sostanza va rifiutata la "forma" dell'integrismo medievale, che associava religione e monarchia, proprio perché oggi è inevitabile associare integrismo a "repubblica", a "democrazia": quindi la "sostanza" resta salva.

A Del Noce non interessa neppure argomentare l'idea che il cristianesimo possa essere divenuto integrista proprio per aver perduto valore come esperienza di liberazione, ovvero ch'esso possa aver valorizzato la politica proprio nel momento in cui si rendeva conto di non aver più niente da dire sul piano *pre-politico*.

Qual è dunque la conclusione del suo discorso? "Il pensiero secolaristico può (ma non necessariamente deve) conseguire (per una durata temporale che non è misurabile) il successo, ma alla condizione di realizzare esattamente l'opposto delle sue premesse, così da stravolgere gli stessi valori laici".

La laicità infatti o è subordinata alla fede o si falsifica e, falsificandosi, si autodistrugge (inevitabilmente): è questo che pontifica l'integralismo. Tutte le contraddizioni dell'etica laicista dipendono, in ultima istanza, dal mancato rispetto delle norme religiose.

E per quanto riguarda la fede: cosa potrebbe accaderle durante il dominio (seppur temporaneo) del secolarismo? "Quel che resterebbe al credente sarebbe soltanto la fede in un assolutamente imprevedibile evento miracoloso...".

Tra fede e forza della disperazione la differenza, per il cattolico integrista costretto a vivere in una società che non è la sua, sembra essere diventata minima. I cattolici - rassicura Del Noce - devono comunque partire dall'idea che se anche l'integralismo politico della fede non fosse più possibile, né in forma diretta né indiretta, né nel metodo né nei contenuti, non è però detto che senza questo integralismo la loro fede rischi di essere priva di autentico valore. Essi infatti possono sempre sperare in un evento miracoloso, p.es. che la fede rinasca sulle ceneri del secolarismo. E dalle ceneri di un secolarismo borghese, in effetti, potrebbe anche farlo, come già l'ha fatto da quelle del cosiddetto "socialismo reale".

II

Sia da destra che da sinistra Augusto Del Noce fu sempre considerato un filosofo "inattuale", almeno finché le sue idee non vennero messe in pratica da Comunione e liberazione, grazie all'intermediazione del suo discepolo prediletto, Rocco Buttiglione.

Il motivo stava nel fatto ch'egli criticava sia il socialismo che il capitalismo, prospettando una terza via di tipo *cattolico-integralista*, simile a quella di Rosmini e Gioberti. Aveva una posizione a dir poco ottocentesca (da Concilio Vaticano I), per la quale la teologia andava strettamente unita alla politica e in maniera tale che questa, come una sorta di braccio secolare, si dovesse porre al servizio di quella.

Neppure la destra post-unitaria, neppure quella fascista avrebbero mai potuto riconoscersi in una posizione del genere, proprio perché esse volevano una chiesa al servizio dello Stato e non il contrario.

La tragedia - secondo Del Noce, che morì nel 1989 - stava proprio nel fatto che tutta la filosofia risorgimentale, avendo conservato, nel migliore dei casi, il principio di trascendenza soltanto in maniera formale, come un guscio vuoto, era destinata inevitabilmente al nichilismo, come già aveva dimostrato il fascismo e come - a suo parere - avrebbero presto dimostrato sia il consumismo americanista che il comunismo sovietico.

Dentro il concetto negativo di "immanenza" Del Noce metteva tutto quanto non fosse "sacro", per cui ad es. non riusciva a vedere alcuna vera opposizione di Gramsci a Croce e Gentile: erano soltanto facce della stessa medaglia. Al massimo pensava, vedendo il crocianesimo come una forma di opposizione morale al fascismo, di poter far incontrare Croce con Rosmini.

Tutte le contraddizioni sociali del capitalismo le riassumeva nel conflitto ideologico di fede e ateismo, senza riuscire in alcun modo a intravedere né i limiti *storici* del nesso fede e politica, che in Europa avevano procurato immani disastri (corruzione a tutti i livelli, inquisizione, caccia alle streghe, crociate, guerre infinite di religione...), né i limiti *oggettivi* di un tale nesso, dovuti al fatto che nelle questioni di coscienza uno dev'essere lasciato libero di credere quel che vuole, senza forzature istituzionali di sorta.

Del Noce, nonostante la sua straordinaria cultura, non riuscì neppure a vedere il cattolicesimo come una forma di eresia rispetto alla chiesa indivisa dei primi sette secoli.

Aveva soltanto capito che Gentile era nettamente superiore a Croce, in quanto al principio di immanenza anticomunista aveva saputo dare una veste politica ben definita: lo Stato fascista, e tuttavia rifiutava Gentile proprio a motivo della pratica strumentale che quello Stato aveva nei confronti della chiesa.

Del Noce però ha sempre evitato di chiedersi che cosa sarebbe successo all'Italia (e alle proprie tesi integralistiche) se il fascismo avesse vinto la II guerra mondiale. Probabilmente un cattolico vetero-feudale come lui avrebbe accettato l'idea che uno Stato trionfatore del comunismo e una chiesa sottomessa per ragioni belliche avrebbero potuto trovare, in tempo di pace, una felice intesa attorno all'obiettivo comune dell'anticomunismo, così come oggi CL ha potuto fare con la destra berlusconiana e leghista, che di religioso han meno di un guscio vuoto.

Pur di non vedere l'ateismo comunista al potere, uno come Del Noce non avrebbe avuto scrupoli nell'allacciare un rapporto organico con un fascismo vincente, anche perché un fascismo del genere - come esattamente avvenne col franchismo - avrebbe sicuramente concesso alla chiesa molti più spazi di manovra.

Del Noce va dunque visto come uno degli anelli più recenti di quella lunga catena di fanatismo clericale che, partendo dalla teocrazia di papa Gregorio VII, è passata per tutta la fase controriformistica e anti-unitaria (a livello nazionale), trovando nel pontificato di Wojtyla-Ratzinger e in CL le sue conclusioni più retrive.

E con questo non si vuol affatto sostenere che l'ateismo debba avere l'avvallo di un qualsivoglia Stato politico (ché, in tal caso, si creerebbe un integralismo rovesciato), ma semplicemente che il cattolicesimo politico non è assolutamente in grado di garantire alcuna libertà di coscienza, né ai credenti non cattolici né ai non credenti.

Il cattolicesimo integralista di Augusto Del Noce[14]

I

Un qualunque filosofo cattolico integralista[15], dovendo scegliere tra ateismo e capitalismo, sceglierà sempre il capitalismo. Augusto Del Noce (1910-89) non si sottraeva a questa regola di comportamento. Dovendo cioè scegliere tra una cosa esplicitamente antitetica alla fede religiosa e un'altra che lo è praticamente ma non teoricamente, in quanto il capitalismo non si esprime mai direttamente a favore dell'ateismo, il cattolico fondamentalista farà sempre una scelta di tipo *ideologico*. E la farà pur sapendo bene che il capitalismo è un sistema sociale iniquo, ingiusto, lesivo degli interessi di tutti cittadini, siano essi atei o credenti.

Quindi davanti alla possibilità di realizzare un'alternativa al capitalismo, cioè un vero *socialismo democratico*, rispettoso dei diritti umani e civili, il cattolico integralista inevitabilmente si chiederà, in via preliminare, se davvero questa alternativa gli permetterà di usare la propria religione in maniera *politica*, e siccome sa benissimo che il regime socialista di *separazione* tra chiesa e stato, non glielo permetterà, in quanto, pur essendoci state, sino adesso, delle caricature di socialismo, su questo punto è difficile pensare che si possa transigere, altrettanto inevitabilmente si sentirà costretto a impedire che tale alternativa si realizzi.

Dunque, che cos'è che dà maggiormente fastidio al cattolico integralista? In realtà non è tanto l'ateismo in sé, quanto un sistema sociale di vita che non permetta alla fede religiosa d'avere una rilevanza *politica*. Perché il cattolico, che pur, in quanto "cattolico", dovrebbe avvertire il

---

[14] Pubblicato su AA.VV., *Schegge di filosofia moderna* V (a cura di Ivan Pozzoni) - deComporre edizioni, Gaeta 2014

[15] Da notare che per i cattolici integralisti questo aggettivo viene inteso soltanto in riferimento a quei credenti che presumono di trovare nella Bibbia le indicazioni per l'agire politico nel presente, mentre per noi è applicabile a quei credenti che pensano di trovare soltanto nella loro fede i motivi ispiratori del loro agire politico. Sono appunto questi credenti, tra cui molti cattolici, che considerano il secolarismo *qua talis*, cioè a prescindere dalle sue pratiche realizzazioni, come antitetico alla religiosità in sé e non invece a quella sola religiosità compromessa col potere (che è poi il clericalismo). Politicizzare la fede porta automaticamente a escludere che possano esistere maniere diverse, ugualmente legittime, di risolvere problemi comuni, soprattutto quelli "eticamente sensibili". Una qualunque etica umanistica è, per il credente integralista o fondamentalista, un prodotto derivato della fede religiosa, al punto che se essa non riconoscesse tale debito, smetterebbe, *ipso facto*, d'essere democratica.

socialismo come dottrina più conforme allo spirito *collettivistico* della propria religione, si trova ad essere il suo nemico più irriducibile? Il motivo è molto semplice: in Europa occidentale il cattolicesimo è sempre stato vissuto come religione *politicizzata*. Per tutto il Medioevo questa religione ha fatto politicamente gli interessi dei detentori della *proprietà privata*, ch'era fondamentalmente *agraria,* quella che garantiva una *rendita*. Finito il Medioevo, questa religione, soprattutto nella sua variante protestantica, ha difeso la proprietà *mobiliare,* proveniente dal *profitto* imprenditoriale, spesso anche contro quella immobiliare.

La politica è servita al cristianesimo, sia esso cattolico o protestantico, per difendere un interesse di tipo *privato*, in contraddizione con le istanze collettivistiche e proto-comunistiche del cristianesimo primitivo. La fede religiosa è stata usata, e ancora oggi è così, per uno scopo che non ,era il suo. Questa cosa s'è imposta, in Europa occidentale, sin da quando s'è formato lo "Stato della chiesa", il quale, col tempo, a motivo di una crescente secolarizzazione, s'è trasformato in "chiesa di stato" o in chiesa privilegiata, come può esserlo una chiesa largamente maggioritaria nella società civile o una chiesa legata alle tradizioni storiche di una determinata nazione.[16]

Tuttavia siamo forse legittimati a dire che il cattolicesimo latino sia stato in Europa occidentale sempre e soltanto integralistico? Assolutamente no. Tutti i più significativi fenomeni cosiddetti "ereticali" in quest'area geografica o hanno cercato di riportare il cristianesimo ai suoi ideali "collettivistici" originari, oppure han fatto in modo di *laicizzarlo*, opponendosi alle pretese teocratiche del papato. È stato solo nelle *eresie*, soprattutto in quelle pauperistiche, che s'è potuto riscontrare un nesso tra fede religiosa e istanze di tipo democratico e comunistico. La principale eresia anti-cattolica che s'è formata in Europa occidentale è stata - come noto - quella protestantica, la quale però s'è limitata a "laicizzare" il cat-

---

[16] La chiesa ortodossa, p. es., ama considerarsi una chiesa "nazionale", protetta dal proprio Stato di riferimento o d'appartenenza, anche a motivo delle lotte, sostenute nel passato, contro la chiesa romana e, per questa ragione, vede sempre in maniera ostile il fatto che il papato si serva del diritto alla libertà di coscienza per diffondere, soprattutto in Europa orientale, il proprio credo, ovviamente contro gli stessi ortodossi, che in quest'area geografica sono maggioritari e che, nonostante non siano meno "cristiani" dei cattolici, vengono considerati, a motivo dello scisma del 1054, mai più ricomposto, degli avversari irriducibili alle ambizioni egemoniche mondiali del Vaticano. D'altra parte gli ortodossi non amano sfruttare lo stesso diritto per diffondersi nei paesi tradizionalmente cattolici, proprio perché non hanno sufficiente aggressività proselitistica: si accontentano d'essere considerati una chiesa tradizionalmente "nazionale".

tolicesimo, lasciando perdere del tutto ogni riferimento a istanze di tipo collettivistico.

Ora, dove si possono riscontrare, nel mondo contemporaneo, dei nessi abbastanza organici tra fede cattolica e aspirazioni di tipo socialista? Soltanto nei paesi del Terzo mondo, cioè là dove si subiscono di più le conseguenze nefaste del capitalismo, tra cui quella, politica e culturale, di vedere una fede religiosa occidentale collusa coi poteri dominanti. Il nesso tra fede cattolica e socialismo ha ripreso vigore dove più è forte quella fede e dove più è debole il benessere offerto dal capitale.

In Occidente tale nesso non ha più alcun senso. L'ultimo tentativo di associare una fede cattolica integralistica a esigenze di tipo socialistico è stata compiuta, in funzione nettamente anticomunista e sostanzialmente a favore del capitalismo, dalla chiesa polacca, il cui pontificato di Giovanni Paolo II, sostenuto da Comunione e liberazione, ha rappresentato il vertice di quella pretesa, rivelatasi, peraltro, del tutto illusoria, in quanto non esiste alcuna "terza via" tra capitalismo e socialismo, meno che mai un'alternativa di tipo "religioso". L'unico problema da discutere è quale modello di *socialismo democratico* da realizzare e con quale *cultura laico-umanistica*.

In Occidente la fede è stata laicizzata dallo stesso capitalismo, il quale permette, grazie allo sfruttamento del Terzo mondo, dei redditi relativamente elevati, per cui non ha senso che un credente s'impegni a favore del socialismo: al massimo può impegnarsi contro la secolarizzazione dei costumi, degli stili di vita, dei valori esistenziali che il capitale impone grazie alle dinamiche del profitto, della rendita finanziaria, del consumismo ad oltranza, dello sfruttamento indiscriminato delle risorse umane e naturali. Più di questo, in condizioni normali d'esistenza, cioè in assenza di guerre o di tensioni sociali molto acute, che possono anche portare a rivedere taluni criteri di vita (come, p.es., è accaduto durante gli anni della contestazione operaio-studentesca), il credente occidentale non fa, non vuol fare, proprio perché è del tutto imborghesito.

Il cattolicesimo integralista occidentale non solo combatte l'ateismo e l'agnosticismo in campo filosofico, le religioni non cristiane o acattoliche in campo confessionale, la laicizzazione dello Stato in campo politico, lo sviluppo del pensiero scientifico e razionale in campo culturale, ma combatte anche, con quanta più ideologia possibile, qualunque commistione di fede e socialismo, assumendo, in questo, una posizione particolarmente fanatica, che mai s'è riscontrata neppure nel passato marx-leninismo. Qui infatti, pur sostenendo che agli occhi del partito l'atteggiamento nei confronti della religione non poteva essere considerato un "affare privato" del militante, in quanto il partito doveva comunque perorare le ragioni dell'ateismo-scientifico, si evitava accuratamente di porre l'ateismo come condizione preliminare per la militanza politica. Semplicemente si diceva che, da un lato, poteva verificarsi una "personale contraddizione" tra la coscienza religiosa del militante comunista e gli obiettivi del partito, dall'altro però quest'ultimo non poteva permettere a dei militanti credenti di difendere la causa della religione in contrasto con le finalità dello stesso partito, condizionandone le linee-guida. Il che voleva dire, in altre parole, che la libertà di espressione ha senso solo entro i limiti della libertà di associazione, e se vi sono violazioni alla libertà di religione, occorre opporvisi proprio in quanto tali violazioni rientrano in quelle più generali relative alla *libertà di coscienza*. L'atteggiamento nei confronti della religione è una questione che appartiene strettamente alla *coscienza*, per quanto la cultura di un partito socialcomunista debba essere chiaramente favorevole a posizioni di tipo *ateistico* (cosa che invece non è tenuto a fare uno Stato laico).

Poste queste condizioni, avrebbe mai accettato un cattolico di militare in un partito comunista? Sì, avrebbe potuto farlo, ma solo nella misura in cui egli avesse saputo porre una differenza tra il suo essere *credente* (in coscienza) e il suo essere pubblicamente *militante*. Ora, può un cattolico integralista accettare, anche solo ipoteticamente, una distinzione metodologica del genere? Assolutamente no. Per come s'è venuta configurando la fede cattolica nell'Europa occidentale, a partire dalla nascita dello Stato della chiesa, una qualunque separazione tra fede e politica ha senso soltanto nella misura in cui la chiesa è tutelata dallo Stato, cioè solo nella misura in cui esiste uno Stato che fa politicamente gli interessi della fede cattolica, in quanto è uno Stato più o meno "confessionale", esista o no un "concordato" che ne legittimi l'identità istituzionale.

Per la chiesa romana non solo è inammissibile uno "Stato laico" o un regime di separazione tra chiesa e Stato, ma è anche del tutto sconveniente che una fede religiosa (come fa, p. es., quella ortodossa, di tipo greco o slavo) rinunci a darsi una veste politica. Una fede non politicizzata è destinata, per i cattolici integralisti, a estinguersi: su questo non possono esservi dubbi. Ecco perché un cattolico integralista farà di tutto per combattere non solo l'ateismo e il socialismo, ma anche qualunque altra religione integralista (islam, ebraismo...) e persino qualunque altra religione "dualista" o "diarchica", cioè disposta ad ammettere una certa separazione tra "cittadino" davanti allo Stato e "credente" davanti alla chiesa.

È impossibile far capire a un cattolico integralista che se la separazione di fede e politica, pretesa dal moderno laicismo, ha comportato non solo la fine della presenza *pubblica* della fede (in senso politico), ma anche quella della fede *personale* (o pre-politica), ciò non può essere minimamente addebitato al laicismo, il quale, semmai, s'è limitato a prendere atto del *fallimento storico del cristianesimo medievale*, senza per questo volersi opporre alla fede religiosa in sé e per sé. Il fatto che, dopo la sua estromissione dalla politica, la fede cattolica tenda a subire un collasso anche nella vita privata, dovrebbe indurre il cattolico a chiedersi se la fede politicizzata che aveva ieri era davvero una fede religiosa o non piuttosto un'ideologia politica ammantata, in maniera superficiale, di religiosità. Anzi, se fosse onesto, dovrebbe ringraziare lo sviluppo del laicismo, il quale, separando fede e politica e quindi etica e religione, ha posto le condizioni per un percorso autonomo di entrambe, sicuramente più libero e non necessariamente antitetico, lasciando esclusivamente alla storia il compito di decidere sulla loro significatività.

II

Detto questo, vediamo ora di esaminare nel dettaglio le principali tesi politico-filosofiche di Augusto Del Noce. Nella sua filosofia, che è politica per eccellenza, sono confluite, in maniera alquanto contraddittoria, due correnti cattoliche di vecchia data: quella agostiniano-pascaliana, fortemente pessimistica circa la capacità umana di compiere il bene, e quella razionalistica di matrice tomista, che, passando per Rosmini e Gioberti, giunge sino al neo-idealismo italiano.[17]

Del Noce ha costantemente, anzi tenacemente analizzato tutta la modernità, per condannarla *en bloc*, rinfacciandole di non tener mai conto del dogma del *peccato originale*. Cioè egli non ha voluto usare questo dogma per fare del misticismo o della teologia, ma, in un certo senso, ha svolto un'operazione inversa, quella di smontare la filosofia borghese e socialista per affermare proprio il valore di quel dogma.

Così facendo però s'è trovato su posizioni più regressive dello stesso tomismo, poiché, in ultima istanza, non ha mai voluto riconoscere alla *ragione* una propria autonomia. La ragione viene da lui usata solo surrettiziamente, avendo essa come obiettivo finale la negazione di se stessa. Sicché l'ossessione nei confronti di questa impotenza umana, ch'egli ritiene strutturale all'esserci, non lo porta affatto a vivere un'esperienza autenticamente (o serenamente) "religiosa", bensì una sorta d'irrazio-

---

[17] Del Noce studiò molto anche i filosofi cattolici francesi: Blondel, Maritain, Gilson, Laberthonnière, Marcel, Laporte, Gouhier…, sino al punto in cui fece la tesi di laurea su Malebranche, in cui egli scorgeva il primo tentativo moderno di filosofia cristiana.

nalismo ideologico, che lo fa tanto assomigliare a talune personalità travagliate del mondo cristiano, come p.es. Chestov o Kierkegaard.

Del Noce infatti non ha mai voluto limitarsi a fare il semplice "filosofo", ma ha sempre avuto la pretesa di dire qualcosa di "politico", soprattutto ai militanti della Democrazia cristiana, su come essi dovevano comportarsi nella società civile e nello Stato, in primis nei suoi organi di governo. Lui si sentiva un "filosofo della politica", per quanto impegnato politicamente soltanto come docente universitario. Di fatto non apprezzava né la Dc degli anni '50 e '60, a motivo del suo stretto legame con l'ideologia borghese e l'economia capitalistica, né quella degli anni '60 e '70, a causa del suo avvicinarsi alle posizioni socialiste e comuniste in funzione elettorale. Di qui il suo grande isolamento come filosofo cattolico.

La vera erede di Del Noce non sarà alcuna corrente della Dc, ma Comunione e liberazione, il movimento politico-ecclesiale più integralista di tutti quelli della chiesa romana del XX secolo, che non a caso tra i suoi fondatori vedrà l'allievo universitario preferito di Del Noce: Rocco Buttiglione. L'intesa verrà ufficializzata al Meeting riminese di CL del 1976, ove Del Noce pronunciò un discorso, sintetico di tutto il suo pensiero, sulla *Pedagogia della secolarizzazione e il conflitto delle culture*, poi pubblicato in AA.VV., *Pluralismo culturale. Scuola e società* (ed. Massimo, Milano 1977).

A detta dello stesso Buttiglione[18], Del Noce pretendeva d'essere l'erede del neo-idealismo italiano: un erede, quindi, che vedeva in Gramsci il massimo oppositore possibile. Infatti le interpretazioni più distorte Del Noce le riserva proprio a Gramsci, soprattutto là dove dice che, criticando Croce, Gramsci ha "incontrato" Gentile, il quale aveva voluto eliminare, nel marxismo, la parte economicistica e deterministica, pensando di poter contrapporre con successo a quella sovrastrutturale una rivoluzione di tipo fascista. Gramsci - secondo Del Noce - non avrebbe fatto altro che ereditare la lezione gentiliana, trasformando il marxismo in una "riforma intellettuale e morale", antecedente a quella socioeconomica vera e propria, e portando il laicismo moderato di Gentile alla versione più estrema dell'ateismo.

Senonché, come Gentile aveva fallito il suo obiettivo fascista di creare uno Stato totalitario, avendo avuto la pretesa di separare la ragione dalla fede, riducendo quest'ultima a un'esperienza politicamente irrilevante, precludendosi così la possibilità di superare veramente il marxi-

---

[18] Cfr. la sua introduzione al libro di A. Del Noce, *I cattolici e il progressismo*, ed. Leonardo, Milano 1994, ma si legga anche dello stesso Buttiglione, *Del Noce filosofo della politica italiana*, in "Il Nuovo Areopago", n. 1/1990.

smo, così Gramsci, quando lo "incontra", col suo antifascismo ancora più esplicitamente ateo, non farà che portare la ragione gentiliana a una forma ancora più elevata d'irrazionalismo, che non cercherà neppure, come invece fece il fascismo, un compromesso con la religione, col quale si permise allo Stato etico totalitario di non incontrare opposizioni di sorta.

Del Noce diceva queste cose negli anni Settanta, quando era fortissima la guerra fredda e in Europa occidentale le forze di sinistra avevano raggiunto livelli di grande popolarità. Egli non voleva assolutamente vedere Gramsci come un'alternativa praticabile al neo-idealismo crociano-gentiliano, altrimenti sarebbe stato costretto a vedere il socialismo come un'alternativa praticabile al capitalismo. Poiché dunque, per lui, l'unica alternativa possibile sia al capitalismo che al socialismo era il *cattolicesimo-romano*, la filosofia gramsciana della prassi andava vista come una semplice continuazione di quella gentiliana, salvo l'aggiunta di un ateismo esplicito, foriero di sciagure storiche ancora maggiori.

Il criterio per giudicare della democraticità di una filosofia politica era, per Del Noce, la vicinanza o la lontananza dalla fede religiosa. Il *discrimen* per ogni valutazione di merito, di ogni filosofia o ideologia, doveva essere il tasso di laicismo o di agnosticismo o di ateismo ivi incluso. In tal senso egli pensava che il fascismo fosse subentrato al liberalismo proprio perché questo aveva voluto minare le fondamenta del cattolicesimo: Del Noce non vedeva alcun apporto significativo del cattolicesimo alle posizioni fasciste.

A suo parere il fascismo (gentiliano) era nato dallo scacco del liberalismo (crociano), e quest'ultimo, in Croce, s'era reso conto solo nella tarda maturità che la moderna "volontà di potenza", con cui s'era voluta dare del cristianesimo un'interpretazione immanentistica, legata al divenire della storia, avulsa da ogni tradizionale trascendenza, alla fine portava soltanto al nichilismo. Pertanto, nell'interpretazione delnociana, Croce rappresentava il tentativo di sterilizzare il potenziale totalitario dell'attualismo (così come Giolitti aveva cercato di frenare l'estremismo mussoliniano); un tentativo però destinato all'insuccesso, in quanto a Croce mancava la dimensione della trascendenza, e tanto meno egli riconosceva un valore politico alla fede.

È un'analisi, questa, di una incredibile povertà culturale, in quanto gli aspetti strutturali dell'economia borghese vengono tenuti nettamente separati da quelli sovrastrutturali dell'ideologia. Del Noce non riesce a comprendere minimamente che il fascismo rappresentava una necessità tutta interna al liberalismo, cioè alla sua incapacità di affrontare le contraddizioni sociali del capitalismo, esplose con la prima guerra mondiale, e non risolte minimamente in Europa occidentale, mentre invece in quella orientale si era tentata la strada del comunismo bolscevico.

Il fascismo non era esploso in Italia in conseguenza dell'accentuato razionalismo del liberalismo borghese, come fosse una sua *logica conseguenza*; ma era sorto proprio perché il razionalismo borghese non era più in grado di affrontare le proprie contraddizioni economiche nella maniera *parlamentare*. La riprova di questo è il fatto che il fascismo fu, sul piano sovrastrutturale, più "cattolico" del liberalismo, proprio perché volle riconoscere al papato il privilegio di poter disporre, giuridicamente, di uno Stato politico separato da quello nazionale.

Fa un po' sorridere Del Noce quando ritiene che uno sviluppo conseguente del pensiero di Rosmini e Gioberti (ereditato da Sturzo) avrebbe potuto portare a una sconfitta non solo del liberalismo borghese, ma anche dell'attualismo fascista. Sembra non rendersi conto che questo pensiero cattolico incontrava forti resistenze persino all'interno della stessa chiesa romana e soprattutto del papato, ancora legato ai privilegi del passato Stato della chiesa, ostilissimo da sempre all'unificazione nazionale e pervicacemente intenzionato a non transigere sulle proprie pretese politiche di tipo teocratico e su quelle ideologiche d'infallibilità, non soggette ad alcun consenso ecclesiale. Il fatto ch'egli considerasse Leone XIII il maggior filosofo cristiano del XIX secolo e uno dei più grandi di tutti i tempi, non significa nulla; anzi, con un minimo di onestà intellettuale avrebbe dovuto ammettere che il meglio della *Rerum Novarum* era tutto di matrice socialista.

È davvero singolare che un grande studioso come Del Noce, dalla cultura vastissima, non si sia mai accorto che il cattolicesimo-romano costituiva, nel Medioevo, una variante ereticale dell'ortodossia greco-bizantina; e non si sia mai accorto che le riflessioni teologiche maturate in ambito protestante avevano favorito una lettura molto laicizzata dei vangeli e della figura di Gesù Cristo, in grado di inaugurare un corso del tutto inedito di studi, di cui saranno costretti a tener conto gli stessi esegeti cattolici.

L'idea che la forma più elevata di cristianesimo fosse quella cattolico-romana e che quindi l'Italia dovesse considerarsi la nazione culturalmente più significativa del mondo, era solo la pretesa di un'incredibile provincialismo, sia nei confronti della tradizione ortodossa, rimasta più fedele di quella cattolica ai princìpi dei primi sette concili ecumenici[19],

---

[19] Da notare che gli ortodossi, convinti che l'uomo sia capace di bene, nonostante i condizionamenti del peccato originale, non hanno mai rivendicato una partecipazione politica "in quanto ortodossi", mostrandosi anzi relativamente favorevoli alla diarchia bizantina e alla separazione giuspolitica dei regimi comunisti; vi-

sia nei confronti della tradizione protestantica, senza la quale il moderno ateismo neppure esisterebbe.

Vien da chiedersi se il fascismo avesse vinto, quale sarebbe stata la riflessione delnociana. Sicuramente egli avrebbe parlato molto meno di nichilismo implicito nel razionalismo e avrebbe cercato di allargare il più possibile gli spazi di manovra concessi alla chiesa romana dal Concordato e dai Patti Lateranensi, proprio perché avrebbe considerato imprescindibile per i cattolici un impegno politico "in quanto cattolici". Un cattolico integralista come lui, sempre così preoccupato di associare fede e politica, sempre così pessimista circa le capacità umane di compiere il bene, difficilmente avrebbe continuato a dire che la fede non è cosa che possa essere imposta con la forza. Anzi, probabilmente avrebbe detto - come anche Buttiglione ha fatto - che il Concordato servì alla chiesa romana come arma di difesa, in quanto le permise, unica in Italia, di opporsi efficacemente alla dittatura.

Uno Stato fascista trionfatore del comunismo e una chiesa cattolica, sottomessa soltanto per motivi bellici, avrebbero potuto trovare, in tempo di pace, una felice intesa intorno all'obiettivo comune dell'anticomunismo e dell'antiateismo, così come oggi CL ha potuto fare, corrompendosi quanto mai, con la destra berlusconiana e leghista, che di religioso han meno di un guscio vuoto.

Del Noce va dunque visto come uno degli ultimi anelli filosofici di quella lunga catena di fanatismo clericale che, partendo dalla teocrazia di Gregorio VII, è passata per tutta la fase controriformistica e antiunitaria (a livello nazionale), trovando nei due pontificati di Wojtyla e Ratzinger (e naturalmente in CL) le sue conclusioni più retrive.

Testi di A. Del Noce

Il problema dell'ateismo, Il Mulino, Bologna 2010
Il suicidio della rivoluzione, Aragno 2004
Scritti politici 1930-1950, Rubbettino 2001
Pensiero della Chiesa e filosofia contemporanea. Leone XIII, Paolo VI, Giovanni Paolo II, Studium 2005
Cristianità e laicità. Scritti su "Il Sabato" (e vari, anche inediti), Giuffrè 1998
Centro: tentazione senza fine, con Bobbio Norberto, Donzelli 1996

---

ceversa, i cattolici impegnati politicamente han sempre cercato, a partire dalla riforma gregoriana, di sottomettere il potere imperiale e, a partire dalle crociate, di occupare tutta l'Europa orientale.

Centrismo: vocazione o condanna? Con Bobbio Norberto, Marsilio 2009

Rivoluzione, Risorgimento, tradizione. Scritti su "L'Europa" (e altri, anche inediti), Giuffrè 1993

Da Cartesio a Rosmini. Scritti vari, anche inediti, di filosofia e storia della filosofia, Giuffrè

Filosofi dell'esistenza e della libertà. Spir, Chestov, Lequier, Renouvier, Benda, Weil, Vidari, Faggi, Martinetti, Rensi, Juvalta, Mazzantini, Castelli..., Giuffrè

Giovanni Gentile. Per una interpretazione filosofica della storia contemporanea, Il Mulino 1990

Fascismo e antifascismo, Leonardo

I cattolici e il progressismo, Leonardo (Milano), 1994

Secolarizzazione e crisi della modernità, Edizioni Scientifiche Italiane

Il cattolico comunista, Rusconi Libri, 1981

Il vicolo cieco della sinistra, con Molnar Thomas, Domenach Jean-Marie, Rusconi Libri

Tramonto o eclissi dei valori tradizionali?, con Spirito Ugo, Rusconi Libri

Filosofia politica, crisi morale e storia contemporanea, 2011, Pagine

Caro collega ed amico. Lettere di Étienne Gilson ad Augusto del Noce (1964-1969), Cantagalli 2008

Modernità. Interpretazione transpolitica della storia contemporanea, Morcelliana 2007

Verità e ragione nella storia. Antologia di scritti, Rizzoli 2007

Problema dell'etica. Società pensiero, con Santorsola Leonardo, Lateran University Press 2000

Buttiglione e il cristianesimo rivoluzionario

Rocco Buttiglione, il maggior discepolo di Augusto Del Noce, agli inizi degli anni '70 perorava la causa di un cristianesimo "rivoluzionario", alternativo sia al marxismo che al capitalismo. Lo attestano le lezioni sul marxismo ch'egli tenne nel febbraio 1972, all'Università Cattolica di Milano (poi pubblicate nel volumetto *Avvenimento cristiano e fenomeno rivoluzionario*).

Forse pochi oggi conoscono il contenuto di quelle lezioni-conferenze. Chi potrebbe infatti immaginare che, al momento della sua nascita, Comunione e liberazione (CL) avesse l'ambizione di poter trasformare radicalmente la società borghese realizzando gli ideali del socialismo marxista? In effetti, la grande scoperta di questo movimento cattolico integralista è tutta racchiusa in quella prima lezione: *l'unità di metodo e contenuto* (che poi, in forma più "pastorale", era stata l'intuizione di Giussani).

Tale unità veniva considerata in termini esclusivamente "cristiani", escludendo quindi a priori non solo la soluzione del leninismo, ma anche quella dell'hegelismo e di tutta la filosofia borghese, che pretendeva di realizzarla al livello astratto del "pensiero" o dell'"idea".

In virtù di tale unità, CL voleva superare i limiti del liberalismo borghese (in cui - si diceva - era caduta anche l'Azione Cattolica e tutta la chiesa cattolica europea), cercando d'inverare gli obiettivi socialisti del marxismo. A differenza dei cristiani per il socialismo, che facevano dipendere il giudizio storico-politico sul capitalismo dall'ideologia marxista, CL, per formulare un giudizio del genere, voleva darsi un metodo "cristiano", senza però prescindere da un confronto con l'esperienza rivoluzionaria del marxismo e del leninismo.

In pratica, del marxismo, CL voleva ereditare la critica dell'ideologia borghese e della sua prassi economica (alienazione, sfruttamento, individualismo ecc.), svolgendola però non in direzione del socialismo marxista, ma in direzione di un'esperienza cristiana rinnovata, che doveva necessariamente ricollegarsi allo spirito e al metodo collettivistico del cristianesimo primitivo (più tardi si dirà del "movimento cattolico").

In questo senso Buttiglione non ha mai nascosto di preferire il socialismo "utopistico" a quello "scientifico". "La prima opposizione al capitalismo da parte della classe operaia si svolge ancora del tutto all'interno del cristianesimo e il rimprovero che viene rivolto ai ricchi è quello di essere venuti meno al vangelo". Viceversa, in Marx "il programma del proletariato viene tradotto dalla forma della rivendicazione etica in quella della previsione scientifica" (così in *Spunti per una riflessione sull'uso della teoria marxista*, "CSEO", n. 106/1976). Il socialismo scientifico - secondo Buttiglione - va considerato regressivo rispetto a quello utopistico (così dirà anche la socialdemocrazia tedesca), perché più lontano dal cristianesimo e, di conseguenza, dall'etica. "Fuori dall'ipotesi teistica - sentenzia l'integrista - la distinzione fra il giusto e l'ingiusto diventa soggettiva...".

Il problema, in ogni caso, era quello della prassi. Girardi e i cristiani per il socialismo (poi i teologi della liberazione) separavano la fede dalla politica, accettando in politica l'ideologia marxista. CL invece voleva dare alla fede una dimensione politica rivoluzionaria, in grado di misurarsi anche col marxismo. CL voleva ricomporre gli elementi che nel passato della tradizione cristiano-borghese erano stati separati (a tutto svantaggio della fede).

La critica che, in questo senso, Buttiglione rivolgerà, di lì a poco, al "movimento cattolico" sarà appunto quella di non aver saputo creare un'organica formulazione culturale del contenuto cristiano e un'alternativa politica credibile al capitalismo. Nel saggio *Riflessioni sulla collocazione del movimento cattolico nella società italiana* dirà, in proposito, che il cattolicesimo ottocentesco ha combattuto più l'elemento irreligioso del liberalismo che non la struttura economica capitalistica. Tant'è vero che, sotto il fascismo, la chiesa accettò ufficialmente tale struttura alla sola condizione che se ne attenuasse l'elemento irreligioso.[20]

*

Secondo Buttiglione, emulo in questo di Del Noce, la separazione di teoria (cristiana) e prassi (borghese) era avvenuta a partire dalla filosofia cartesiana, anzi, ancor prima, a partire dalla riscoperta medievale dell'aristotelismo. Questa scissione comportò - come noto - il formarsi di un'etica e di una scienza autonome dal valore religioso e, nel contempo, determinò la crisi dell'esperienza cristiana, che perse sempre più di credibilità.

Come dargli torto? Quest'analisi è sostanzialmente corretta: a partire dalla riscoperta dell'aristotelismo è iniziata la progressiva formalizzazione dell'esperienza cristiana (sanzionata dalla Scolastica: CL non ha mai visto di buon occhio Tommaso d'Aquino e tanto meno il Neotomismo, colpevoli - a suo giudizio - d'aver separato la fede dalla ragione).

---

[20] cfr AA.VV., *Questione cattolica e movimento cattolico*, ed. Jaca Book Milano 1974.

E non si può certo dire che l'emergere dell'ideologia laico-razionalista della borghesia abbia saputo costituire una valida alternativa a tale involuzione filosofica della religione cristiana.

Tuttavia a Buttiglione, come del resto a Del Noce, sfugge completamente, per un pregiudizio anticomunista, la prospettiva inversa, e cioè che sia stata proprio la crisi dell'esperienza cristiana dell'Europa medievale, sempre più lontana dagli ideali del cristianesimo primitivo, a provocare il fenomeno della laicizzazione borghese della religione (avvenuto prima nella formazione sociale del capitalismo commerciale - Comuni, Signorie, Principati ecc. -, poi in quella del capitalismo industriale *stricto sensu*).

A Buttiglione è sfuggita completamente l'ipotesi che la crisi del cristianesimo occidentale fosse stata determinata proprio dall'aver accettato il nesso di religione e politica dominante, favorevole ai rapporti servili feudali. Per quale ragione egli non ha attribuito, come Girardi, alla "svolta costantiniana" (o meglio, teodosiana) la legittimazione della crisi del "profetismo", della carica contestativa che aveva avuto il cristianesimo primitivo? Per quale ragione ha voluto salvare il periodo altomedievale, quando proprio in quel periodo si sono poste le basi per l'affermazione della teocrazia papista (utilizzata contro ebrei, musulmani, eretici e dissidenti d'ogni genere), quando s'è consumata, col pieno appoggio della monarchia franca, la rottura con la confessione ortodossa, quando si sono voluti coniugare strettamente clericalismo e servaggio?

Ma queste sono domande retoriche, me ne rendo conto. Come avrebbe potuto Buttiglione accettare un regime di separazione fra Stato e chiesa quando ha sempre sostenuto che, per principio, "l'esperienza della comunità cristiana ha un rilievo politico"?, quando addirittura ha affermato, con un monismo da far spavento, che "la politica [anche quella laica] trae origine e forza da ciò che si sottrae ad essa precedendola come memoria o andandole avanti come desiderio", dando per scontato che questo *quid* sia "Dio in persona"?!

"Tutta la storia politica del Medioevo - diceva Buttiglione a Milano - può essere letta come il conflitto dialettico tra il principio della libertà come comunione e il principio della libertà come arbitrio individuale". Quale ingenuità! Quale idealismo! Come non rendersi conto che il conflitto, in realtà, era fra una "comunione" sempre più imposta con la forza politico-militare, e il tentativo di sottrarvisi, fino a riscoprire, a volte, le fondamenta democratiche del cristianesimo (vedi certe "eresie pauperistiche"), ma più spesso finendo coll'affermare soluzioni tipicamente borghesi (la religione relegata nella sfera del privato e il criterio del profitto affermato a livello sociale).

In quelle lezioni universitarie Buttiglione sosteneva che in politica il cristiano non deve predicare dei valori laicizzati, ma valori religiosi autentici, integrali, rivendicando il potere d'intervenire nella società civile in modo diretto (contro la teoria del Bellarmino del "governo indiretto nelle cose temporali", che la chiesa aveva accettato dopo la fine del potere temporale di Bonifacio VIII; salvo riaffermare questa teoria quando si decise, alla fine degli anni '70, che CL doveva restare un movimento "ecclesiale", proponendosi a livello politico con il volto del suo "braccio secolare": il Movimento Popolare).

Ma quali valori politici doveva affermare il cristianesimo "rivoluzionario"? Qui Buttiglione, Del Noce e il movimento di CL hanno sempre rivelato tutta la loro pochezza teorica. In teoria, infatti, essi affermavano di voler realizzare una società ove regnasse la giustizia socio-economica predicata dal marxismo (non è singolare che questa ideologia tanto vituperata da CL abbia costituito, sin dalla nascita di questo movimento, il termine privilegiato di riferimento, seppure in negativo, della sua identità?). In pratica però, non essendo mai riusciti a realizzare alcun ideale di giustizia sociale a livello di società civile, i ciellini sono sempre più stati costretti a propugnare le tesi del corporativismo neomedievale o del capitalismo pre-monopolistico. (Non è altresì singolare che la pretesa di affermare l'unità di teoria e prassi sia venuta meno proprio per l'impossibilità di realizzare l'ideale marxista della giustizia sociale a partire da un metodo esclusivamente cristiano?).

*

Buttiglione non avrebbe mai accettato l'idea di vivere la fede nel *privato* della coscienza e la politica in maniera *laica*. Se il cristianesimo ha dei valori autentici, che possono "liberare" la società, essi devono valere anche per la società civile. Una fede senza politica è alienante perché porta al misticismo, all'intimismo ecc., e una politica senza fede è oppressiva, perché non ha valori umani, non può essere democratica.

Dura, in questo senso, era stata la sua critica del protestantesimo. In un opuscolo edito nel 1977 dal Movimento Popolare, intitolato *L'egemonia comunista e il problema politico dei cattolici*, egli affermò che "applicando la dottrina della salvezza mediante la sola fede e sviluppando il cristianesimo nel senso dell'interiorizzazione individuale, il protestantesimo legittima la previsione di Marx sulla scomparsa del cristianesimo stesso in una società in cui la vita divenga, da privata, pubblica e comunitaria". In pratica, se Marx, nel corso della sua vita, avesse incontrato un'esperienza sociale come quella di CL (e non individuale come quella protestantica), non avrebbe mai detto che "la religione è l'oppio dei popoli"!

Ecco a quali riflessioni integraliste aveva portato la crisi della chiesa italiana alla fine degli anni '60 (crisi giunta all'apice - secondo CL - con l'affermazione del consumismo di massa). Da un lato Buttiglione riteneva che l'esperienza cristiana tradizionale della fede non avesse più la forza d'incidere sul modello di sviluppo che l'Italia s'era data (il "socialmente ovvio" non era più "ovvio"); dall'altro riteneva che la dimensione politica con cui si regolamentava questo modello non solo non avesse nulla di cristiano, ma anche nulla di "umano". Il cristiano - a suo giudizio - non avrebbe dovuto rendere più democratica una politica laica, ma avrebbe dovuto trasformarla in una politica autenticamente *cristiana*, come da molto tempo non accadeva.

Di qui l'illusione, militando nella Dc di Moro e Zaccagnini, di compiere una rivoluzione all'interno di questo partito che diceva di "ispirarsi" al cristianesimo. Di qui l'odierna illusione di poter tornare al popolarismo sturziano, che - al dire di Buttiglione - aveva saputo rompere le alleanze fra cattolici e componenti arretrate della borghesia e ricostituire l'unità fra intellettuali e masse cattoliche (cioè sostanzialmente contadine. Quanti miti CL e la Jaca Book hanno costruito sulle civiltà cattolico-agrarie!).

*

Buttiglione insomma condivideva la critica di Marx al formalismo della società cristiano-borghese, ma invece di "andare avanti", verso una laicità veramente democratica e socialista, preferì volgere lo sguardo indietro, verso il periodo d'oro del cristianesimo primitivo o, al massimo, verso l'alto Medioevo, quando dominava il primato economico del valore d'uso su quello di scambio, quando esistevano le comunità di villaggio e la cultura era tutta cristiana.

Ora, se proprio si voleva guardare all'alto Medioevo, perché non dire chiaramente che una fede imposta politicamente (cioè in maniera clericale) è un arbitrio? Perché non dire che il servaggio non era assolutamente un modello di democrazia socio-economica? Per quale motivo la "destra filosofica" di CL non ha mai voluto cercare delle attenuanti, delle giustificazioni storiche alla nascita del capitalismo (e del protestantesimo)? Perché ha sempre ritenuto la chiesa feudale sostanzialmente immune da ogni responsabilità politica?

Il motivo è semplice e, insieme, drammatico. Buttiglione, Del Noce, CL, la chiesa cattolica e tutta la tradizione cristiana bimillenaria hanno sempre ritenuto l'uomo incapace di liberarsi dal "male" che è in lui. "La mortalità - disse Buttiglione a Milano - come radice della contraddizione dell'uomo implica una strutturale capacità di male". Ciò significa che, essendo l'uomo destinato a morire, cioè votato al male, è impossibile costruire una società in cui si possa vivere spontaneamente il bene. Ecco perché il Medioevo, pur con tutti i suoi limiti, viene considerato da CL come il modello di società cristiana e civile: lì in fondo esisteva un'istituzione capace di ricordare all'uomo la sua strutturale incapacità di bene. Ecco quale visione metafisica, politicamente opportunistica, aveva maturato, vent'anni fa, un movimento che pur sul piano intenzionale avrebbe voluto creare la "terza via" tra capitalismo e comunismo.

L'ipocrisia di CL sta proprio in questo scarto fra la teoria e la pratica, pur essendo il movimento nato sull'esigenza di ricomporle. Di qui il giudizio di critica radicale nei confronti del marxismo, il quale, anche se aveva capito l'importanza della giustizia sociale, veniva giudicato come un fenomeno illusorio, proprio perché esso riteneva di poter risolvere l'alienazione umana con la pura e semplice *socializzazione della proprietà*. Molto meglio la Scuola di Francoforte (Horkheimer soprattutto), che si limitava ad angosciarsi di fronte alle contraddizioni del capitalismo.

Qui sta l'ipocrisia di CL e del suo filosofo per eccellenza, cioè nel fatto che pur avendo capito l'importanza della giustizia sociale, hanno evitato di realizzarla sino in fondo, trincerandosi dietro la motivazione religiosa che il conseguimento di tale obiettivo, in ultima istanza, non risolverebbe l'inclinazione al male insita nell'uomo. Ma questa non era stata anche la conclusione della filosofia hegeliana? Rispondendo di no a questa sua domanda: "Esiste un cambiamento della struttura economica che possa realmente cambiare la struttura dell'uomo alla radice?", Buttiglione dimostrò tutta la sua pochezza intellettuale e piccolo-borghese proprio in riferimento al concetto che più gli stava a cuore: la *libertà*.

*

Il socialismo democratico non vuole affatto creare delle strutture in cui gli uomini si sentano costretti ad essere "umani". Se questo è stato il limite del "socialismo reale" dei paesi est-europei, allora bisogna dire ch'esso non è stato molto diverso da quello della chiesa feudale, e non sarebbe stato molto diverso da quello che avrebbe caratterizzato un governo della nazione italiana se al potere ci fosse andata CL.

Ciò che il socialismo può fare è soltanto quello di creare delle condizioni in cui per l'uomo sia più facile decidersi per il bene, personale e collettivo: le circostanze formano gli uomini e gli uomini formano le circostanze, in un processo di reciprocità dialettica che non avrà mai fine.

Non si può accampare come pretesto la realtà della morte per togliere agli uomini la speranza di trovare il loro benessere, la loro felicità, soprattutto quando essi ne hanno più bisogno. Anche perché il problema della morte - come lo avverte Buttiglione e tutta la chiesa cattolica (ma si veda anche la posizione di Heidegger) - è esso stesso il frutto di una società alienata, che avverte appunto la morte come un problema angoscioso, come un problema più grande di quello della vita.

Il pessimismo cosmico, radicale, di Buttiglione ha la sua fonte nella concezione cattolica del peccato originale, secondo cui esiste una trasmissione ereditaria, biologica, generazionale, di una costitutiva incapacità di bene. Ma questo, umanamente parlando, è inaccettabile. Nessuna contraddizione prodotta dalle generazioni passate può impedire agli uomini di oggi di superarle. Ciò che le contraddizioni passate deformano sono le circostanze, le situazioni, gli ambienti nei quali l'uomo si forma e si sente più o meno indotto a compiere determinate azioni, a fare determinate scelte, ma in nessun modo quelle contraddizioni eliminano la capacità di reagire. Non c'è nessun marchio indelebile nella coscienza degli uomini, nella loro libera volontà, che li destina a compiere più il male che il bene.

Il pessimismo metafisico di Buttiglione, come spesso succede in questi casi, finisce col portare su posizioni antitetiche a quelle di partenza. CL infatti voleva porsi come soggetto politico rivoluzionario, in grado di superare sia il marxismo che il liberalismo borghese. Invece è approdata su posizioni così oscurantistiche che, a confronto, quelle gentiliane o quelle tradizionali del neofascismo italiano appaiono un estremismo adolescenziale.

*

Ma già nella sua "terza lezione" si poteva intravedere l'esito finale dell'utopia ciellina. Infatti, prendendo in esame alcune parti del *Capitale* di Marx, Buttiglione sostiene che la tesi economica dell'autore è in palese contraddizione con quella filosofica su cui poggia, in quanto, mentre la tesi filosofica affermava che il capitalismo è una realtà che va necessariamente superata, la tesi economica invece rileva che nel rispetto di "certe proporzioni" il capitalismo può continuare a sopravvivere. Infatti, prosegue Buttiglione, lo sviluppo ulteriore del capitalismo da concorrenziale a monopolistico, ereditando l'analisi marxiana delle "proporzioni", è riuscito a superare la tesi filosofica del marxismo, al punto che quest'ultimo è diventato "incapace di dire in nome di che cosa questa formazione sociale vada distrutta". Dunque - lasciava intendere Buttiglione e oggi lo dice anche esplicitamente - non c'è bisogno di trasformare materialmente il capitalismo quando basta rifarsi alla religione per migliorarlo.

Che analisi approssimativa! Possibile che dopo la lezione del leninismo, uno studioso del marxismo così attento come Buttiglione non riesca a capire che le suddette "proporzioni" avevano solo, nell'analisi di Marx, un valore meramente ipotetico, in quanto proprio il regime della libera concorrenza avrebbe impedito di rispettarle? È vero, il capitalismo monopolistico ha superato, relativamente, talune contraddizioni del capitalismo concorrenziale, ma a quale prezzo? Per poterlo fare esso ha dovuto scatenare due guerre mondiali, creare il nazifascismo e sviluppare l'imperialismo in maniera abnorme. E con quale risultato? Col risultato che i monopoli non riescono affatto a eliminare totalmente la concorrenza e quindi a garantire uno sviluppo equilibrato, pianificato dell'economia, benché siano in grado di saccheggiare e affamare l'80% dell'umanità. Come non rendersi conto che l'occidente ha potuto dimenticare l'origine del proprio benessere proprio in virtù dello sfruttamento che fa subire al Terzo mondo? Come non capire che il passaggio dal libero mercato al monopolio (privato e statale) ha soltanto garantito il trasferimento delle contraddizioni più conflittuali del capitalismo nell'area della sua periferia?

"In un sistema capitalistico - diceva Buttiglione nel '73 – non si danno alternative: o si è imperialisti o colonizzati". Ora, a parte il fatto che, ad es., un paese come l'Italia è l'una e l'altra cosa, in quanto è colonizzato dagli Usa e con gli Usa partecipa al neocolonialismo mondiale, per quale ragione si dovrebbe sostenere che l'anticapitalismo è stata una velleità degli anni '70, quando proprio in nome di questa presunta velleità abbiamo potuto acquisire una consapevolezza prima impensabile e costruire cose che in occidente non si potevano neanche sognare? È dall'inizio degli anni '80, con l'avvento del reaganismo, che è iniziata la *deregulation*, cioè lo smantellamento progressivo dello Stato sociale e la privatizzazione selvaggia dell'economia: a quale risultato catastrofico ci porterà questa politica, se non si riprenderà la lotta anticapitalistica? "La storia in senso occidentale, che è storia politica - ha scritto Buttiglione -, è storia di oppressione e di sfruttamento, più o meno mascherato. Per questo motivo Marx rappresenta una società liberata come una società non-politica, in cui la liberazione esce dall'idealità politica e raggiunge la materialità della vita". Queste parole sono ancora vere.

Se dunque CL vuole essere veramente un movimento originale,

che lotti allora per l'affermazione della proprietà *sociale* dei mezzi produttivi, cioè per la proprietà *pubblica, collettiva* (non statale, visto che così essa degenera nel burocratismo impersonale e irresponsabile); e la smetta di far coincidere, borghesemente, il "pubblico" col "privato sociale", per avere privilegi e sovvenzioni statali. Se si vuole l'abolizione dello Stato, non si può porre il privato come alternativa, perché questo ci porterebbe alla totale anarchia. Si affermi invece una vera nozione di "pubblico", in cui la democrazia non sia più delegata ma *diretta*, in cui esista una gestione *collettiva*, da parte della *cittadinanza locale* anzitutto, delle risorse territoriali, e in cui le opinioni in materia di religione siano assolutamente libere.

Un bilancio apologetico

Sul "Sabato" del 12 settembre 1987, uno dei massimi leader di Comunione e liberazione, Rocco Buttiglione, ha scritto un lungo articolo che ha molto il sapore di un "bilancio apologetico" degli ultimi 15 anni del movimento. Perché apologetico? Perché da un lato l'autore tende a censurare gli aspetti più positivi degli anni che vanno dal '68 al '76, mentre dall'altro mira a giustificare le scelte politiche che CL ha compiuto dopo il '76 (vedi ad esempio il collateralismo organico con la Dc), facendole risalire proprio a quegli anni di battaglie ideali e politiche.

Buttiglione esordisce dicendo che "qualche anno fa eravamo tutti anticapitalisti" (si noti che l'articolo s'intitola come avrebbe potuto esserlo 15 anni fa: *Politica per la liberazione*). È vero, anche CL era un movimento politico-ecclesiale anticapitalistico. Al convegno di Milano del 31 marzo 1973 Buttiglione era stato esplicito nel condannare il capitalismo: "Il capitale italiano - aveva detto (cfr. gli *Atti*), è impegnato nel sostegno di un regime colonialista e razzista come quello rhodesiano che equipaggia la sua aviazione con aeroplani antiguerriglia prodotti negli stabilimenti dell'Aermacchi a Varese, come pure di quello del Portogallo le cui truppe in Angola sono dotate di armi degli stabilimenti Beretta di Gardone Valtrompia".

Senonché, la posizione di CL era anticapitalistica solo formalmente e non sostanzialmente, in quanto sin dall'inizio si facevano dipendere dall'ideologia religiosa le motivazioni del proprio agire politico. In quegli anni CL rappresentò, della religione, la "protesta" contro la miseria reale, ovvero una protesta sociale (soprattutto studentesca) nell'ambito della mera ideologia religiosa. CL criticava il capitalismo sulla base di concetti come alienazione, espropriazione della cultura pre-borghese, individualismo, consumismo ecc.: concetti mutuati dalla scuola di Francoforte (in particolare da Horkheimer), dalla sociologia borghese progressista, dal marxismo post-bellico debitamente revisionato, cioè dalla "nuova sinistra" euroccidentale, dalla teologia politica di Metz e di Moltmann ecc.

CL (ad eccezione di alcuni suoi intellettuali) non ha mai criticato sino in fondo il capitalismo come "sistema economico-produttivo", cioè sulla base di concetti come proprietà, profitto capitalistico, rendite parassitarie, separazione del lavoratore dai mezzi di produzione ecc. Poiché nelle sue file non militavano operai e proletari coscienti, essa si è sempre astenuta dal rivendicare la proprietà sociale dei mezzi di produzione, e ha sempre evitato di associarsi alla lotta di classe che in quegli anni il movimento operaio conduceva. CL è nata ed è rimasta un movimento piccolo e medio borghese, impegnato prevalentemente nell'area della scuola e dell'Università, con esigenze di tipo corporativo e settario. La lotta che negli anni caldi portava avanti era esclusivamente studentesca e avveniva solo sul piano sovrastrutturale.

Una differenza però c'era. Allora CL, per quanto ingenuamente e senza una chiara coscienza, anelava a un cambiamento effettivo del sistema, a una reale umanizzazione dei rapporti sociali, a una ricomposizione organica del "diviso". Oggi questi obiettivi sono stati coscientemente ed esplicitamente rinnegati. Oggi a CL interessa soltanto sopravvivere, continuando a far notizia non attraverso un'opposizione al sistema, ma per esempio attraverso quell'auto-glorificazione, stipendiata in parte dalla Regione, che si fa chiamare "Meeting di Rimini", oppure attraverso la sua lotta contro l'Azione cattolica per avere la benedizione *ad libitum* di Wojtyla novello Isacco.

Ora, siccome Buttiglione insiste nel dire che la politica di CL è "per la liberazione" e non "per la conservazione", il problema che a questo punto il movimento deve affrontare diventa il seguente: come giustificare agli occhi di chi ancora oggi chiede "liberazione" la propria posizione neo-conservatrice? Ovvero, come conciliare le proprie scelte regressive con la passata esperienza para-rivoluzionaria? La risposta, apparentemente, è molto semplice: rivendicando la continuità della lotta di quegli anni. "La vittoria, qui, non è tanto il successo ottenuto nella lotta del mondo [questo Buttiglione lo dice facendo evidentemente un torto a chi, allora, in quel successo ci credeva], quanto la possibilità di rimanere fedeli, nella lotta e nella vittoria come anche nella sconfitta, alla verità".

A quale verità? Ieri CL credeva nel superamento del sistema, oggi non ci crede più. Forse alle verità della religione sull'uomo? Ma in quegli anni si cercava di concretizzarle, di tenere unita la teoria alla prassi, e non di fare, come oggi, discorsi astratti del tipo: "il regno non è di questo mondo", "il diritto di seguire la voce del proprio cuore", "lo Stato ha la funzione di stimolare, sostenere e, se del caso, guidare tale libertà" ecc. Delle due l'una: o Buttiglione ha preferito optare, dopo il fallimento del '68, per il misticismo più irrazionale, oppure questo non è soltanto un bilancio apologetico ma anche un bel manifesto reazionario per le giovani e future generazioni.

E che questa seconda ipotesi (non pregiudizievole peraltro alla prima) sia la più attendibile, è dimostrato chiaramente da tutta una serie di affermazioni "borghesi". "Nel corso di questo processo [si può aggiungere: involutivo] abbiamo imparato a distinguere il capitalismo, nel senso in cui tale termine è usato dalla *Laborem exercens*, come dominio delle cose e del denaro sull'uomo, dalla imprenditorialità, che è capacità di vedere e pensare il nuovo e di intervenire creativamente sull'ambiente".

"Abbiamo imparato a *distinguere*", dice Buttiglione: ciò significa che mentre negli anni caldi CL, contestando il capitalismo come "dominio delle cose e del denaro sull'uomo", desiderava liberarsi del lato peggiore del capitalismo, oggi invece CL vuol conservare quel tipo di contestazione salvaguardando lo specifico del capitalismo, cioè la proprietà e il profitto privati degli imprenditori, inzuccherando questa realtà (che, nonostante tutti i riflussi nel privato, resta comunque difficile da digerire anche per un ciellino) con frasi assolutamente prive di significato come "capacità di vedere e pensare il nuovo, d'intervenire creativamente sull'ambiente" ecc. (frasi che nemmeno le associazioni ecologiste più sprovvedute si sognerebbero mai di sottoscrivere).

Il ragionamento di Buttiglione si sviluppa praticamente alla luce di questo semplice sillogismo: se la nostra lotta anticapitalista non ha conseguito il risultato sperato, è stato perché l'obiettivo era sbagliato, dunque il capitalismo ha ragione. Un tale sillogismo, la cui scarsa credibilità dipenderà dalla forza con cui lo si saprà smentire, è diventato - a parere di Buttiglione - patrimonio comune di tutta la sinistra italiana. "Scomparsa l'alternativa di sistema al capitalismo, essa [la sinistra] stenta a trovare ragioni che legittimano il fatto positivo della sua esperienza storica, la lotta contro l'alienazione e la mercificazione, la difesa del debole e del povero". (Come se la sinistra avesse lottato e continuasse a lottare non per il bisogno che il "debole" e il "povero" esprimono, ma solo per le prospettive rivoluzionarie che la sua ideologia sa manifestare... Cioè come se l'interesse per gli sfruttati fosse relativo alle possibilità reali di compiere la rivoluzione e soprattutto come se CL avesse mai politicamente appoggiato queste rivendicazioni della sinistra, per doversi ora rammaricare del loro abbandono!).

"Sembra che il fallimento del marxismo debba portare necessariamente non solo a riscoprire il valore dell'impresa [il che sarebbe positivo, come appunto lo è stato per CL!] ma anche a far proprie in ritardo tutte le ragioni del capitalismo". Ecco, in questo senso, CL pensa di poter superare, e definitivamente, l'influenza culturale della sinistra, ribadendo la sua opposizione sovrastrutturale ai valori del capitalismo. "Accade allora che, in fondo, a contestare il processo di nazionalizzazione ed il nuovo potere che ne nasce, siano rimasti soltanto i 'nuovi cattolici'" (i ciellini di ieri vengono considerati "vecchi" perché ingenui e utopistici).

Perché questo processo di razionalizzazione del sistema è così temuto da un movimento piccolo-borghese come CL? Appunto perché CL, essendo un movimento corporativo, può sussistere solo in assenza di un forte capitalismo monopolistico-statale. CL vuole sia uno Stato al di sopra delle parti, veramente neutrale e fondato sul diritto, sia una società in cui lo spazio per l'impresa medio-piccola venga garantito (non a caso CL ha sostituito lo slogan neoliberista "meno Stato più mercato" con quello, che tendenzialmente vorrebbe essere antimonopolistico, "più società meno Stato").

Purtroppo oggi - si preoccupa Buttiglione - "il potere dei partiti e dei grandi gruppi economici distruggono la forza dello Stato per sostituirvi la propria [...] Tutti parlano della libertà d'intraprendere, ma solo per i grandi gruppi".

Tre cose almeno l'attuale CL non comprende né sembra che lo voglia:

1. che il destino del capitalismo, nazionale e mondiale, nonostante le temporanee inversioni di tendenza o i momentanei arresti, è la concentrazione della produzione e la centralizzazione dei capitali, sapientemente sostenute dagli Stati, per cui le associazioni medio-piccole (compresa CL, con le sue numerose cooperative edilizie, librarie, editoriali, alimentari ecc.) non potranno reggere al peso della concorrenza di questi monopoli, o saranno comunque costrette, se vorranno sopravvivere, ad accettare le loro condizioni, ovvero a diventare delle loro filiali;

2. che una lotta contro tale evoluzione del sistema sarà inevitabile (non si ricorda Buttiglione quando diceva, nella prefazione al libro di Luciano Russi su *Pisacane e la rivoluzione fallita*, che "una sofferenza che può essere tolta non può essere sopportata"?) e che tale lotta verrà condotta efficacemente proprio da quelle grandi masse che CL col suo senso elitario e aristocratico di appartenenza ecclesiale disprezza infinitamente;[21]

---

[21] Cfr. nell'articolo in oggetto le artificiose distinzioni fra "valori naturali dell'uomo" e "valori comuni dell'opinione dominante" o fra la "moralità delle comuni-

3. che infine una tale lotta, se condotta con ferma volontà e chiara consapevolezza, porterà necessariamente alla creazione di un nuovo sistema di vita, alternativo a quello capitalistico, a un sistema più democratico perché fondato sulla proprietà sociale (non statale) dei mezzi produttivi e sull'uguaglianza effettiva dei lavoratori e di tutti i cittadini, un sistema che, fra l'altro, permetterà a tutte le associazioni religiose d'essere veramente "religiose" e non, contro le loro stesse migliori intenzioni, strumenti di qualcos'altro.

*

CL oggi è un movimento di "destra", consapevolmente di destra, a differenza degli anni 1968-76, quando, pur essendo obiettivamente un'organizzazione antioperaia, non lesinava critiche al capitalismo e ambiva a porsi, predicando un *revival* delle formazioni sociali immediatamente pre-capitalistiche, come strumento risolutivo delle contraddizioni economiche del paese, nell'ambito di una riaggregazione del mondo cattolico, contadino e piccolo-borghese.

Oggi CL, constatato il fallimento di questo progetto, è diventato un movimento quanto mai ostile alla democrazia laica progressista e al socialismo marxista in particolare. Ai suoi aderenti vieta esplicitamente di militare in formazioni di sinistra. In verità, anche negli "anni caldi" lo vietava (son note le polemiche con i cattocomunisti La Valle, Gozzini ecc. e con i "cristiani per il socialismo"): solo che allora non si diceva che la propaganda elettorale a favore della Dc era obbligatoria per tutti i ciellini. La decisione maturata negli anni 1975-76 d'avere un rapporto preferenziale con la Dc fu da molti accettata in modo traumatico, da altri fu addirittura clamorosamente rifiutata (si pensi al teologo G. Ruggieri).

Si riuscì in parte ad arginare il dissenso creando quel richiamo per le allodole che passa sotto il nome di "Movimento popolare", il cui dirigente era il deputato europarlamentare R. Formigoni. In esso potevano confluire tutti quei ciellini (e i cattolici in genere) insoddisfatti della politica democristiana.

Nel biennio 1975-76, quando, di fronte ai clamorosi successi della sinistra, CL fu costretta a dichiarare espressamente d'essere soltanto un movimento ecclesiale, il Movimento popolare veniva ad assolvere due importanti funzioni: continuare sul terreno della società civile quello che CL non poteva più fare come CL; impedire che l'impegno politico profuso da CL fino a quel momento venisse delegato in toto alla Dc. Poi la Dc è diventato l'unico partito all'interno del quale potevano militare i cattoli-

---

tà" e il "moralismo della massa".

ci di CL, fatta salva naturalmente la libertà di appoggiare tutte quelle proposte filocielline provenienti dall'area laica (come ad esempio quella di Martelli sui finanziamenti alle scuole private).

Nonostante tutti i suoi sforzi organizzativi, CL resta pur sempre un movimento piccolo-borghese, vincolato prevalentemente al mondo della scuola e dell'Università (solo di recente è avvenuto il suo ingresso nelle parrocchie): nelle sue file non milita la borghesia affaristica e manageriale (se non a livelli molto ridotti), né gli operai sindacalizzati e neppure i contadini che per tradizione aderiscono all'Azione cattolica.

Pur credendo negli imprenditori onesti, leali e "cattolici", CL, a causa della sua ideologia para-populistica, trova ancora molte difficoltà a integrarsi con le strutture industriali del capitalismo avanzato: ecco perché spesso accusa la Dc, che con queste strutture, volente o nolente, deve convivere, di essere poco cattolica, cioè legata a quei settori del mondo cattolico non direttamente coinvolti nei meccanismi produttivi.

Da tempo tuttavia CL ha smesso di condannare il profitto capitalistico, la dinamica del mercato, i monopoli e la concorrenza. A differenza di molti movimenti ecclesiali, CL non dice neppure di essere equidistante dal capitalismo e dal socialismo. In senso vago e generico propugna una certa nazionalizzazione del capitale, soprattutto in direzione della logica corporativa che da sempre essa sostiene, ma l'esigenza principale è quella di contrastare l'avanzata dei comunisti (sia che questi vogliano fuoriuscire dal capitalismo, sia che vogliano soltanto migliorarlo).

Che CL sia sempre stato un movimento obiettivamente reazionario, cioè a prescindere dalle intenzioni soggettive dei suoi aderenti, che - come si è detto - negli anni della contestazione potevano anche apparire in una luce positiva, lo dimostrano almeno due fatti:

1. esso ha sempre sostenuto battaglie e rivendicazioni antipopolari, come quelle contro le leggi sul divorzio e l'aborto, contro i consultori, la contraccezione e il femminismo, contro la scuola statale e l'insegnamento alternativo alla religione, contro la libertà di religione e di ateismo ecc.;

2. ha sempre appoggiato, in maniera incondizionata e aprioristica, tutte quelle forme di dissenso (laico o religioso) sorte nei paesi del socialismo reale (CL è sempre stata molto sollecita nel pubblicare i documenti per esempio del cosiddetto samizdat sovietico, di Charta 77, del Kor, di Solidarność, ecc.).

Il suo filosofo e teorico più prestigioso, Rocco Buttiglione, è stato discepolo di quell'Augusto Del Noce che considerava il gramscismo un fascismo di sinistra e che pretendeva di superare o inverare l'attualismo gentiliano dal punto di vista religioso, tramite appunto una forte organizzazione sociale come CL e una vasta e approfondita elaborazione culturale dei temi dell'integralismo cattolico (la teologia vista ancora come una sorta di super-scienza in grado di offrire i criteri epistemologici per la verità di tutte le altre scienze). Di qui le accuse di "clerico-fascismo" mosse contro tale movimento.

Del fascismo certo a CL manca la violenza fisica, il teppismo, ma in compenso esso ha sviluppato a dovere l'arte del saper provocare l'avversario fino a costringerlo a cedere su tutti i fronti o a reagire in maniera violenta. CL è contraria alla violenza fisica ma non a quella morale. Ciò spiega peraltro i motivi del suo "settarismo". Il *leit-motiv* di tutta l'ideologia pro-capitalistica di CL è il *corporativismo*. La critica del capitalismo, quando esiste, viene sempre fatta in funzione dell'esigenza di accrescere la propria organizzazione corporativistica. La quale appunto si esprime nei modi seguenti:

1. autogestione di servizi privati (librerie, radio-tv, scuole, editoria, giornali di vario tipo, cooperative alimentari, edilizie ecc.);

2. rifiuto della cogestione con i servizi pubblici (enti locali ecc.) o con altri servizi privati, a meno che non sia garantita una sicura maggioranza;

3. richiesta esplicita di finanziamenti pubblici, col pretesto che le finalità di tali servizi privati hanno un carattere "sociale" (questa richiesta va per la maggiore in questo momento di *deregulation* e si pretende una gestione priva di controlli di tali fondi).

Come finanziare dunque l'autogestione corporativistica? Il movimento si basa sull'autotassazione, sui proventi ricavati dalla gestione dei servizi privati (ma si pensi anche al Meeting annuale di Rimini, sponsorizzato dalla Dc di Andreotti e Forlani), infine sulle elargizioni occulte e palesi da parte di enti, privati, partiti democristiani euroccidentali ecc. Facendosi forza dei servizi e delle strutture in suo possesso, CL è settaria nel senso che non vuole ingerenze da parte di nessuno, mentre, nel contempo, pretende la subordinazione di chi, nell'area cattolica, non dispone di mezzi equivalenti concorrenziali ai suoi o comunque pretende un rapporto privilegiato rispetto alle altre organizzazioni confessionali (soprattutto da quando è stata formalmente riconosciuta da Wojtyla, col quale aveva rapporti già molto tempo prima che diventasse papa).

L'accrescimento del potere di CL è stato ed è direttamente proporzionale all'indebolimento del potere dell'Azione cattolica (ad es. dal 1983 al 1990 il ciellino Gian Guido Folloni è stato direttore dell'"Avvenire").

L'ideologia piccolo-borghese di questa forma di corporativismo, che si vuole propagandare come rimedio ai mali del capitalismo, può reggersi in piedi oggi solo all'interno di una formazione sociale capitalistica. CL ha definitivamente smesso di idealizzare il passato pre-capitalistico (l'epoca patristica, il Medioevo prima del Mille, il socialismo utopistico, le comunità di villaggio ecc.), poiché ritiene che il processo storico sia irreversibile e si rende conto di non avere forze sufficienti per arrestarlo. Di qui il ridimensionamento della critica sociale ai soli aspetti negativi più evidenti: consumismo, droga, pansessualismo, violenza, individualismo, solitudine, emarginazione ecc.; la critica cioè di tutte quelle contraddizioni che in un modo o nell'altro ostacolano l'ideologia dell'aggregazione corporativa, ma che di per sé non indicano le cause di fondo del malessere generale.

Quando CL critica il capitalismo nei suoi aspetti più appariscenti o "quotidiani" può anche assomigliare a un movimento di sinistra, ma quando le si chiede di approfondire questa critica in direzione dei processi economici, subito si trasforma in un movimento di destra. E la trasformazione è oggi molto più repentina di ieri, in quanto non solo ci si è rassegnati all'idea di convivere col capitalismo, ma anche e soprattutto perché si è accettata la pretesa superiorità del capitalismo sul socialismo.

Ciò che soprattutto spaventa CL è la prospettiva di veder accrescere la forza dei comunisti di fronte all'acuirsi delle contraddizioni sociali del capitalismo italiano. CL non sembra preoccuparsi granché dell'attuale smantellamento del *Welfare State*, anzi sembra addirittura che voglia porsi come uno dei suoi legittimi eredi, protetta dallo "scudo" dei propri servizi privati, all'interno dei quali la gestione del bisogno è la più possibile razionale e condotta prevalentemente sullo sfruttamento delle situazioni umane più deboli e socialmente precarie, sotto l'egemonia di un agguerrito corpo docente e di un nutrito esercito di preti e vescovi. CL si affida molto al volontariato e al lavoro malpagato dei suoi aderenti.

Una cosa forse questo movimento non può prevedere e di un'altra speriamo non debba mai potersi rallegrare: la prima è che se la legge del darwinismo sociale torna di nuovo a imporsi, come negli anni '50-'60, nessun esercizio privato sarà in grado di soddisfare le esigenze di milioni di sfruttati e diseredati, anzi nessun servizio privato sarà in grado di reggersi con le attuali forze (lecite e/o illecite) di cui dispone: ne avrà bisogno di molte, molte di più - e questo costringerà i cattolici di CL a stringere rapporti sempre più stretti con gli ambienti ultrareazionari del paese.

In una situazione del genere sarebbe quanto mai pericoloso che le forze di sinistra, invece di lottare per il superamento decisivo del capitalismo, si limitassero a invocarne la razionalizzazione di tipo social-democratico. Un atteggiamento, questo, che essendo condotto da "sinistra", forse potrebbe anche impensierire un movimento fanatico come CL, ma non fino al punto da impedirgli di trovare le soluzioni più adeguate per salvaguardare i suoi interessi di "casta".

Comunque oggi i propri interessi di casta CL li difende appoggiando i partiti di centrodestra, specie quelli guidati da Buttiglione e Casini.[22]

Bibliografia

Testi di Rocco Buttiglione:

La crisi dell'economia marxista. Gli inizi della Scuola di Francoforte, Studium
Dialettica e nostalgia. La Scuola di Francoforte e l'ultimo Horkheimer, Jaca Book
Metafisica della conoscenza e politica in S. Tommaso d'Aquino, La Nuova Agape
Giustizia e politica tra prima e seconda Repubblica, con Luzi Mario, Seam
Il pensiero di Karol Wojtyla, Jaca Book
Europa. Quale Europa?, Ares, 2004
Il pensiero dell'uomo che divenne Giovanni Paolo II, Mondadori, 1998
Valori e riforme. Per una politica di centro, Berti, 1996
Il problema politico dei cattolici. Dottrina sociale e modernità, Piemme, 1993
Augusto Del Noce. Biografia di un pensiero, Piemme, 1991
L'uomo e il lavoro. Riflessioni sull'enciclica Laborem exercens, La Nuova Agape, 1982

Testi su Comunione e Liberazione e altro

Giussani Luigi, *La fraternità di Comunione e Liberazione*, San Paolo Edizioni
Camisasca Massimo, *Comunione e Liberazione. Il riconoscimento (1976-1984). Appendice 1985-2005; La ripresa (1969-1976); Le origini (1954-1968)*, San Paolo Edizioni
Giussani Luigi, *Il movimento di Comunione e Liberazione. Conversazio-*

---

[22] Sono noti gli scandali (in genere per truffa) che, nell'ultimo decennio, hanno coinvolto CL e la Compagnia delle Opere, suo braccio operativo sul piano economico, sia in relazione al Meeting di Rimini, che soprattutto alla gestione della sanità (in Lombardia).

ni con *Robi Ronza*, Jaca Book
Abbruzzese Salvatore, *Comunione e Liberazione*, Il Mulino
Rotondi Gianfranco, *Il caso Buttiglione. I dieci anni dei democristiani senza la DC*, Koinè Nuove Edizioni, 2004
Del Noce Augusto, *I cattolici e il progressismo*, Leonardo (Milano), 1994
Ferruccio Pinotti, *La lobby di Dio*, ed. Chiarelettere

Siti su Comunione e Liberazione

www.nanopress.it/costume-e-societa/comunione-e-liberazione/ www.gabrielesola.it/?tag=comunione-e-liberazione
www.gadlerner.it/tag/comunione-e-liberazione
www.ferrucciopinotti.it/wordpress/2010/11/19/la-lobby-di-dio/

Il neoidealismo di Croce e Gentile

Quadro storico

L'unificazione nazionale italiana è avvenuta nel 1860-61, tardi rispetto agli altri paesi europei (se si esclude la Germania). Essa ebbe due principali caratteristiche: fu un movimento popolare rivoluzionario e si concluse con il tradimento della borghesia, che volle realizzare il compromesso con l'aristocrazia e la monarchia. La questione agraria, soprattutto al sud, rimase irrisolta e anzi si aggravò, determinando la spaccatura fra un nord industrializzato e un sud sottosviluppato. La borghesia, consapevole di questa contraddizione, aveva bisogno di un sistema ideologico-filosofico cui poter fare riferimento per giustificare i rapporti sociali esistenti. Questo sistema venne trovato nel neoidealismo di Croce e Gentile.

Quadro culturale-filosofico

Il neoidealismo italiano consiste in una riforma dell'idealismo hegeliano, promossa, agli inizi del Novecento, da un filosofo napoletano, Benedetto Croce (1866-1952) e da un filosofo siciliano, Giovanni Gentile (1875-1944).

È stata una risposta, sofisticata nella forma ma arretrata nei contenuti (in quanto reazionaria), alle due principali correnti ideologiche e politiche affermatesi nella seconda metà dell'Ottocento: il *socialismo* e il *positivismo*. È stata una risposta che si è avvalsa delle teorie liberiste già formulate nel corso del Risorgimento nazionale e che sono state conciliate sia con la tradizione cattolica che con la filosofia hegeliana. Una risposta culturalmente debole (anche se in Italia apparve molto forte), in quanto espressione di una borghesia nazionale costretta a cercare un compromesso con le forze più retrive del paese: i latifondisti e la Chiesa romana. Quel compromesso che era stato realizzato *politicamente* l'indomani dell'unificazione, verrà realizzato anche *ideologicamente* col neoidealismo.

Questa riforma della filosofia hegeliana riuscì, grazie al livello intellettuale particolarmente elevato di questi due filosofi, a emarginare, nel panorama culturale italiano, qualunque disciplina di tipo scientifico, qualunque ideologia politica progressista, almeno sino alla fine della seconda guerra mondiale.

La differenza fondamentale tra Croce e Gentile stava nel fatto che mentre per il primo (teorico del liberalismo) la riforma neoidealistica doveva avvenire nell'ambito dello Stato democratico-liberale, per il secondo invece (teorico del fascismo) doveva avvenire nell'ambito dello Stato fascista.

Per capire le loro due filosofie bisogna metterle in rapporto al positivismo, al marxismo, al cattolicesimo e all'hegelismo.

1. Il *positivismo* in Europa occidentale e negli Usa si presentava come l'ideologia dell'industrializzazione monopolistica e imperialistica nella seconda metà dell'Ottocento. In Italia, industrialmente ancora molto debole e priva di colonie significative, il primo positivismo s'era manifestato in Lombardia con Cattaneo e Ferrari, la cui linea politica di un'Italia federale era uscita sconfitta durante l'unificazione. Il tardo positivismo di Ardigò, Lombroso, Ferri... era troppo superficiale per vincere la battaglia col neoidealismo. Croce e Gentile consideravano la scienza del tutto subordinata alla filosofia.

2. L'unico rappresentante significativo del *marxismo* italiano, prima di Gramsci, è stato Labriola (1843-1904), contro cui Croce, suo allievo, si scaglierà sin dalla sua prima pubblicazione, *Materialismo storico ed economia marxistica* (1900). Croce e Gentile rifiutano qualunque cosa significativa del marxismo: lo considerano una pseudo-scienza sul piano economico (viene negata validità alla teoria del plusvalore), una utopia politica e una non-filosofia in senso tradizionale (al massimo Croce lo accetta come metodo di ricerca nella storia dell'economia).

3. Riguardo al *cattolicesimo*, entrambi considerano questa confessione del tutto inferiore alla filosofia idealistica e non amano alcuna forma di clericalismo politico, ma ritengono anche che un intellettuale non possa non essere cattolico, quindi rifiutano gli sviluppi ateistici della Sinistra hegeliana. Gentile ritiene addirittura che la più alta realizzazione degli ideali religiosi del cattolicesimo sia incarnata dallo Stato fascista.

4. Riguardo all'*hegelismo*, la riforma che compiono mira a dare concretezza a una filosofia che a loro appare troppo astratta e metafisica. Di qui l'interesse di Croce per la storia, la letteratura e l'estetica, e l'interesse di Gentile per la politica e l'istruzione scolastica e universitaria.

A motivo di questa dura opposizione al positivismo e al socialismo, Croce e Gentile seppero creare un clima d'isolamento nel nostro paese, illudendo gli intellettuali che il loro neoidealismo fosse la migliore filosofia europea.

a) *La filosofia italiana all'inizio del XIX secolo*

Le dottrine filosofiche che in Italia hanno dominato nella prima metà del XIX sec. sono state quelle a sfondo religioso. Gli esponenti più importanti sono stati Antonio Rosmini (1797-1855) e Vincenzo Gioberti (1801-52). Essi capeggiarono il cosiddetto movimento cattolico-liberale (o neoguelfismo). Nelle loro vedute politiche e nella loro attività (soprattutto in Gioberti) vi furono alcuni momenti positivi per le condizioni italiane di quel periodo (ad es. le tendenze antifeudali e quelle favorevoli al movimento di liberazione nazionale, la lotta antigesuitica ecc.), ma le loro concezioni filosofiche sono del tutto conservatrici, specie quando hanno per oggetto le riforme borghesi. Essi infatti tendevano a rafforzare l'influenza della filosofia cattolica (ovviamente in parte riveduta e aggiornata) contro il materialismo francese e la dialettica hegeliana.

Nelle concezioni di Rosmini, in particolare, la linea platonico-agostiniana si univa con elementi kantiani (nesso filosofico, questo, che si ritrova nel fondatore dello spiritualismo cristiano, A. Carlini). Rosmini si sforzava anche di sottolineare la vicinanza delle concezioni agostiniane con le idee tomistiche (cosa che è caratteristica di un altro spiritualista cristiano contemporaneo, M. Sciacca). Rosmini non negava le classiche "cinque vie" di Tommaso per dimostrare l'esistenza di Dio, ma preferiva attribuire maggiore importanza al percorso del soggetto verso l'assoluto, sulla base di una sintesi della concezione agostiniana dell'"illuminazione" e le idee dell'apriorismo. L'idea dell'essere è a priori nel soggetto in quanto risultato dell'illuminazione divina.

L'influenza di Gioberti sul pensiero religioso dell'Italia contemporanea è inferiore a quella di Rosmini. Egli tuttavia merita d'essere ricordato perché ha cercato di reintrodurre il tema della dialettica nell'ambito della filosofia cattolica. Rifacendosi a Platone e alla filosofia cristiana medievale, Gioberti ha sostenuto due tesi: 1) una vera dialettica deve fondarsi sull'idea della creazione, sull'idea della causa; 2) una vera dialettica è la pacificazione dei contrari che scaturisce dall'atto della creazione. In pratica il tentativo di trasformare la dialettica in un'ancella della teologia escludeva dall'essere la lotta dei contrari e l'automovimento.

b) *Il pensiero progressista nell'epoca del Risorgimento*

Nel periodo 1830-60 la filosofia italiana e il pensiero politico ufficiale si evolse sotto l'influsso del movimento di liberazione nazionale. In questo periodo vi furono vari pensatori progressisti come Carlo Pisacane e i rappresentanti del primo positivismo italiano: Carlo Cattaneo (1801-90) e Giuseppe Ferrari (1811-76). Essi appartenevano all'ala repubblicano-democratica del suddetto movimento e avanzarono idee progressiste come ad es. la concezione della rivoluzione sociale, l'idea della natura sociale dell'uomo, il nesso tra lo sviluppo della civiltà e la struttura materiale della società, tra la produzione e i rapporti tra le classi. Inoltre manifestavano idee chiaramente antiteologiche, sulla scia del loro maestro Gian Domenico Romagnosi, contro le dottrine di Rosmini e Gioberti. Sulle loro concezioni hanno esercitato un influsso significativo gli illuministi francesi, i sensisti francesi del XVIII sec. e inoltre Vico, Hegel, Saint-Simon.

c) *L'hegelismo napoletano*

L'indirizzo filosofico più significativo della metà del XIX sec., che ha esercitato la maggiore influenza sul pensiero filosofico italiano del Novecento, è stato il cosiddetto "hegelismo napoletano". Malgrado il suo moderatismo politico generale, malgrado il fatto che non sia diventata la concezione del movimento democratico italiano, questa corrente fu, in parte, una delle forme in cui si espressero le forze progressiste.

La scuola hegeliana è comparsa in Italia relativamente tardi (alla fine del 1830) e la sua fioritura va posta in quel periodo in cui in Germania l'hegelismo era già stato superato dal marxismo. L'hegelismo napoletano, quindi, non era una novità a livello europeo, ma nella sua "ala sinistra" diede contributi di notevole valore. Praticamente dalla sinistra hegeliana napoletana (Francesco De Sanctis, i fratelli Spaventa, Silvio e Bertrando, Salvatore Tommasi e altri) è nato, da un lato, il pensiero progressista e marxista italiano, cominciato con Antonio Labriola, e dall'altro, è nato l'idealismo neohegeliano, di natura profondamente conservatrice.

Questa contraddittorietà negli sviluppi della scuola hegeliana napoletana è stata oggetto di accese controversie. Gli idealisti neohegeliani (Croce e Gentile) faranno di tutto per dimostrare d'essere gli unici eredi di questa sinistra, della quale però vorranno ignorare gli elementi più progressisti e materialisti (che dalla sinistra però erano stati elaborati in maniera assai poco sistematica). Elementi, questi, che invece vennero colti dai filosofi marxisti, i quali cercarono di dimostrare come il percorso più significativo del pensiero italiano non andasse da De Sanctis a Croce ma da De Sanctis a Gramsci.

La sinistra dell'hegelismo napoletano cercò di superare l'interpretazione dogmatica dell'hegelismo, collegando le costruzioni speculative con la vita. In pratica essa riproduceva il processo avvenuto in Germania:

l'hegelismo diventava fruttuoso solo per coloro che lo superavano in direzione del materialismo. A dir il vero De Sanctis (1817-83), che è l'esponente di maggior spicco, si rifaceva di più al realismo filosofico e scientifico di Bacone, Locke, Hume e degli enciclopedisti, convinto, in tal modo, di potersi liberare dalle idee teologiche e retoriche. Tuttavia, nella sua critica dell'hegelismo egli ha espresso molte idee che lo avvicinano al marxismo (ad es. quella per cui l'hegelismo è volto al passato e non al futuro). La sua opera principale resta *La Storia della letteratura italiana*.

Un carattere più accademico ha invece la filosofia di Bertrando Spaventa (1817-82), che per molto tempo si soffermò sull'immanentismo idealistico, poi sviluppato dal neo-idealismo di Croce e Gentile. Ma nell'ultimo periodo della sua vita, Spaventa accentuò motivi antropologici, naturalistici e materialistici, avvicinandosi alla filosofia di Feuerbach. Il suo rapporto col materialismo era abbastanza tradizionale, poiché ne conosceva solo la variante metafisica e meccanicistica. Tuttavia egli arrivò col rifiutare l'idea della priorità assoluta dello spirito e preferiva collegare indissolubilmente natura e spirito in un'unica sostanza, assegnando però all'aspetto materiale di questa sostanza un aspetto subordinato. Per lui insomma la dialettica dello spirito restava la forma superiore di dialettica, ma a condizione che essere e pensiero marciassero insieme, nell'ambito del pensiero. L'influenza di Fichte era evidente. Da questi elementi, tendenzialmente soggettivistici, prenderà poi le mosse la filosofia di Gentile, che sarà appunto una variante dell'immanentismo idealistico in chiave soggettivistica.

d) *La linea marxista di A. Labriola*

Chi meglio ereditò e sviluppò le concezioni della sinistra hegeliana napoletana sulla negazione dell'autonomia dello spirito dalla natura, sul collegamento della filosofia con i problemi concreti della vita, sul rifiuto d'interpretare il metodo dialettico come mero strumento per verificare l'esistente (e non anche per modificarlo), sulla conciliazione del pensiero colla realtà di fatto, sulla generale direzione illuministica, umanistica e anticlericale che andava data al pensiero filosofico italiano - fu Antonio Labriola (1843-1904), che è il maggior filosofo italiano tra la fine del XIX sec. e l'inizio del XX. Egli è stato il primo e per lungo tempo l'unico teorico del marxismo italiano. Quando i lavori di Marx ed Engels erano quasi sconosciuti al pubblico italiano e quando fu possibile averne una conoscenza, regolarmente solo di seconda mano, attraverso le trattazioni travisate dei suoi avversari (come ad es. Croce e Gentile), oppure attraverso le volgarizzazioni ancora peggiori delle idee marxiste da parte di Achille Loria, Enrico Ferri e altri - solo le opere di Labriola seppero introdurre in modo coerente, nella vita intellettuale italiana, le idee del materialismo storico e del socialismo scientifico, tanto che tutti gli sviluppi ulteriori del pensiero borghese italiano non furono che una ininterrotta polemica contro queste idee. (Da notare che Labriola ebbe come allievo Croce).

e) *L'egemonia del positivismo*

Tuttavia la corrente che negli ultimi decenni del secolo XIX s'impose nella cultura italiana (e borghese) fu il positivismo. Si badi però: il tardo positivismo italiano non ha nulla a che vedere con il primo positivismo di Cattaneo e Ferrari, poiché esso preferisce ricollegarsi al positivismo francese e inglese (soprattutto a Spencer), nonché al materialismo meccanicistico di Moleschott. Il culto della scienza aveva preso ad unirsi al dilettantismo, il fenomenismo a costruzioni universali ingenue; ad una primitiva schematicità meccanicistica si accompagnava la feticizzazione del fatto particolare; all'idea del sistema compiuto della conoscenza scientifica faceva seguito una grossolana tendenza anticlericale. Inoltre questo positivismo univa motivi democratico-socialisti con l'opportunismo e un'interpretazione eclettica del marxismo.

Questa forma superficiale di positivismo, debole sul piano metodologico, non poteva reggere il confronto all'inizio del XX sec. con il neoidealismo di Croce e Gentile. Alla sua fine naturalmente contribuì anche la svolta reazionaria intrapresa dalla borghesia che da un lato si sentiva minacciata dal crescente proletariato e dall'altro voleva avventurarsi sulla strada dell'imperialismo. La limitatezza di questo positivismo si manifestò anche nel fatto che alcuni esponenti passarono nelle file dell'idealismo e addirittura nel misticismo religioso (Tarozzi, Marchesini e altri).

Il rappresentante più significativo di questa corrente fu Roberto Ardigò (1828-1920) che unisce un'interpretazione soggettivo-idealistica del mondo (inteso come unica realtà psicofisica) con una rappresentazione meccanicistica della *natura naturans* (la natura autocreantesi all'infinito). Per Ardigò la natura procede in modo omogeneo e uniforme, assolutamente determinato, senza salti, dall'amorfo indifferenziato e semplice al differenziato e complesso, ove la varietà e la forma delle cose sono il risultato della semplice azione reciproca. Uomo, società e pensiero non sono che gradi naturali indispensabili dell'armonia meccanica del cosmo, senza alcuna vera specificità.

Accanto al meccanicismo fioriscono nel positivismo italiano (ma anche in quello europeo) diverse varianti di un biologismo volgare. Ad es. la teoria della predisposizione bioantropologica alla criminalità di Cesare Lombroso. La criminalità sarebbe determinata non da condizioni sociali, dall'influenza dell'ambiente, ecc., ma esclusivamente da un fattore ereditario contro cui il soggetto e l'ambiente sono impotenti.

Idee simili le formulò anche Enrico Ferri, che fu uno dei dirigenti e teorici principali del partito socialista italiano all'inizio del Novecento. Egli era un eclettico di tendenze positivistiche che risentì fortemente l'influsso del materialismo volgare. Il marxismo, per lui, non era che un completamento sociologico dell'evoluzionismo di Darwin e Spencer (ad es. la lotta di classe non è che una forma di selezione naturale). Ferri in pratica riduceva le leggi storico-sociali a leggi naturali e interpretava quest'ultime in termini esclusivamente sociali. Il socialismo italiano, fino alla I guerra mondiale non ebbe alcun teorico marxista di rilievo, eccettuato Labriola. Dopo la morte di quest'ultimo esso cadde per più di un decennio sotto l'influenza di concezioni riformiste e anarco-sindacaliste (conseguenza del fatto che in filosofia s'era lasciato influenzare dal tardo positivismo).

f) *L'ideologia religiosa all'inizio del XX secolo*

La borghesia abbandonò il positivismo nel primo decennio del XX sec., diversamente da quanto stava accadendo nel resto dell'Europa. Di fronte a sé non aveva molte alternative: una di questa era la filosofia religiosa. Il positivismo infatti risultava del tutto inaccettabile ai vecchi gruppi politico-religiosi collegati colla Chiesa cattolica. Inoltre il positivismo era stato accettato dal nascente socialismo italiano (se si esclude Labriola).

Tuttavia, il compromesso ideologico, all'inizio del secolo, non poté essere raggiunto neppure sulla base dell'ideologia cattolica, per via delle tradizioni anticlericali del Risorgimento, non ancora dimenticate dalla borghesia, abituata a considerare il Vaticano come un nemico dell'unità e indipendenza italiana. Questo però non impedirà alla borghesia di simpatizzare, già verso la fine del XIX sec., per le dottrine irrazionalistiche e mistiche in funzione antisocialista.

Dal canto loro, gli esponenti del movimento cattolico più lungimiranti tentarono di democratizzare la politica e l'ideologia ecclesiastiche per realizzare meglio il compromesso con la borghesia (si pensi alla nascita del movimento cattolico e più tardi del partito popolare). Ma la curia papale non vide mai di buon occhio questi tentativi (essa ad es. represse brutalmente il cosiddetto movimento "modernista"). Solo a partire dall'enciclica di Leone XIII, *Rerum novarum* (la prima delle encicliche *sociali*), la Chiesa, riconoscendo il tomismo come propria filosofia ufficiale e accostandosi per la prima volta alla questione operaia e alle libertà borghesi, iniziò a percorrere la strada del rinnovamento interno, anche se il neo-tomismo non ebbe influenza sensibile - nonostante il suo razionalismo e naturalismo - sulla filosofia italiana.

Sul piano della filosofia religiosa ebbero senz'altro maggiore importanza alcuni sistemi oggettivo-idealistici "non ortodossi", come quelli di Bernardino Varisco e soprattutto Piero Martinetti. Quest'ultimo, in particolare, propendeva per il panteismo idealistico, considerando Dio come "ragione infinita" o "principio universale unificatore del mondo"; inoltre, a differenza dell'altro, fu un fiero avversario del fascismo.

In ogni caso, nessuna corrente della filosofia religiosa fu in grado di colmare il vuoto aperto dal crollo del positivismo. Così, altre correnti cercarono d'inserirsi nel dibattito di quegli anni: quelle irrazionalistiche e nazionalistiche (che condurranno all'ideologia fascista), quella neokantiana e quelle soggettivo-idealistiche.

g) *Il pragmatismo in Italia*

Per un certo tempo ebbe successo il pragmatismo, diviso in due tendenze abbastanza diverse. La prima, di Giovanni Vailati e Mario Calderoni, era vicina alle posizioni di Peirce, Berkeley e Mach, ed era caratterizzata da una spiegazione meramente strumentale delle leggi delle scienze naturali e sociali, che hanno un significato solo nella misura in cui sono efficaci come mezzo di previsione: cioè il significato di qualsiasi conoscenza, processo, ecc. del presente sta nella sua realizzabilità nel futuro.

In particolare Vailati (1863-1909) formulò idee che anticiperanno quelle del Circolo di Vienna. Egli infatti avanzava l'esigenza di verificare i significati dei concetti scientifici, cioè la loro fondatezza e quindi comprensibilità, e a tale scopo poneva il problema di come creare un linguaggio comune, che andasse al di là di quello ordinario, spesso fuorviante ai fini della scienza. Senza analisi linguistica era per lui impossibile uno sviluppo del pensiero scientifico. Le sue idee però ebbero un'influenza del tutto insignificante, soprattutto dopo l'affermazione dell'idealismo neohegeliano.

L'altra tendenza pragmatista è collegata ai nomi di Giovanni Papini e Giuseppe Prezzolini e alla rivista "Il Leonardo", da essi pubblicata nel 1903-7 (cui collaborarono anche Vailati e Calderoni). Si trattava di un indirizzo meno scientifico, più pseudorivoluzionario. Essi proclamavano la distruzione della vecchia filosofia e la costruzione di una "filosofia dell'azione", volta a trasformare il mondo. In realtà tale filosofia non faceva che anticipare, con la sua retorica e demagogia, le idee e la politica del fascismo.

Papini e Prezzolini divulgarono il pragmatismo anglo-americano. Le loro idee individualistiche e irrazionalistiche erano vicine alla filosofia di James e Schiller. Per loro il pragmatismo non era che un metodo di azione e di vita, compatibile con qualunque filosofia e religione. Essi infatti negavano qualunque posizione gnoseologica o etica, tranne lo strumentalismo utilitaristico (ogni teoria può essere trasformata, se questo è utile). Col tempo, Papini si volse alla religione e alla mistica; Prezzolini passò all'idealismo neohegeliano e al completo nichilismo.

Nel complesso il pragmatismo può essere considerato un fenomeno alquanto transitorio in Italia. Il carattere estremista, frammentario e superficiale delle concezioni di Papini e Prezzolini non poteva soddisfare l'intellighenzia borghese, alla ricerca di una forma sintetica di sistema ideologico. Mentre l'altra tendenza pragmatista era per la borghesia troppo accademica e astratta. Il pragmatismo tornerà di moda in Italia dopo la II guerra mondiale, con l'influenza delle idee di Dewey e naturalmente con la caduta del neohegelismo, che avverrà tra il 1940 e il 1950.

Il neoidealismo italiano

Le classi dirigenti italiane riuscirono a trovare il compromesso ideologico, all'inizio del Novecento, nel neoidealismo hegeliano di Croce e Gentile. Si trattava di un sistema elaborato e qualificato, la cui sostanza consisteva: nella lotta contro il materialismo e il marxismo, nella giustificazione del sistema sociale esistente, nell'unificazione di diversi indirizzi ideologici conservatori, nell'affermazione della cultura borghese laica ma non anticlericale.

Il neohegelismo sorse alla fine dell'Ottocento in Inghilterra, ma solo in Italia manifesterà un'influenza molto vasta sulla cultura nazionale della penisola. Negli altri paesi fu soltanto uno degli indirizzi filosofici, spesso neppure quello fondamentale, mentre in Italia si trasformò, nel giro di pochi decenni, da fenomeno esclusivamente filosofico a "egemone" della cultura e dell'ideologia borghesi.

Benedetto Croce (1866-1952) e Giovanni Gentile (1875-1944) determinarono la struttura di tutta la scuola italiana, l'organizzazione delle facoltà universitarie, la fine del pensiero e della ricerca scientifici, diressero influenti riviste di teoretica, esercitarono una forte influenza sull'orientamento della stampa, furono a capo di alcune delle maggiori iniziative editoriali e culturali (si pensi all'Enciclopedia italiana o ai libri di filosofia pubblicati dalla Laterza).

Il neohegelismo seppe conciliare i sentimenti religiosi con l'anticlericalismo popolare, motivi positivistici e pragmatisti coll'idealismo; si pose a fondamento teorico-politico del liberalismo con Croce e del fascismo con Gentile, e dell'imperialismo della borghesia.

Croce e Gentile: unità e diversità

I punti di fondamentale contatto tra i due sono:

1) *Alla destra di Hegel*

Al suo nascere, il neohegelismo italiano appare subito consequenziale, battagliero, privo di compromessi. Persino l'idealismo di Hegel, per non parlare di quello kantiano, viene giudicato dualistico e incoerente (Hegel ad es. assegnava alla natura una parte dello spirito). Croce e Gentile si riproponevano di fondare una filosofia dello spirito puro e conseguente: il primo in forma oggettivo-idealistica, il secondo in forma soggettivo-idealistica. Lo "spirito assoluto" di Croce si differenzia poco dall'"Io universale" di Gentile. A dir il vero Gentile cercò di trasformare l'"Io assoluto" di Fichte nell'Io personale (il "mio io"), ma l'impresa non gli riuscì, temendo egli di cadere nel solipsismo.

Entrambi negavano risolutamente l'esistenza del mondo materiale. Lo spirito è tutto il reale e l'unica filosofia possibile è quella dello spirito - così Croce. Gentile identificava la realtà con l'Atto (donde "attualismo"). L'Atto è il "pensiero pensante", cioè processo creativo che avviene in ogni istante, mentre il reale è il "pensiero pensato", cioè esaurito, pietrificato. Il pensiero attuale pone tutto nel momento in cui pone se stesso, non ha nulla di antecedente, non è oggettivabile, è libero e indeterminabile. L'idealismo è negazione di ogni realtà che si opponga al pensiero come suo presupposto, ma è anche negazione dello stesso pensiero quale attività pensante, se concepita come realtà già costituita. L'idealismo è perenne creatività.

2) *La critica delle cosiddette "filosofie trascendenti"*

Dalla posizione di un simile immanentismo assoluto, l'idealismo neohegeliano attacca il materialismo (specie quello marxista) e la filosofia religiosa, sulla base della motivazione che entrambe ammettono l'esistenza di qualche cosa esterno allo spirito (la materia, Dio), per cui sono trascendenti. La realtà invece va affermata come spirito e lo spirito coincide col mondo.

Il tentativo di Croce e Gentile è dunque quello d'indirizzare contro il materialismo gli atteggiamenti anticlericali, associando il materialismo a una filosofia teologica. Tuttavia, se nei confronti del materialismo la loro ostilità è netta e sempre lo sarà, non si può dire lo stesso nei confronti della religione. In effetti, sia Croce che Gentile non hanno mai inteso negare Dio, l'anima o l'immortalità, ma solo la concezione tradizionale, ecclesiastica di questi concetti. Gentile era attirato dalla considerazione di un "Dio nel mondo", Croce da quella del "mondo in Dio". È peraltro famoso l'articolo di Croce, *Perché non possiamo non dirci cristiani*.

I neohegeliani han sempre ritenuto la filosofia idealistica come l'autentica religione che libera il cristianesimo dal primitivo involucro fantastico-mitologico e ritualistico. Inoltre essi credevano che le religioni tradizionali fossero una tappa nel movimento dello spirito verso la vera religione. Infine essi predicavano che la religione negata dal filosofo, in quanto forma primitiva di coscienza sociale, è indispensabile al popolo. Malgrado molti loro libri venissero messi all'Indice dalla Chiesa, i neohegeliani contribuirono a rafforzare le posizioni della religione nella società. Croce e Gentile introdussero, p.es., nelle scuole l'insegnamento obbligatorio della religione. E così, nonostante l'accanita polemica con la Chiesa e la critica della religione ufficiale, il neohegelismo ha nel complesso predicato il passaggio del pensiero borghese dall'anticlericalismo volgare della fine dell'Ottocento alle posizioni dell'ideologia religiosa. Non a caso la maggior parte dei rappresentanti dello spiritualismo cristiano sono stati in passato allievi di Gentile.

3) *La critica della scienza*

La negazione della realtà del mondo materiale e della natura ha portato logicamente alla negazione del valore teoretico delle scienze naturali, che vengono considerate, d'ora in avanti, su un piano meramente convenzionale, strumentale, pratico-utilitaristico. Sotto questo aspetto, il neoidealismo italiano ha ripreso le tradizioni del pragmatismo e si è inserito tra quei sistemi filosofici antiscientifici d'inizio secolo, come il bergsonismo, la fenomenologia, l'esistenzialismo, lo spiritualismo cristiano... Per Croce e Gentile, Hegel avrebbe dovuto negare qualunque valore alle scienze naturali e alla matematica. La vera scienza è solo la filosofia idealistica.

In particolare, Gentile includeva la scienza ora in uno ora nell'altro dei due momenti inferiori della triade: arte-religione-filosofia; e la escludeva dalla sfera della conoscenza vera e propria, concreta, sintetica. Sia Gentile che Croce ritenevano la scienza un'elaborazione astratta, analitica, diretta a un oggetto irreale. La conoscenza vera è l'autocoscienza dell'io. La scienza produce solo "pseudo-concetti", aventi carattere pratico-mnemonico, utili strumenti per la generalizzazione di gruppi o classi di fatti empirici, ma senza alcun nesso con la realtà. In tal senso, il neoidealismo si serviva anche del convenzionalismo positivistico di Poincaré, Mach, Avenarius..., venendo incontro alle posizioni della religione.

4) *La riforma della dialettica hegeliana*

Base comune in Croce e Gentile era la critica mossa alla dialettica hegeliana d'essere astrattamente oggettiva, formalistica, non sufficientemente speculativa, estesa arbitrariamente all'inesistente mondo materiale e alla sfera delle scienze naturali.

In particolare Croce accetta la coincidenza assoluta hegeliana di realtà e razionalità, di essere e dover essere. La realtà per Croce s'identifica con la storia, che è storia dello spirito (storicismo assoluto).

Nella struttura dello spirito Croce pone una distinzione essenziale tra momento pratico (economia ed etica) e momento teoretico (estetica e logica). La filosofia è sempre della conoscenza e dell'azione: quella della conoscenza si serve dell'*intuizione* (conoscenza individuale immediata che produce arte: il *bello*) e della *logica* (conoscenza universale che produce filosofia: il *vero*). La filosofia della pratica invece si serve del concetto di *utile* quando è individuale (*economia*) e del concetto di *bene* quando è universale (*etica*).

Croce dunque nega la triade hegeliana di idea, natura e spirito e afferma solo lo spirito, che è appunto distinto in una diade: pratica e teoretica. Negando la triade Croce nega anche la dialettica degli opposti, accettandola soltanto, in via del tutto formale, all'interno di una medesimo grado o forma dello spirito (ad es. un giudizio teorico può essere vero o falso), ma non l'accetta tra i diversi gradi o forme dello spirito (ad es. l'arte non è il contrario della filosofia). Peraltro l'opposizione all'interno di una medesima forma o grado implica il condizionamento reciproco dei due termini che si oppongono, non il superamento dell'uno nell'altro (ad es. non c'è bello senza brutto).

Non solo, ma i primi due gradi dello spirito (estetica e logica) sono indipendenti rispetto agli altri due (economia ed etica). È piuttosto l'attività pratica che è condizionata dalla conoscenza che la illumina, e nell'attività pratica l'economia condiziona l'etica, mentre in quella teoretica l'arte fornisce alla filosofia il linguaggio, cioè il mezzo della sua espressione. L'indipendenza implica la diversità, la dipendenza implica l'unità (è la dialettica dei distinti).

In Croce la dialettica è una semplice manifestazione del rapporto circolare dalla diversità all'unità. Croce ha cercato la conciliazione degli opposti proprio per eliminare la funzione rivoluzionaria della dialettica. Lo sviluppo è per lui un eterno movimento circolare e non un progresso all'infinito. In tal modo le contraddizioni storico-sociali non appaiono più come tali, ma come parte di un processo circolare inevitabile.

Gentile invece elimina l'opposizione non nel rapporto tra le forme della filosofia ma all'interno dello stesso soggetto pensante. Il mondo reale per lui è l'unità assoluta dell'Io nell'Atto del pensiero. L'oggettività cioè non sta nel pensiero-pensato (che diviene così oggetto di contemplazione), ma nel pensiero-pensante (che può essere solo vissuto come autocoscienza del soggetto trascendentale o Io assoluto). L'Attualismo è la creatività perenne del pensiero che pone se stesso senza mai oggettivarsi, perché non vuole essere limitato da alcunché. L'Atto è autoposizione, autoctisi. Le distinzioni valgono solo per il pensiero-pensato e sono quindi relative. Assoluta invece è l'unità del pensiero-pensante. (Il ritorno a Fichte è evidente).

5) *La prassi mistificata*

Il neohegelismo italiano ha esordito criticando non Hegel ma Marx: Croce con *Materialismo storico ed economia marxista* (1900), Gentile con *La filosofia di Marx* (1899). Entrambi hanno ripreso il concetto marxiano di "prassi" e l'hanno rielaborato mostrando che la loro riforma, in realtà, aveva per oggetto la dialettica hegeliana. Tuttavia, prima di riformare la dialettica hegeliana, essi han dovuto rivedere la prassi marxista, che di quella dialettica pretendeva d'essere lo svolgimento più coerente.

Sia Croce che Gentile, in questo senso, comprendono perfettamente che la dialettica non può essere astratta e contemplativa (come finiva appunto col diventare in Hegel, non volendo questi accettarne le conseguenze più rivoluzionarie). Filosofia e prassi per il neoidealismo vengono a coincidere. In Gentile ciò avviene nell'Atto di un pensiero che pensa se stesso; e in questa autoesaltazione mistica dell'Io, Gentile arriverà a sostenere il volontarismo irrazionalistico del fascismo (vedi il suo culto idolatrico per il duce e per gli istinti irrazionali delle masse).

In Croce la soluzione è meno semplicistica e più contraddittoria:

egli accetta la categoria marxiana di "prassi" ma la riferisce esclusivamente all'attività economica (all'*utile*), non a quella politico-rivoluzionaria. La prassi non è che una delle manifestazioni dello spirito e in questo senso non è la filosofia che deve "inghiottire" la storia - dice Croce, riferendosi a Gentile -, ma il contrario. Per Croce il concetto di prassi si risolve nello storicismo assoluto, cioè la storia diventa il *deus ex-machina* in grado di risolvere ogni contraddizione (di qui la sua teoria del provvidenzialismo). Tuttavia, Croce ha sempre negato ogni importanza ai fattori materiali, produttivi, della storia.

6) Altri aspetti

6.1) *La teoria dell'arte*

In Croce il primo momento dello spirito universale è l'*intuizione*, ma questa è veramente estetica solo quando ha un principio vitale che l'anima: il *sentimento*. La vera intuizione non è sensazione o percezione ma espressione pura, profonda, senza predicazioni logiche o astratte. Il risultato è il prodotto artistico.

L'intuizione esclude la distinzione tra realtà e irrealtà. L'arte non ha nulla a che fare con l'utile, il piacere, il dolore, la morale, la buona volontà, la religione, il mito. Scopo dell'arte è la *bellezza*: essa è quindi assolutamente autonoma. L'arte è sempre intuizione lirica perché prodotto sintetico a priori di sentimento e immagine. Senza immagine il sentimento è cieco, senza sentimento l'immagine è vuota. L'arte non accoglie i sentimenti così come sono, ma li trasfigura in pura forma, cioè in immagini che rappresentano la liberazione dall'immediatezza e la catarsi della passionalità.

L'intuizione senza espressione è nulla. L'espressione tecnica non coincide di per sé con quella artistica. L'espressione prima e fondamentale è il *linguaggio*, che non è segno convenzionale delle cose, ma immagine significante spontaneamente prodotta dalla fantasia. Poesia e linguaggio s'identificano. Naturalmente l'intuizione estetica ha un carattere di totalità e cosmicità. Il sentimento guarda l'universo *sub specie intuitionis*. Ciò che vi è di fondamentale nell'espressione poetica (che è la più alta forma intuitiva) è il *ritmo*.

Croce contesta il romanticismo che insiste solo sul sentimento; il classicismo che insiste solo sull'immagine; il decadentismo che con la sua formula "l'arte per l'arte" è vuoto. Delle quattro espressioni possibili: sentimentale, prosastica, letteraria e poetica, Croce preferisce l'ultima, perché: quella sentimentale è priva di contenuto, non riuscendo a superare il sentimento (nell'espressione poetica il sentimento viene espresso insieme alla forma); quella prosastica è come quella filosofica, dando luogo a simboli o segni di concetti che non esprimono immagini o intuizioni; quella letteraria si limita ad armonizzare le espressioni poetiche con quelle non-poetiche (passionali, prosastiche, oratorie) in modo che quest'ultime non offendano le altre.[23]

Gentile invece accetta la suddivisione hegeliana di arte-religione-filosofia per quanto concerne le manifestazioni dello spirito assoluto. L'arte per lui è il momento della soggettività, è il sentimento che l'Io trascendentale ha nella propria soggettività. In questo senso ogni prodotto artistico è una monade che non ha storia: non ha cioè senso una "storia dell'arte" poiché non esiste un inveramento temporale dell'arte. Ogni opera d'arte ha una storia irriducibile a un più ampio disegno storico.

La religione e la scienza sono invece il momento dell'oggettività, poiché annullano il soggetto nell'oggetto (Dio per l'una: dogmatismo; Natura per l'altra: naturalismo). Entrambe vengono superate dalla filosofia che è sapere assoluto, unica vera realtà autocosciente.

6.2) *Teoria della storia*

In Croce storia e filosofia coincidono: ogni racconto o episodio storico include il concetto filosofico; ogni sistema filosofico aiuta a comprendere la realtà storica. La filosofia è la metodologia della storia. Individuo e idea non possono essere presi separatamente. La filosofia tradizionale, per Croce, è morta, essa è risorta nella storiografia.

Nessuna distinzione è possibile tra fatti storici (significanti) e fatti non-storici (banali), in quanto non esiste un fattore determinante o prevalente su altri. Nessun fattore è fondamentale. La storia, come la poesia, la coscienza morale, il pensiero, non hanno leggi, non hanno necessità. Ogni ricerca delle cause dei fatti storici va abolita. Né ha senso una periodizzazione oggettiva del processo storico. Croce vuole escludere la possibilità della prevedibilità storica, nonché qualunque teoria scientifica dello sviluppo sociale. Il giudizio storico riguarda solo il passato. La storia è solo una serie di fenomeni singoli, individuali, irripetibili, una serie di atti creativi dello spirito universale. L'ordine e l'unità dei fatti storici sono introdotti dallo storico e pertanto hanno valore solo logico.

Naturalmente Croce non nega alla storia delle cause specifiche,

---

[23] Da notare che tutta la svalutazione dei fattori sociali, morali, politici, della comunicazione concreta, delle tecniche materiali nella comprensione del fenomeno artistico deriva dall'estetica crociana, che ha pesantemente influenzato la cultura italiana almeno sino alla contestazione del Sessantotto.

dice però che tali cause ci sfuggono. Lo spirito universale è l'unico soggetto-oggetto della storia, esso ha un piano che può realizzarsi in persone eccezionali, secondo un criterio di provvidenzialità che ci resta ignoto, anche se l'uomo può sforzarsi di comprenderlo. Il processo storico, per Croce, è senza persone e senza fatti salienti che indichino una qualche direzione logica; oppure è un frammentarsi della storia in situazioni particolari e individuali.

Il concetto di storia in Croce è analogo a quello dell'Io trascendentale di Gentile. L'Io è l'unica realtà, assolutamente libera, non condizionata, e non ricade sotto leggi di qualsiasi natura. Gentile riconosce la realtà del solo momento presente e nega il passato.

6.3) *Teoria dello Stato e del diritto*

Croce identifica diritto con utilità e forza. Riconosce l'esistenza di diritti immorali persino ad associazioni delittuose: il diritto di quest'ultime è subordinato a quello della società poiché la forza le costringe, ma il diritto resta.

Il diritto non è morale né immorale ma amorale, in quanto precede la vita morale e ne è indipendente. Esso è espressione della forza impiegata per raggiungere un utile; è condizione della morale nel senso che questa, per esprimersi, ha bisogno di tradursi in utilità e forza.

Lo Stato è l'applicazione del diritto. Esso si attua nel governo e non se ne distingue. Nello Stato il consenso è sempre forzato. Morale e politica sono al di là del bene e del male.

Tuttavia, l'esperienza del regime fascista e l'opposizione ad esso ha favorito la trasformazione in Croce del rapporto tra morale e politica. Egli cioè ha maturato la convinzione che la vita politica deve realizzare un impegno morale che al suo centro ha l'idea di libertà (religione della libertà). La stessa concezione della storia diventa quella di una storia della libertà (che diventa il vero soggetto creativo, ideale morale della storia).

La libertà però continua a restare solo quella giuridico-morale o formale, cui Croce non aggiunge mai quella socio-economica o sostanziale. Non a caso Croce ha sempre difeso la necessità dei rapporti feudali e semifeudali nel Meridione, ha sostenuto che nel capitalismo di allora si era raggiunto il massimo grado di libertà possibile per i lavoratori, ha sempre appoggiato il gerarchismo sociale (solo un'élite aristocratica può governare), la monarchia e l'uso statale della forza contro le rivendicazioni dei lavoratori.

Gentile invece afferma l'identità di individuo e Stato, nel senso che il primo si realizza nel secondo, trovando in questo la sua ragion d'essere. Economia, diritto e vita politica sono risolti nell'eticità statuale. Gentile era convinto che con lo Stato fascista egli avrebbe potuto realizzare la propria filosofia. Come continuatore della Destra storica (che era caduta nel 1876), il fascismo - secondo Gentile - avrebbe dovuto compiere l'opera del Risorgimento spiritualista (giobertiano e mazziniano) che aveva sempre anteposto la patria - sempre secondo lui - all'idolo della libertà (di qui la religione della patria).

La riforma della scuola fu uno degli impegni etico-politici più rilevanti di Gentile. La nuova scuola non doveva essere né confessionale (che educa all'intolleranza) né laica (che educa all'indifferenza), ma una scuola che offre un'educazione religiosa nelle elementari e un'educazione filosofica nei licei, che fosse quest'ultima portatrice di una religiosità immanente, superiore alla religione tradizionale. Il superamento veniva però riservato ai pochi che allora potevano frequentare i licei. Questo rapporto ancillare della religione nei confronti della filosofia deriva dal fatto che Gentile aveva accettato la posizione di Giordano Bruno.

Gentile sostiene anche una netta separazione tra lavoro intellettuale e manuale.

6.4) *Il rapporto col fascismo*

Nonostante la decisione di passare all'opposizione, Croce può essere considerato, non meno di Gentile, un precursore del fascismo. L'apologia della violenza, delle guerre, del machiavellismo politico, contenuta negli scritti del periodo della I guerra mondiale rientrò nella dottrina fascista come un elemento fondamentale. Prima che Mussolini andasse al potere egli sosteneva la militarizzazione delle squadre fasciste (in funzione antisocialista); con Giolitti al governo preparò un progetto per la riforma scolastica (successivamente realizzato da Gentile) che Mussolini definì "profondamente fascista" nel suo spirito; votò più volte per Mussolini al senato (anche dopo l'assassinio di Matteotti) e via di seguito.

Se più tardi Croce superò le proprie illusioni nei confronti del fascismo, ciò non significa che la sua posizione divenne più progressista. Da un lato infatti la sua filosofia della "libertà" poteva garantire agli intellettuali l'ultimo spiraglio di opposizione al regime; dall'altro però la sua posizione attendista, cioè di astensione dalla lotta attiva contro il regime, la sua estraneazione nella filosofia astratta, nelle ricerche storiche particolari, nella speranza di una caduta automatica della dittatura, ostacolarono di fatto la lotta antifascista. Inoltre Croce fruì da parte del regime di una certa libertà proprio perché continuò per tutta la sua vita a polemizzare aspramente con le idee del socialismo.

L'antifascismo "escatologico" di Croce era, in questo senso, analogo a quello cattolico, secondo cui la non-adesione doveva servire per evitare che la crisi futura del fascismo coinvolgesse anche lo Stato monarchico. Si trattava di un antifascismo conservatore, per il quale il regime autoritario non era che un fenomeno "casuale" nella storia italiana, destinato a estinguersi da solo. Nell'analisi di Croce mancavano completamente i riferimenti alle cause storico-sociali che l'avevano generato. Egli in pratica non aveva aderito al fascismo più che altro per motivi personali, non ideologici.

Viceversa, Gentile aderì immediatamente al fascismo e non ebbe mai ripensamenti (sarà ucciso dai partigiani di Firenze per la sua rinnovata adesione alla Repubblica di Salò). Nonostante ciò e nonostante ch'egli fosse stato anche ministro del governo di Mussolini e che la parte filosofica della voce "Fascismo" da lui scritta per l'Enciclopedia italiana (e pubblicata sotto la firma di Mussolini) fosse l'esposizione ufficiale più autorevole della dottrina filosofica del fascismo, Gentile non riuscì mai ad ottenere che le sue idee filosofiche fossero riconosciute come ufficiali dello Stato.

Queste idee infatti erano troppo raffinate, ricercate e anche troppo paradossali perché la loro influenza si estendesse al di là dei circoli intellettuali. D'altra parte il fascismo non ebbe mai una propria dottrina filosofica pienamente elaborata. Essa era composta da idee di vario genere, mutuate da diverse parti: mistico-religiose, irrazionalistiche, nazionalistiche, positivistiche, neohegeliane, sindacalistiche, corporativistiche, ecc. Gli immediati ispiratori dell'eclettica ideologia fascista vanno piuttosto cercati in Corradini, D'Annunzio, Marinetti, il sociologo Vilfredo Pareto e altri.

Il fascismo eserciterà maggiore influenza sulle masse come dottrina mistica e irrazionale, in cui l'uomo è visto nel suo immanente rapporto con una "legge superiore", una "volontà obiettiva". Siccome esso si oppose sempre alle correnti materialistiche dei secoli XVIII e XIX, la sua valorizzazione del pensiero scientifico fu poco significativa. Questo d'altra parte permise al fascismo d'ottenere l'appoggio delle correnti religiose neo-scolastiche e neo-tomistiche (Gemelli, Olgiati, ecc) e spiritualiste cristiane (ad es. Armando Carlini), nonché l'appoggio di quelle irrazionalistiche, razzistiche, ecc.

La miseria ideologica del fascismo costituiva una delle cause che fece propendere molti intellettuali borghesi per l'idealismo neohegeliano. A causa inoltre del fatto che tale idealismo tendeva a isolare ideologicamente la nazione, preservandola dagli influssi stranieri, ritenuti nocivi in quanto già superati dal neohegelismo, quegli intellettuali erano convinti di trovarsi al centro di un grande movimento culturale (un movimento che aveva eliminato dal panorama culturale italiano intere branche delle scienze umane, come la sociologia, il marxismo, le indagini sulla logica ecc.).

Il ruolo duplice e contraddittorio del neohegelismo italiano (che permetteva nel contempo d'essere pro e contro il fascismo) è stato insieme il suo limite e la ragione del suo successo. Con gli sforzi energici intrapresi per sprovincializzare il pensiero filosofico e la cultura italiana, il neoidealismo poté attirare nella sua orbita tantissimi intellettuali che credevano, pur in presenza del fascismo, di costituire una novità assoluta a livello europeo. Chi riuscì a comprendere il lato conservatore e passivo di questa filosofia, o passò all'opposizione antifascista vera e propria, o cercò di superare i limiti teorici del neoidealismo.

Il dibattito sul neoidealismo in Italia

L'idealismo di Croce e Gentile dominò la scena filosofica tra le due guerre: Gentile conquistò soprattutto il pubblico filosofico, Croce risultò la figura dominante nel più vasto campo della cultura.

I movimenti filosofici di opposizione (più o meno forte) a questa corrente furono: lo spiritualismo di Carabellese, Martinetti e Varisco; il movimento neoscolastico di Gemelli, Olgiati, Bontadini, Vanni Rovighi (neotomismo); la fenomenologia di Paci (allievo di Banfi); l'epistemologia di Aliotta, che da Napoli diffuse i temi del neorealismo anglosassone e del pragmatismo; da Milano Banfi diffuse lo storicismo tedesco, la fenomenologia e l'esistenzialismo; Pareyson e Abbagnano furono gli esponenti principali dell'esistenzialismo; tracce di anticrocianesimo si individuano nelle due riviste "La Voce" e "Leonardo" (Prezzolini, Papini, Serra, Borgese...); un anticrocianesimo programmatico nella rivista "Cronache letterarie". Ma lo sbocco privilegiato per molti pensatori di formazione idealistica, quando l'idealismo entrò in crisi, fu il marxismo di Gramsci, il cui pensiero cominciò ad essere diffuso dopo la fine della II guerra mondiale.

Tra i numerosi seguaci di Croce non ci sono figure di rilievo, anche se ancora oggi l'influenza metodologica delle sue dottrine si fa sentire nella storiografia, nella critica letteraria, nella storia dell'arte, nella linguistica. Le idee filosofiche di Gentile hanno invece continuato ad esercitare un certo influsso nell'ambito del pensiero filosofico borghese, specie in Gennaro che è approdato a posizioni solipsistiche, in Ugo Spirito e Guido Calogero, che hanno rappresentato la sinistra gentiliana approdata al problematicismo e all'onnicentrismo. La sinistra in pratica trasformò l'idealismo da assolutistico a relativistico. Il neoidealismo continuò a sopravvivere nella filosofia religiosa di Del Noce, Olgiati, Fabro, Bontadini e altri. Lo scopo era quello di conservare l'anticomunismo del neoidealismo abbandonando invece le sue posizioni agnostiche, immanentistiche e panteistiche.

Ulteriori osservazioni critiche sulla filosofia gentiliana

Gentile rimase abbacinato dal concetto marxiano di "prassi". Solo che, siccome si sentiva aristocratico, o comunque proveniva da una cultura che faceva dell'aristocrazia intellettuale il massimo obiettivo da perseguire, invece di mettere la prassi al servizio delle classi marginali, l'ha messa al servizio dello Stato totalitario fascista.

Il suo attualismo si rifà in pieno all'idealismo soggettivistico di Fichte, con questa differenza, che Fichte vedeva lo Stato prussiano come una vecchia cariatide da rottamare, proprio a motivo del fatto che con la rivoluzione francese era emerso uno Stato più democratico; Gentile invece vedeva lo Stato fascista come il superamento di quello Stato liberale mostratosi incapace di risolvere le contraddizioni dell'ancora giovane capitalismo italiano. Ecco perché il suo *Io pensante* s'identifica immediatamente con lo Stato, producendo quel singolare connubio tra soggettivismo di Fichte e *Filosofia del diritto* di Hegel.

L'attualismo gentiliano è in un certo senso la dimostrazione più eloquente di quali esiti totalitari avrebbe potuto portare uno svolgimento coerente delle concezioni giuridiche di Hegel, per il quale lo Stato è tutto, essendo *etico*, e l'individuo non è che una mera astrazione, il cui compito è soltanto quello di rispettare le leggi e di obbedire alle autorità costituite. All'apparenza Gentile sembra più superficiale di Croce; invece è più concreto, più politico, più coerente con la sua filosofia.

Gentile non amava il "pensiero pensato", cioè il passato, la storiografia di cose già accadute; egli preferiva il "pensiero pensante", cioè quello che agisce nel presente e lo fa in maniera politica (e anche in maniera pedagogica). Sulla scia di Marx egli aveva capito che una filosofia che non diventa politica, non vale nulla: in tal senso si può dire ch'egli avesse veramente voluto "riformare" Hegel, il quale evitava di porre una stretta relazione tra filosofia e politica, sentendosi egli più filosofo che politico. Hegel s'era accontentato di vedere la sua filosofia posta al rango di filosofia ufficiale dello Stato prussiano, lasciando poi alla politica il privilegio di trovare concretezze e mediazioni. Gentile invece ha voluto metter mano, come ministro della pubblica istruzione, a un'intera riforma della scuola e dell'università, creando persino un'*Enciclopedia Italiana*, cioè nazionale, di tutto il sapere.

Come filosofo era sicuramente ateo, in quanto riteneva che né Dio né la natura avessero alcuna realtà autonoma al di fuori del pensiero soggettivo. La Chiesa romana aveva capito perfettamente la natura di questo ateismo (per quanto mai esplicitato espressamente), tant'è che nel 1934 il Sant'Uffizio gli mise all'Indice le opere, insieme a quelle di Croce. Essendo un idealista antistoricista, poneva Dio e la natura sullo stesso piano astratto: in tal modo però faceva perdere anche alla natura tutta la sua oggettività. Secondo lui infatti la natura in sé non ha alcun significato, poiché ne acquista solo nella misura in cui vi è un soggetto che l'interpreta e se ne serve. In questo diceva le stesse cose di Berkeley o di Kant o dell'empiriocriticismo.

La politica, nella sua concezione filosofica, doveva essere *ideologica*, anche se di un'ideologia che si va continuamente facendo. Non a caso per lui non vi era neppure distinzione tra Stato, società civile e famiglia, e in questa stretta identificazione il soggetto, senza un riferimento statuale preciso, veniva considerato un nulla. Lo Stato non lo pensava né laico (laicità per lui vuol dire "indifferenza") né confessionale (in senso religioso), bensì *etico*, filosoficamente fondato, cioè appunto ideologico. E, per affermarsi come tale, lo Stato può ricorrere a qualunque mezzo, anche alla violenza e alla guerra, se necessario.

Aveva una concezione dell'arte più simile a quella hegeliana che a quella crociana, in quanto la subordinava (vedendola come un semplice sentimento dell'infinità soggettiva) alla religione (che pone però l'oggettività all'esterno dell'uomo) e ancor più alla filosofia. Cioè quel che per Gentile costituiva un limite dell'arte (il fatto di essere spontanea), per Croce invece era un pregio, ma in questo Croce andrebbe considerato più vicino a Nietzsche, per il quale l'arte ha qualcosa di misterioso, di inspiegabile, che va lasciato esprimersi liberamente. Gentile invece riteneva che, proprio per questo motivo, l'arte andava vista come uno degli elementi di una realtà più oggettiva che la supera: la prima oggettività era per lui la religione (cosa che Croce non avrebbe mai ammesso), poiché il cristianesimo nega l'autosufficienza della soggettività umana; la filosofia però recupera questa soggettività in forma ancora più oggettiva, trasformando il Dio della religione nello Stato etico.

In un certo senso si potrebbe dire che Gentile non si sia mai reso conto che se tutte le cose sono in *movimento* e quindi l'unica categoria del tempo davvero utile è quella del *presente*, che impedisce al pensiero di pensarsi come pensato, non ha alcun senso una filosofia come *scrittura del pensiero* (e infatti Croce gli disse che la sua filosofia era una sorta di "misticismo"). Gentile aveva ragione quando opponeva il pensiero *pensante* a quello *pensato* (nel senso che non può essere quest'ultimo a dettar legge all'altro), ma non arrivò mai a dire che un pensiero pensante non può fissarsi in nulla, se non appunto limitandosi in maniera contraddittoria: infatti un qualunque oggetto creato dal pensiero è, *ipso facto*, "pensato", cioè fissato una volta per tutte. L'ideale sarebbe di poter rivedere in qualunque momento il proprio pensiero, ma se avvertiamo questa esigenza come una necessità che promana dalla stessa verità delle cose, non ha alcun senso mettere per iscritto il proprio pensiero (ogni determinazione è una negazione). L'attualismo gentiliano, svolto coerentemente, costituiva la morte non solo della filosofia come "pensiero pensato", ma anche di qualunque altra disciplina scientifica, proprio in quanto "disciplina".

Gentile e Marx

Il libro di Gentile, *La filosofia di Marx* (ed. Sansoni, 1974 Firenze), vale la pena di essere preso in considerazione per almeno tre ragioni:
1. Gentile critica la posizione di Croce sul marxismo;
2. Gentile ha la pretesa d'inverare il marxismo in modo attualistico;
3. Augusto Del Noce (il principale esponente dell'integralismo cattolico e discepolo di Gentile, pur con l'accentuazione del lato religioso della filosofia) sostiene la tesi che Gramsci criticando Croce non ha incontrato Marx ma Gentile. Di qui l'altra tesi, corollario della precedente, per cui il gramscismo altro non sarebbe che "un fascismo di sinistra".

Sarebbe in tal senso interessante poter dimostrare che Gentile, criticando Croce (la critica era necessaria a motivo dei limiti del liberalismo di fronte alle contraddizioni dello Stato borghese), non ha incontrato Marx dal punto di vista del marxismo, ma dal punto di vista dell'idealismo hegeliano, e in particolare dal punto di vista della *Filosofia del diritto*, la quale può essere svolta secondo la posizione dell'attualismo.

Altri pregi del libro sono:
1. nel non aver considerato irrilevante (come invece fa Croce) i problemi posti dal marxismo sul piano sociale, politico, economico (e, peculiarità specifica di Gentile, pedagogico);
2. nell'aver saputo criticare lo schematismo accademico del Labriola, cioè la sua posizione meccanicistica.

Il grande limite del libro sta nell'aver sostenuto che l'ontologia del marxismo poteva essere pienamente realizzata solo dal punto di vista dell'idealismo hegeliano.

Dei due saggi il secondo è certamente migliore del primo (in specie i cc V e VI), ma per comprendere bene questo saggio (che in sostanza include tutto l'altro) bisognerebbe leggerlo alla rovescia, partendo cioè dal fondo.

Una critica del materialismo storico (primo saggio)[24]

I) Gentile riconosce che la questione sociale è diventata per molti aspetti di fondamentale importanza, ma sostiene che su di essa si fa molta demagogia: vi speculano sopra i partiti politici, dice. I partiti esaltano

---

[24] La suddivisione è fatta seguendo i capitoli del libro.

poi le masse, che distruggono i due vincoli etici fondamentali: lo Stato e la famiglia. L'eccessiva politicizzazione dei problemi nuoce alla ricerca scientifica, cioè va a detrimento della autentica scientificità degli studi. Già da queste premesse si può vedere la sua impostazione hegeliana.

Per Gentile le condizioni reali della società sono semplicemente il contenuto della formale elaborazione dello spirito; non sono una realtà da assumere al livello della prassi sociale, partecipando a un processo di trasformazione radicale. Gentile è un metafisico e in questo primo saggio egli ricalca le posizioni di Croce. Non vuole entrare nel merito dei problemi, cioè in un'analisi sociale, ma si limita a contestare l'impostazione di fondo che ad essa ha dato il marxismo o le idee socialiste in generale.

Le dottrine socialiste o sociologiche sono per lui fideistiche, dogmatiche, acritiche, arbitrarie nei metodi, utopistiche. Il socialismo ha una sua propria filosofia, la critica della quale è presupposto per una reale comprensione del socialismo e per il suo superamento. La filosofia del comunismo critico (il marxismo) è la concezione materialistica della storia.

Gentile ha la pretesa di comprendere il marxismo da un semplice punto di vista filosofico, e non si rende conto ch'esso è anzitutto *prassi politica*, e che non si può comprendere adeguatamente una filosofia del genere se non ci si lascia coinvolgere in tale prassi, o se comunque non si ammette che la prassi è la *conditio sine qua non* per accettare sino in fondo le idee del socialismo, in quanto è stato proprio in nome di questa che il socialismo scientifico ha avuto la pretesa di superare i limiti della filosofia nel compito di trasformare la realtà. Si ricordi, a tale proposito, quanto dice Hegel a proposito della filosofia nella sua *Recthsphilosophie*, e cioè ch'essa si muove solo *dopo* che gli avvenimenti sono accaduti.

II) Gentile è cosciente delle ambizioni del marxismo: un nuovo metodo d'indagine storica, un nuovo sistema sociale, una nuova spiegazione dell'economia, una nuova filosofia di vita, una pretesa rivoluzione sociale e politica che superi gli antagonismi della società borghese. Il marxismo - di ciò egli si rende perfettamente conto - è una totalità, poiché esso comprende, cioè include, in modo integrale, aspetti teorici e pratici esaustivi. A suo giudizio il più autorevole rappresentante del marxismo in Italia è A. Labriola.

III) Gentile afferma che nella Prefazione dei *Lineamenti fondamentali della critica dell'economia politica* di Marx sta tutto il pensiero e l'opera del comunismo. Gentile però qui dimentica di citare il *Manifesto* e soprattutto la produzione connessa alla istituzione della prima Internazionale, che rappresentano il modo concreto in cui l'analisi dell'*Introduzione* acquistava il suo senso reale. Non ci si può limitare a citare il concetto di rapporto sociale di produzione o di essere sociale, dimenticando quello di *prassi* (già elaborato nelle *Tesi su Feuerbach*), l'applicazione del quale è garanzia minima che permette di evitare il rischio dell'astrattezza e dell'interpretazione riduttivistica (in senso meccanicistico) del marxismo.

Un esempio di questo riduzionismo astratto è dimostrato dal fatto che per Gentile Marx intende l'essere sociale nelle sue condizioni "semplicemente e unicamente economiche". In realtà Marx non separa mai in modo assoluto la struttura dalla sovrastruttura; se lo facesse dovrebbe poi considerare l'economia, cioè il lavoro, come un aspetto in sé alienato e alienante, in quanto vissuto senza "umanità", cioè come puro movimento muscolare.

Se la separazione fra *uomo* e *lavoratore* fosse assoluta la rivoluzione non sarebbe possibile, poiché è proprio nel momento della sovrastruttura che ci si rende conto (a livello teoretico o di autoconsapevolezza) del perché si avverte a livello di struttura una determinata contraddizione e di come è possibile superarla qualitativamente (superamento che però deve avvenire - questo Gentile non lo ammetterebbe senza riserve -, anzitutto sul piano della *struttura*. I tempi di questa rivoluzione possono essere lunghi o corti, ma la preoccupazione principale - quella di cambiare la struttura per poter salvaguardare le necessità dedotte nella sovrastruttura - deve restare immutata. Sperare che la struttura muti da sola, dietro la spinta della sovrastruttura rinnovata è pura illusione, cui neppure il gramscismo è andato del tutto immune). Il limite di Gentile è che resta troppo legato alle posizioni fatalistiche di Vico.

IV) È noto che secondo Croce il marxismo non è assolutamente una filosofia della storia, ma un metodo interpretativo di fatti economici, basato sulla categoria della necessità. Labriola dice invece che è l'ultima filosofia della storia, quella definitiva. Al che Engels obiettava che il marxismo non è una vera e propria filosofia della storia, o almeno non lo è come le precedenti, ma è piuttosto una concezione scientifica della storia, in quanto poggiante su fatti economici imprescindibili.

Gentile invece afferma che il marxismo è una filosofia della storia vera e propria e lo è nel senso tradizionale. Egli infatti vuole dimostrare, con questo saggio, che se il marxismo è una delle tante filosofie della storia, esso può essere criticato e superato da un punto di vista strettamente filosofico.

Le sue conclusioni sono evidentemente sbagliate, perché sono sbagliate le premesse: il marxismo è sì un'interpretazione della storia e quindi una filosofia, ma è un'interpretazione che si fa carico di una trasformazione della realtà borghese. Non può più quindi essere considerato una filosofia della storia in senso tradizionale, proprio in quanto non è più una semplice filosofia, ma piuttosto una prassi sociale, politica e culturale. Come d'altra parte il leninismo aveva già dimostrato nel 1917.

Il marxismo non solo è diverso dalla altre filosofie *metafisiche*, ma anche da tutte le altre filosofie *politiche*, perché sia queste che quelle, in forma diversa, non si sono mai poste il problema di una trasformazione *qualitativa*, cioè radicale dell'esistente, ma solo un miglioramento di tipo *quantitativo*.

La prassi del marxismo è tale per cui, d'ora in avanti, non è più possibile fare filosofia nel modo tradizionale senza avvertire immediatamente questo modo in contraddizione con le esigenze e le necessità del tempo; senza cioè avvertire che l'affronto dei problemi sociali e materiali non può più essere fatto da un punto di vista meramente filosofico.

D'ora in avanti la filosofia avrà senso solo se sarà fatta all'interno della prassi, cioè se si porrà al suo servizio, poiché la prassi è il criterio della verità. Ciò implica che la nuova filosofia non potrà più essere quella di prima (né nella terminologia né nell'impostazione dei problemi). Non esiste più per il marxismo una filosofia legata al concetto in sé, all'idea in sé, alla natura in sé, ma esiste unicamente una filosofia legata al bisogno dell'uomo, un bisogno di natura integrale, che riguarda cioè tutta la sua vita: sociale, culturale, economica, politica, artistica... Se dopo la nascita e lo sviluppo del marxismo si fa ancora della filosofia *borghese*, questa filosofia sarà necessariamente anti-marxista (in modo consapevole o no).

Ora, questa esigenza della prassi è stata sì una scoperta di Marx, ma lo è stata proprio in quanto nella struttura economica del suo tempo esistevano già le condizioni perché si arrivasse a comprenderla. Marx, in quanto intellettuale impegnato in una prassi rivoluzionaria (in specie politica, almeno nel periodo parigino e, a Londra, durante l'Internazionale), ha anticipato i tempi, cioè ha anticipato il fatto che l'esigenza di una prassi rivoluzionaria, al cospetto di una contraddizione sempre più esplosiva tra forze produttive e rapporti sociali di produzione, sarebbe stata inevitabilmente avvertita dal complesso della masse popolari organizzate nel partito comunista. Chi non accetta l'obiettività di tale esigenza si condanna a restare nella retroguardia della storia.

Questa contraddizione non può evidentemente essere affrontata da un punto di vista meramente filosofico (come vorrebbe fare Croce), e neppure da un punto di vista politico che dipende da una filosofia idealistica (come vorrebbe invece fare Gentile, il quale pensa, in tal modo, di superare non solo Marx ma lo stesso Croce). La filosofia metafisica o quella politica dell'ideologia borghese non possono affrontare efficacemente la contraddizione economica-sociale, poiché esse stesse, a loro volta, riflettono sul piano teoretico il sistema che produce quella medesima contraddizione. Qualsiasi regolamentazione della contraddizione prodotta dal sistema borghese, inevitabilmente è destinata al fallimento. Gentile supera sì Croce ma per finire nel totalitarismo fascista e in fondo nel nichilismo.

Separando la teoria dalla prassi e riducendo così il marxismo a semplice filosofia, Gentile non può che giungere a considerarlo come una delle tante filosofie, cioè come uno dei tanti "prodotti ideologici". In tal modo sfugge a Gentile il fatto fondamentale che il marxismo pone appunto in essere la fine delle condizioni materiali e storiche che rendevano possibile il formarsi delle filosofie precedenti e quindi il formarsi di quel meccanismo perverso chiamato "riflesso ideologico", cioè illusorio. L'ideologia pre-marxista si poneva a un duplice livello: come riflesso inconscio falsificato o mistificato e come riflesso conscio falsificante o mistificante. Il secondo riflesso lo si nota soprattutto nei rapporti che l'ideologia borghese ha con quella socialista.

Gentile, continuando a fare astrazione dal comunismo politico-sociale ed economico (limitandosi a parlare di quello *critico*), non riesce a chiedersi in che modo la coscienza sia un prodotto dell'essere sociale. Questo riflesso proprio non riesce a capirlo né ad accettarlo. Per lui resta vera la posizione hegeliana secondo cui l'idea fa il mondo, la coscienza fa l'essere. Se l'*antagonismo* domina nella storia ciò non dipende dall'idea, che è sempre *pura*, bensì dalla volontà degli uomini, dal loro libero arbitrio.

Conseguenza di questo ragionamento è che la pratica del filosofo non è relativa ai bisogni umani, ma unicamente alla speculazione. Il filosofo deve ricondurre l'arbitrio della volontà nell'area della democratica razionalità, ma può far questo solo dal punto di vista filosofico o al massimo politico (lasciando comunque inalterate le condizioni economiche strutturali in cui l'arbitrio si produce e che l'arbitrio stesso ha prodotto). Gentile, come tutto l'idealismo, paga il prezzo della separazione borghese fra lavoro intellettuale e lavoro salariato.

La sua "idea-che-fa-il-mondo" non è legata a situazioni sociali e materiali di bisogno, le cui contraddizioni vanno obiettivamente rilevate e praticamente risolte, ma è legata alla speculazione formale, al filosofare accademico. A suo giudizio, che è il giudizio di tutto l'idealismo, quanto più l'idea è elaborata e sintetica delle posizioni precedenti, tanto più è capace d'incidere nella storia. Quale storia? L'idealista ovviamente risponderebbe "tutta la storia". In realtà l'idea del filosofo borghese ha un effetto solo là dove lo può avere, e cioè solo sul piano della cultura dominante e non sul piano della logica che regola l'attività economica. L'idealista è convinto che con le sue idee si possono risolvere le contraddizioni provocate dall'economia e non può accettare l'idea che tali contraddizioni sono *strutturali* al sistema e quindi *irrisolvibili* stante l'attuale sistema.

L'idealista, di fatto, anche contro tutte le sue migliori intenzioni, in forza della separazione accettata di teoria e prassi, si ritrova a fare gli interessi di quell'arbitrio che pretende di criticare e dì superare a livello culturale. La storia materiale, a dispetto di qualsiasi argomentazione umanistica e democratica affermata in sede teorica, viene sempre portata avanti dal capitalista o imprenditore borghese, che di fatto, se vuole restare borghese, non può tener conto di quelle argomentazioni democratiche e umanistiche. La borghesia ha accettato l'idealismo come propria filosofia sia per opporsi alle riserve etiche della religione cristiana che per legittimare i propri interessi di classe.

Purtroppo Gentile è molto influenzato da Croce (e lo è soprattutto in questo saggio), il quale per primo, in modo organico e non superficiale, ha voluto separare nel marxismo il momento della prassi da quello della teoria, svolgendo così un compito che in Germania aveva iniziato il revisionista Bernstein.

Per il Croce e quindi per il Gentile tutte le previsioni scientifiche del marxismo sono assurde. Solo che Croce, a differenza di Gentile, afferma che questo dipende dal fatto che il marxismo non è una scienza ma un una fede politica (una "passione"), al massimo un metodo d'indagine storica dell'economia. Per Gentile invece il marxismo è una scienza che va superata dal punto di vista scientifico, che per lui coincide con quello filosofico. Per questo motivo egli dimostra una maggiore comprensione della logica del marxismo.

È vero che Gentile intende il fatto economico in maniera meccanica e schematica, in forma contrapposta all'idea hegeliana, e non come un aspetto mediante il quale è possibile dare una nuova interpretazione della stessa produzione intellettuale; e tuttavia egli è pure convinto che il marxismo, nella valorizzazione particolare dell'economia, è in grado di fare delle previsioni scientifiche attendibili, che poi altro non sono che constatazioni di leggi immanenti al processo storico.

Tuttavia il marxismo, per Gentile, può sì indovinare alcuni sviluppi della storia, ma non è detto che debba necessariamente indovinarli tutti, e quelli che indovina non è perché siano *necessari*, ma semplicemente perché se ne è data un'interpretazione corretta. Le previsioni del marxismo sono scientifiche solo in quanto risultano frutto di una elaborazione concettuale; sono scientifiche nella misura in cui sono rigorosamente fondate, non nella misura in cui hanno rigorosamente dimostrato che esiste una tendenza inevitabile nel processo storico. La loro giustezza è quindi di tipo empirico.

Dice infatti a p. 43: "Quando s'è detto che non le ideologie spiegano la storia, ma che sono esse medesime che bisogna spiegare, e s'aggiunge che esse si spiegano tutte per le condizioni economiche della società, s'è già incominciato a filosofare; l'esperienza è finita".

Per Gentile non è la partecipazione attiva contro l'antagonismo sociale, ovvero l'esperienza di come sia possibile risolvere socialmente la contraddizione economica che permette di affermare in che modo le ideologie sono ideologie (riflesso capovolto), ma è semplicemente la riflessione speculativa del filosofo (Marx resterebbe per Gentile unicamente un hegeliano di sinistra) che in modo geniale (in quanto priva di precedenti storici) riesce a spiegarlo. Gentile così interpreta Marx dal punto di vista dell'idealismo hegeliano e lo colloca tranquillamente in un manuale di storia della filosofia.

Per Gentile (come per Hegel e per tutto l'idealismo) ciò che più conta è il *pensiero*, non l'essere sociale. Non gli interessa l'esperienza (politica, sociale) che ha determinato il nuovo modo di vedere le cose (il marxismo), ma così non s'accorge che proprio in virtù di quella esperienza Marx è potuto arrivare a elaborare le sue previsioni scientifiche sull'oggettività delle tendenze storiche.

Le circostanze che determinano l'esperienza (cioè la prassi mediante cui conseguire la trasformazione) sono per lui accidentali, non condizioni storiche concrete. Si può addirittura evitare di considerarle quando si esaminano le "leggi regolatrici" del fenomeno. In altri termini Marx avrebbe potuto giungere al comunismo scientifico anche restando hegeliano di sinistra.

Gentile crede che il marxismo voglia veder realizzate le sue previsioni al di là di ogni circostanza concreta, cioè che voglia realizzare le sue idee scientifiche anche contro gli interessi degli uomini o comunque al disopra dell'umana comprensione o dell'umana accettazione, ma ciò è falso. Il processo storico è sì una linea retta (come vuole Gentile) ma è una linea che va a zig-zag, cioè è una linea che pur andando verso un determinato punto, non ci va in modo regolare. Il marxismo non può imporre agli uomini la rivoluzione se le condizioni e i tempi non sono ancora maturi. E se questi lo sono la rivoluzione s'impone da sé, per quanto guidata essa debba essere da un'avanguardia cosciente.

Tale considerazione il marxismo non la fa soltanto da un punto di vista *politico*, ma anche dal punto di vista *umano*. E l'idealismo invece che, considerando l'idea superiore agli uomini, pretende che la storia sia una perfetta linea retta. Sotto questo aspetto si può dire che deviazioni dal marxismo come lo stalinismo, il trotskismo e il maoismo sono in realtà forme di idealismo, cioè astrazioni dalla realtà.

Il comunismo - vede bene Gentile - è la democratica socializzazione dei mezzi di produzione. Ma di questo egli non si preoccupa affatto. Infatti, se il problema viene considerato dal mero punto di vista filosofico, non c'è ostacolo - secondo Gentile - che possa evitare di risolverlo in modo non marxista. Egli infatti è convinto di poter ottenere lo stesso risultato dal punto di vista dell'idealismo hegeliano. Qui sta la sua differenza dal Croce. Secondo quest'ultimo per ottenere la socializzazione occorrono motivi etici, non materiali-oggettivi; e comunque per ottenerla non c'è bisogno d'essere socialisti. Croce è convinto che la società borghese è capace di autocorreggersi, senza aver bisogno di ricorrere alla socializzazione dei mezzi di produzione, in quanto detta società non ha contraddizioni insolubili.

Gentile invece pensa che se è vero che la società borghese può trovare da sé la soluzione dei suoi mali, essa però non può non tener conto del fine che il comunismo si è proposto. Gentile fa osservare a Croce che se l'analisi marxista è giusta, il socialismo non è una soluzione *possibile* alla crisi della società borghese, ma è piuttosto una soluzione *necessaria*, determinata appunto dal processo storico. Questa è una sfida che l'economia borghese deve accettare se vuole superare il socialismo dallo stesso punto dì vista materiale.[25]

Gentile ha avuto la pretesa di diventare "socialista" senza esserlo. Egli ha rinfacciato a Croce che "non si è prima materialisti della storia e poi socialisti; ma sì è socialisti indipendentemente dalla dottrina relativa al socialismo" (p 52 in nota). La prima parte dell'affermazione è vera, e Croce quindi ha torto, ma la seconda è palesemente falsa. È vero che non si diventa socialisti in conseguenza della dottrina acquisita, ma non si può neppure diventarlo a prescindere da questa dottrina (che non coincide direttamente col marxismo, ma con tutta la riflessione sociale, culturale e politica svolta immediatamente dopo la rivoluzione francese e proseguita fino ad oggi). Se si prescinde dal marxismo si resta nell'utopia del socialismo, e se ci si vuole impadronire della dottrina a prescindere dalla prassi conseguente, si fa inevitabilmente del revisionismo.

Croce rifiutò sia il materialismo storico che il socialismo; Gentile accetta sia il materialismo storico, che però vuole riformato dall'idealismo hegeliano, sia l'obiettivo del socialismo, visto però dalla prospettiva della borghesia (o meglio della piccola-borghesia, quella apparentemente

---

[25] La realizzazione del corporativismo economico dello Stato fascista smentirà poi abbondantemente le tesi di Gentile, ma è un fatto che qui egli veda più lontano di Croce.

più vicina alle posizioni proletarie).

V) Il materialismo storico - osserva Gentile - non ha compreso Hegel, non ha compreso soprattutto il suo realismo, in quanto lo ha confuso col platonismo, non rendendosi così conto che già col criticismo kantiano qualsiasi idea platonica è impossibilitata a porsi. In verità - dice Gentile - l'idea, secondo Hegel, è l'essenza del reale. Reale e razionale coincidono.

Gentile continua ad affermare che la realtà va vista a partire dall'idea, non a partire dall'uomo, considerato come insieme di rapporti sociali (rapporti non muti, ma pensanti). La realtà, che l'idea hegeliana pretendeva di inglobare, non era affatto la vera realtà, ma quella che solo si può cogliere in modo astratto, speculativo, senza coinvolgimento diretto, personale, nelle contraddizioni sociali.

Guardando il materialismo storico con gli occhi del metafisico, Gentile compie un'operazione inevitabile nella sua arbitrarietà: pensa cioè che tale materialismo abbia voluto porre un aspetto relativo (la materia) contro l'assolutezza dell'idea hegeliana, dopodiché avrebbe fatto di questo stesso relativo un nuovo assoluto, ricadendo così nella metafisica, in una metafisica però priva di dialettica. In pratica egli considera il materialismo storico alla stregua di un materialismo metafisico (materialismo francese dcl sec XVIII + sinistra hegeliana + Moleschott, Vogt, Büchner) con l'aggiunta di un interesse particolare per l'economia - ciò che appunto lo renderebbe più *storico* dei materialismi precedenti. Una storicità che comunque resta tutta all'interno di una concezione puramente filosofica della storia.

La materia per Gentile è il fatto bruto che il marxismo vuole contrapporre alla bellezza dell'idea. Sfugge a Gentile l'importanza dell'analisi economica, l'importanza cioè del fatto che l'economia è fatta da uomini e non da forze naturali, tecniche o semplicemente materiali. Se l'economia viene considerata in termini così astratti, è giocoforza dire poi che le contraddizioni esaminate dal marxismo non sono strutturali al sistema, cioè non sono così impossibilitate ad essere risolte, stante il modo di produzione capitalistico, essendo semplici limiti contingenti, congiunturali, relativi a determinati periodi di crisi. Di qui, a giudizio di Gentile, l'avventatezza di molte previsioni scientifiche del marxismo, la sua caratteristica d'essere una "iperideologia dell'avvenire". La realtà è che, secondo Gentile, i fatti possono essere compresi solo *dopo* che sono accaduti. La rivoluzione può essere sperata o attesa, non fatta.

La filosofia della prassi (secondo saggio)[26]

---

[26] Anche qui la suddivisione è fatta seguendo i capitoli del libro.

I) Nessuna osservazione sul I capitolo.

II) Gentile non accetta la critica di Feuerbach a Hegel; di conseguenza non può neppure capire il superamento di Feuerbach ad opera di Marx. Non accetta Feuerbach perché a suo giudizio religione e filosofia non sono in contraddizione: il contenuto è lo stesso, solo la forma è diversa (di qui il futuro inserimento della religione nelle scuole italiane, benché Gentile fosse avverso all'integrismo cattolico). Egli in sostanza non accetta che la filosofia si laicizzi, separandosi dalla religione.

In quanto anti-cattolico Gentile vuole la separazione *politica* della filosofia dalla Chiesa, ma non la separazione *culturale*, di contenuto, della filosofia dalla religione. Una religione separata rischia di smentire le pretese universalistiche della filosofia. Per lui il materialismo di Marx non è un superamento *qualitativo* del materialismo di Feuerbach, ma un semplice complemento *quantitativo*, in virtù dell'analisi economica: superare qualitativamente Feuerbach significa essere o diventare hegeliani.

III) Gentile comprende, dal punto di vista filosofico, che "la chiave di volta di questa costruzione filosofica [il marxismo] sta nel concetto della prassi" (p. 72), ma la costruzione filosofica del marxismo non è il riflesso della prassi sociale e politica vissute da Marx e dal proletariato industriale europeo, cioè non è il riflesso di determinate condizioni storico-economiche e sociali: è soltanto l'intuizione geniale di un pensatore, di un filosofo cripto-hegeliano. Questo il giudizio di Gentile.

Di qui l'incomprensione effettiva del concetto di *prassi*, che viene identificato con quello di *esperienza*: un'esperienza di tipo generale, universale, alla portata di ogni uomo, che ogni uomo, nel suo particolare, può e deve fare. Un concetto che a suo giudizio già Hegel aveva previsto, e prima di lui Vico, fino agli stessi Socrate e Platone.

Il fatto che Marx per "prassi" intenda i bisogni vissuti socialmente, ovvero un rapporto di tipo sociale, eminentemente produttivo, e non l'esperienza generale dell'uomo e quindi le diverse modificazioni della sua mente, al dire di Gentile è cosa irrilevante e secondaria: la sostanza resta invariata. Nessuno mette in dubbio che prima del conoscere ci sia il *fare* (solo Cartesio - dice Gentile - ha avuto il coraggio di dubitarne). La scoperta del marxismo è quindi l'uovo di Colombo.

Il concetto di esperienza è in Gentile molto astratto e quindi molto ambiguo. Parlare di esperienza in senso lato è come parlare dell'essenza umana, del diritto naturale, dell'idea assoluta e via di questo passo; ovverosia di tutto ciò che in un particolare momento risulta dominante, e quindi di ciò che dietro questi concetti astratti svolge di fatto (anche se non di diritto) un'azione egemonica classista. L'esperienza cui Gentile si riferisce null'altro è che l'esperienza dell'individuo borghese, che non ha alcuna intenzione di mettere in discussione i fondamenti ultimi dell'esistenza che vive. È un'esperienza che apologizza, che non trasforma.

Gentile in questo saggio ha compiuto dei passi ulteriori rispetto al precedente, pur conservando l'impostazione di fondo. Egli ad es. accetta l'intima connessione marxista di soggetto-oggetto, ma da un mero un punto di vista filosofico. Ne comprende la giustezza, la necessità teorica, la verità pedagogica, ma non la portata effettiva, il peso storico, le conseguenze politiche rivoluzionarie.

L'oggetto dell'analisi marxista neppure lo prende in considerazione; e crede che il soggetto sia trattato dal marxismo alla maniera del sensismo francese. "Attività umana sensibile" per Gentile significa attività sensitiva, cioè dei sensi, in opposizione a quella del pensiero. Marx in realtà non voleva affatto opporre senso a intelletto, ma piuttosto *uomo* a *idea*, realtà sociale a ideologia. Marx criticava l'uso dell'ideologia fatto dalla borghesia, non criticava l'ideologia in quanto tale.

Gentile insomma comprende la critica marxiana di Feuerbach, che è rimasto filosofo, senza diventare politico-rivoluzionario, ma non comprende perché tale rivoluzione sia storicamente necessaria, e quindi non può comprendere il senso vero del concetto di prassi.

IV) Il realismo del materialismo storico (o filosofia della prassi) sta a suo giudizio nel fatto che l'oggetto non è contemplato ma fatto. La rivoluzione sta tutta qui, in una specie di *volontarismo* che in definitiva può essere realizzato da chiunque. Feuerbach in tal senso non rappresenta che una mancanza di volontà, un concedere troppo alla speculazione astratta.

Tuttavia *prassi*, per Gentile, può soltanto voler dire *educazione* o pedagogia sociale. La filosofia della prassi deve farsi *pedagogica*, cioè estendersi attraverso la cultura e le istituzioni scolastiche a livello sociale. Educare significa educarsi, perché educarsi significa lavorare sulle circostanze e lasciare che queste lavorino su di noi. Il fine ultimo di tutto questo, così come lo concepisce il marxismo, non interessa a Gentile; il fine ultimo altro non è che quello della società dominante, e quindi il problema del fine in senso stretto è irrilevante. L'educazione o l'autoeducazione è valida in sé e per sé, a prescindere dalla considerazione storica che le dà il senso teleologico. Autoeducarsi in chiave pragmatica-attualistica significa concepire il soggetto e l'oggetto in una relazione ambivalente, interdipendente.

Da questo punto di vista il marxismo non poteva dire niente di più di quanto già aveva detto l'idealismo hegeliano e non solo hegeliano. Il materialismo non sarebbe che "un'applicazione alla materia di ciò che

Hegel aveva esattamente scoperto per rispetto allo spirito" (p. 86). In pratica le contraddizioni che il marxismo presume essere inconciliabili, saranno risolte dalla stessa società che le ha prodotte.

V) Gentile ha intuito l'importanza che il marxismo attribuisce al concetto di "prassi", ma poiché egli ha voluto porsi a difesa dell'ideologia borghese, è stato poi costretto a compiere un'operazione arbitraria, cioè a ridurre di molto lo spessore politico-rivoluzionario di quel concetto. La prassi marxista viene trasformata da Gentile in un "atto", in un'azione che rende il presente "attuale" all'uomo, come se fosse una tecnica psicopedagogica per la formazione della personalità, priva di un vero scopo politico da realizzare; in ogni caso la rende estranea all'istanza sociale che dovrebbe porla. Nell'attualismo la prassi diventa una sorta di forza motrice di cui non si conosce la motivazione storica, l'origine sociale. Sul piano politico l'attualismo si porrà come metodo per realizzare concretamente la *Filosofia hegeliana del diritto*.

VI) In questo capitolo Gentile critica le posizioni di Croce e di Sorel. A noi interessa soprattutto il primo. Secondo Croce il materialismo è un semplice *canone interpretativo della storia economica*, un aiuto empirico a cercare dei risultati nell'indagine economica della realtà, non è una vera e propria filosofia della storia; per esserlo o per diventarlo dovrebbe prima imparare il metodo sistematico di disporre le idee e i concetti, cioè l'esposizione rigorosa e razionale del pensiero logico in quanto tale, a prescindere dalla realtà. Il canone economicistico non sempre può essere applicato; sarà lo storico a usarlo convenientemente: a volte infatti può esistere una radice più profonda del sostrato economico (p. es. la psicologia).

Gentile rimprovera subito a Croce di non capire la vera essenza del materialismo. A suo giudizio infatti non è possibile conservarlo come canone interpretativo se non si accetta il postulato fondamentale del primato dell'economia. Il canone non può essere considerato "particolare e di valore relativo", ma, al contrario, "generale e di valore assoluto", altrimenti il materialismo storico perderebbe di senso. Ma un canone di valore assoluto non può non avere una propria filosofia della storia. Croce è nell'errore se pensa di negare al marxismo tale filosoficità soltanto perché non ne ha potuto constatare la rigorosa sistematicità. Marx in realtà è fin troppo sistematico - rileva Gentile -, solo che lo è in maniera diversa, in quanto connette la logica ai fatti concreti, in specie economici. Anzi, è talmente speculativo che la stessa economia è vista in maniera astratta (cosa che in realtà già Croce aveva detto).

Marx per Gentile resta un hegeliano (di sinistra) perché non ha fatto altro che applicare alla storia economica la logica della dialettica che Hegel aveva scoperto sul piano metafisico o idealistico. Marx quindi non va censurato o sottovalutato - come fa Croce -, ma integrato e superato. Il problema diventa quello di inverare il marxismo senza essere marxisti.

Quanto la posizione crociana sia lontana dal comprendere la vera essenza del marxismo, Gentile lo fa capire ponendo un confronto molto semplice e chiaro tra lui e Croce. Quest'ultimo dice che la storia è storia di lotte di classe: 1) solo quando ci sono le classi, 2) quando queste classi hanno interessi antagonistici, 3) quando esse hanno coscienza di tale antagonismo. Gentile invece sostiene che: 1) non c'è storia, secondo Marx, senza classi, 2) la divisione in classi implica interessi antagonistici, 3) dove c'è l'antagonismo c'è pure la sua coscienza.

Gentile insomma accetta la sfida di Marx e mira a realizzare la conciliazione delle classi non dal punto di vista del *proletariato*, ma da quello della *borghesia*. Il marxismo non ha senso che all'interno dell'idealismo: solo questo infatti può assicurargli la coerenza dialettica. Se oggi il marxismo ha un peso così rilevante, la responsabilità - dice Gentile - è delle forze retrive del cattolicesimo che hanno sempre impedito una sviluppo autenticamente democratico della società.

VII) La rivoluzione predicata dal marxismo non è un fatto necessario, ma una scelta determinata dai tempi storici, quindi essa può essere compiuta anche dal punto di vista della *borghesia*. Le energie morali sono di ogni epoca, non appartengono per principio a una classe determinata.

VIII) Gentile quindi esprime il tentativo della società borghese di risolvere le contraddizioni del sistema capitalistico dal punto di vista dell'idealismo reso *attuale*, cioè *politico*. L'attualismo è appunto il tentativo di risolvere politicamente le contraddizioni della società borghese che la tradizionale metafisica non era in grado né di capire né dì affrontare. Lo Stato con l'attualismo diventa uno Stato etico e politico, lo Stato hegeliano della *Filosofia del diritto*.

La sua (di Gentile) non si pone più come metafisica che ideologicamente fa gli interessi della borghesia senza saperlo, ma come un'ideologia metafisica che politicamente sa quello che fa; non è più la metafisica della filosofia individualistica borghese, ma una vera e propria ideologia di Stato, cioè la metafisica (perché ancora di metafisica si tratta) di una ideologia pedagogico-culturale fatta propria da uno Stato assolutistico. In qualità di filosofo idealista, Gentile parte là dove Hegel era giunto, cioè dalla *Filosofia del diritto*, che con il suo principio dell'equivalenza di reale e razionale giustifica pienamente la dottrina dell'attualismo, che è un idealismo senza idee, una sorta di metafisica opportunistica eretta a filosofia di Stato, ed egli fa questo in chiave esplicitamente antimarxista.

Croce si era limitato a riformare la *Scienza della logica* di Hegel, le tesi intorno all'*Estetica* e alcune parti dell'*Enciclopedia filosofica*, ma sul piano politico la sua posizione ricalcava quella hegeliana antecedente alla *Recthsphilosophie*. Croce non ha fatto che accentuare gli aspetti estetici, poetici, letterari e storici dell'idealismo: nulla di più. Gentile invece ha la pretesa di ideologizzare l'idealismo in chiave esplicitamente antimarxista, quindi caricandolo di uno specifico impegno politico-culturale.

Gentile ha la pretesa di considerare l'hegelismo più concreto del materialismo storico, appunto perché lo ritiene più profondo, più dialettico. E non a caso egli riporta continuamente, come prova della concretezza dell'idealismo hegeliano, la classica tesi della *Filosofia del diritto*, e cioè che reale e razionale coincidono. Affermazione, questa, che apre le porte a qualunque forma di totalitarismo. Chi confonde l'hegelismo con il platonismo (come p.es. Engels e Labriola) - dice Gentile - non ha capito niente del realismo idealista.

In effetti è proprio così: il platonismo (almeno fino all'ultima opera politica, *Leggi*) era del tutto estraneo alla rigida logica della ragion di Stato, al fatto cioè che dal punto di vista statale tutto è giustificabile. Tuttavia la preoccupazione di Gentile non è soltanto quella di far proprio il metodo hegeliano rivestendolo di un forte contenuto politico, ma è anche e soprattutto quella di dimostrare che Marx è in definitiva un hegeliano, avendo egli ereditato il metodo fondamentale dell'idealismo, la dialettica.

Marx ed Engels, a suo dire, altro non hanno fatto che criticare l'empirismo e il positivismo e la metafisica pre-hegeliana: ciò che Hegel stesso, in modo diverso (senza studi economici avanzati), aveva già fatto. L'immanente analizzato da Marx è solo un aspetto della realtà; l'altro, quello decisivo, è il trascendente: la filosofia è la verità delle scienze particolari. L'emancipazione filosofica dell'idealismo hegeliano, la sua necessaria riforma in relazione al mutamento dei tempi, può essere la garanzia dell'emancipazione materiale del proletariato marxista. Ora la filosofia borghese sa che il proletariato costituisce un problema.

IX) La trasformazione dell'idealismo operata dal marxismo non è di contenuto ma di forma. Se dal punto di vista borghese si sarà capaci di realizzare una trasformazione superiore a quella marxista, la rivoluzione sarà compiuta in nome dell'idealismo. Il merito del marxismo è minore di quel che si creda; esso infatti ha creduto, interessandosi in modo così acuto di economia politica, di compiere una rivoluzione dell'idealismo; in realtà non ha fatto altro che servirsi degli strumenti d'indagine di cui già Hegel era padrone. Gentile è molto esplicito quando scrive queste

140

cose.

Il materialismo che non vuole essere né naturalistico né meccanicistico ma dialettico, resta per forza di cose nell'ambito dell'idealismo; sarà un materialismo critico, violento, ma in ultima analisi resterà sempre idealistico. E allora, se la sua vera sostanza è questa, perché non renderla palese e riformare l'hegelismo in modo più aperto, più libero e senza pregiudizi? Questa la domanda chiave di Gentile.

Come si può facilmente notare la sua posizione è agli antipodi della posizione marxista, che in Italia sarà ereditata in modo coerente da Gramsci. Gentile non comprende minimamente che la dialettica usata dal marxismo è posta in un luogo semantico completamente diverso, e che ad es. la trilogia hegeliana di tesi antitesi sintesi diventa un mero artificio letterario, inapplicabile alla storia concreta dei fatti, che spesso, anzi quasi sempre, non conosce sintesi conciliative, mediazioni intellettuali, ma conflitti di classe e antagonismi irrisolvibili.

La dialettica hegeliana è una mediazione speculativa astratta, un porre le idee, in particolare quella della tutela assoluta della ragion di stato, contro gli interessi concreti degli uomini, soprattutto di quelli che vivono in una condizione oppressiva. Gentile non comprende che è proprio il punto di vista della filosofia hegeliana ad essere antiumanistico. Riformare tale idealismo, senza chiedersi come sopprimerlo, non comporta affatto il porsi dal punto di vista dell'uomo, ma semplicemente fare della filosofia astratta. Gentile non riesce a vedere l'uomo che nel suo presente viene sottoposto all'oppressione da parte di quelle classi dominanti la cui prassi chiede proprio alla filosofia idealistica d'essere giustificata.

In realtà l'idealismo va soppresso proprio per permettere agli uomini di realizzare i loro ideali. Esso infatti parla dell'uomo in maniera astratta, considerandolo subordinato a idee generali di libertà, di giustizia ecc., che in realtà altro non sono che le idee di quella classe che in quel momento domina la società, con i propri interessi particolari spacciati per interessi generali.

Il materialismo storico è per Gentile una contraddizione in termini. La materia infatti non avrebbe alcun movimento e il movimento della storia si chiama "spirito". È lo spirito che fa la storia e l'idealismo che l'incarna è quanto dì meglio vi sia nella storia sul piano delle idee: esso è eminentemente storico, in quanto fa capo a una determinata società e a una determinata forma statale.

Epistolario. Lettera n. 5

Gentile non si rende conto in che consista la scientificità del materialismo storico. A suo giudizio la scientificità è puramente soggettiva, cioè relativa all'interpretazione che il filosofo dà del fenomeno storico; non è inerente all'oggettività stessa del fenomeno, al suo sviluppo storico (le leggi di tendenza), tale per cui il processo ha uno svolgimento necessario, indipendente dall'interpretazione che se ne può dare.

L'interpretazione marxista della storia non è aprioristica, immediatamente, poiché essa si basa sullo studio scientifico dell'oggetto economico, che è la base materiale dei rapporti sociali. L'apriori del marxismo sta soltanto nell'istanza che smaschera la contraddizione strutturale; ma senza analisi puntuale della struttura, cioè della sue leggi intrinseche, obiettive, necessarie, l'istanza non uscirebbe dall'ambito dell'utopia.

Per il marxismo la società borghese è destinata all'autodistruzione a causa dei rapporti antagonistici che impone, a meno che essa non si lasci superare pacificamente della prassi del proletariato, ma ciò sarebbe possibile solo se si rinunciasse alla logica del profitto e della proprietà privata dei mezzi produttivi su cui si regge tutta l'impalcatura del capitalismo.

La società borghese, di fatto, è il prodotto di una scelta anti-umanistica compiuta oggettivamente. Gentile arriva a comprendere che per il materialismo l'approdo al comunismo o al socialismo è una necessità intrinseca alla società borghese (sia che essa l'accetti sia che non l'accetti), ma non ne comprende la ragione ultima, e quindi non riesce ad immaginarsi un ordinamento sociale, civile ed economico completamente diverso da quello borghese.

Alla sua filosofia bisognerebbe riferire la critica che Marx nel *Manifesto* rivolgeva al socialismo conservatore borghese: "Una parte della borghesia desidera di portar rimedio ai mali della società per assicurare l'esistenza della società borghese". "I borghesi socialisti vogliono le condizioni di vita della società moderna senza le lotte e i pericoli che necessariamente ne risultano. Vogliono la società attuale senza gli elementi che la rivoluzionano e la dissolvono. Vogliono la borghesia senza il proletariato". "Il socialismo della borghesia consiste appunto nel sostenere che i borghesi sono borghesi - nell'interesse della classe operaia".

Addendum. Gentile e la religione

Il giovane Gentile, quando attaccava *Il Modernismo e i rapporti tra religione e filosofia* (1909), non lo faceva mettendosi dalla parte della religione, ma dalla parte della filosofia. Gli pareva assurdo conciliare la fede nella trascendenza con la ricerca nell'immanenza. Per lui l'essenza della religione stava nel sentimento, nella psicologia, e per questa ragione la giudicava come una sorta di filosofia "primitiva" o "provvisoria", avente una razionalità molto particolare, utilizzata da una coscienza volgare-popolare.

Di tutte le religioni riteneva quella cristiana la maggiore e la filosofia ne era, in un certo senso, l'inveramento. Cioè la filosofia non doveva distruggere il cristianesimo, ma, semmai, realizzarne culturalmente e politicamente le idee migliori.

Il Modernismo di Murri gli pareva un controsenso, in quanto non in grado di soddisfare né l'istanza scientifica (che deve concepirsi autonoma dalla fede), né quella religiosa, che deve restare circoscritta nel proprio ambito specifico.

Ma anche verso il laicismo dava un giudizio negativo. Per lui infatti era sinonimo d'indifferenza o di neutralità. Gentile non amava né l'agnosticismo né l'ateismo, ma, essendo un hegeliano, pretendeva di fare della religione una semplice ancella della filosofia. A una scuola laica preferiva una scuola confessionale, dove non vi può essere tolleranza per tutte le opinioni, ovvero libertà di critica e di discussione, per lui equivalenti a "puro formalismo".

Tuttavia ammetteva l'insegnamento della religione solo nella fase infantile dello sviluppo psicopedagogico del giovane, cioè nella scuola elementare, dopodiché lo studente doveva passare allo studio della filosofia, abbandonando decisamente quella "iniziale sapienza", la quale comunque restava superiore alla soggettività dell'arte. Infatti la religione era per lui una forma di "oggettività dello spirito", dove la "rivelazione" è necessaria in quanto l'assoluto non può essere compreso in maniera adeguata con la ragione. Di qui l'insufficienza della teologia nei confronti della filosofia.

Persino quando scrive il saggio su *Giordano Bruno nella storia della cultura* (1907), si rifiuta di vedere in questo martire della libertà di pensiero un precursore del moderno laicismo. A suo parere, anzi, Bruno fece della religione una filosofia, senza negarne affatto i presupposti. Il dio di Bruno è immanente, ma nel senso che ha integrato in sé ("sussunto", direbbe Hegel) quello trascendente.

Gentile non voleva la separazione di filosofia e religione, ma la subordinazione di questa a quella. E, per poter ottenere tale risultato, era anche disposto ad accettare una teologizzazione della filosofia. In particolare diceva che ogni religione è per sua natura monoteistica, poiché, dato che il soggetto cancella se stesso in essa, non può che porre nel divino la totalità, sicché il monoteismo è il punto d'arrivo di ogni politeismo, e di tutti i monoteismi il cristianesimo è quello che si avvicina di più alla filosofia, poiché, attraverso l'idea di "incarnazione", afferma la ricongiunzione di Dio con l'uomo, annunciando una sintesi rappresentativa di soggettività e oggettività, che nella filosofia troverà il suo compimento.

Sarà proprio con la sua riforma scolastica che, in opposizione alla precedente cultura liberale, verrà introdotta nella scuola pubblica la formazione religiosa come materia d'insegnamento obbligatoria, da considerarsi poi nel Concordato (che pur egli disapprovò) "a fondamento e coronamento dell'istruzione": il che incoraggiò l'inserimento di abbondanti contenuti religiosi in diverse discipline scolastiche.

Quando scrive, subito dopo la prima guerra mondiale, *Guerra e fede* (1919) e *Discorsi di religione* (1920), si dichiara avverso alla clericalizzazione o politicizzazione della fede operata dal Vaticano, che giudica come una forma d'interferenza nelle cose dello Stato. Tuttavia il suo laicismo non vuole affatto essere ateo, nel senso che se da un lato egli ritiene giusto che lo Stato si separi politicamente dalla Chiesa, dall'altro ritiene sbagliato ch'esso affermi un'ideologia antitetica a quella cristiana.

D'altra parte per lui tutto il migliore Risorgimento (da Gioberti a Mazzini, da Rosmini a Manzoni, incluso lo stesso Cavour) non fu mai né irreligioso né antichiesastico; anzi, chi pretese d'esserlo, come Cattaneo e Ferrari, rimase tagliato fuori dal movimento unificatore e liberatore.

A Gentile faceva orrore tutta la cultura sensistica, materialistica e razionalistica dell'Illuminismo, che giudicava priva di spiritualità, troppo atea per essere umanamente profonda. La filosofia idealistica (il suo attualismo) era invece per lui una "fede", e solo con questa si poteva superare l'altra, quella mistica del cattolicesimo. Non a caso riteneva impossibile fare una "storia della religione", a meno che non si parlasse della religione all'interno di una "storia della filosofia": questo perché ogni religione nega validità alle altre, quindi da un punto di vista interno alla religione non è possibile alcuno sviluppo storico.

L'ultimo Gentile, nel testo *La mia religione* (1943), non faceva più alcuna differenza - sulla scia di Spinoza e Vico - tra "mente umana" e "mente divina", le quali dovevano per forza coincidere, altrimenti gli uomini sarebbero apparsi come "marionette della Provvidenza". In tal senso non gli riusciva proprio di sopportare la riforma protestante, con la sua idea di privatizzare l'atteggiamento nei confronti della religione.

Il Vaticano cominciò a meditare una condanna di tutta la sua opera già quattro mesi dopo la firma del Concordato, che lui aveva rifiutato non perché la sua filosofia fosse anticlericale o perché lui si dichiarasse ateo o agnostico, ma semplicemente perché riteneva che lo Stato non dovesse abdicare in alcun modo al principio politico della sovranità nazionale. I suoi libri, come quelli di Croce, vennero messi all'*Indice* il 20 giugno 1934 su richiesta di padre Gemelli (teologo neoscolastico particolarmente integralista), il quale ripetutamente l'aveva invitato a non definire di "ispirazione cattolica" la propria filosofia.

Come si può ben notare la filosofia gentiliana non era sufficientemente fondata in senso laicistico, in quanto andava a cercare nel cristianesimo dei motivi ispiratori. Egli inoltre non recepì per nulla gli studi ateistici della Sinistra hegeliana e di tanta filosofia illuministica. In tal senso il suo attualismo restava molto provinciale, espressione di una società scarsamente sviluppata in senso capitalistico, o comunque espressione di un certo aristocraticismo intellettualistico, lontano non solo dalla cultura operaia, ma anche da quella progressista della borghesia più produttiva, che, al suo tempo, era più interessata in Europa alle scienze esatte, al positivismo, che non a un *revival* della filosofia hegeliana.

Gentile e l'integralismo cattolico

Giovanni Gentile era partito bene, col suo ateismo implicito o criptico (quello non espressamente professo), nei due saggi giovanili dedicati alla *Filosofia di Marx*, apprezzati in due righe dallo stesso Lenin nella bibliografia alla voce "Marx" scritta nel 1914 per l'Enciclopedia Granat: "Il libro di un idealista hegeliano..., è degno di nota. L'autore tratta alcuni aspetti importanti della dialettica materialistica di Marx che di solito sfuggono all'attenzione dei kantiani, dei positivisti, ecc.". In effetti, bisogna ammettere che la sua rilettura, in chiave laicistica, di Rosmini e Gioberti, al fine di trovare un accordo col materialismo marxiano era stata piuttosto originale.

Tuttavia proprio Gentile fu la dimostrazione più lampante che non basta essere "atei" per essere "democratici". Cosa che già Marx aveva detto ai compagni della Sinistra hegeliana, che volevano portare il razionalismo hegeliano alla sua espressione ateistica più logica e conseguenziale, indirizzando le loro critiche verso lo Stato confessionale prussiano e verso la Chiesa di stato luterana. La soluzione proposta da Marx era chiara: bisognava affrontare in maniera politico-rivoluzionaria le contraddizioni del sistema, mettendosi dalla parte del proletariato nullatenente, l'unico titolato a realizzare quegli ideali di giustizia e libertà che la filosofia tedesca era solo riuscita a teorizzare.

Quali conclusioni invece ha saputo trarre l'integralismo cattolico di Augusto del Noce e del suo principale discepolo, Rocco Buttiglione dal fallimento dell'attualismo ateistico gentiliano, in cui l'io si fa dio? Essi hanno approfittato del crollo del fascismo, cui la filosofia gentiliana s'era vincolata, per sostenere che le filosofie ateistiche, *proprio perché tali*, non possono che autodistruggersi. Portato alle sue estreme conseguenze il razionalismo ateistico (iniziato in un certo senso col cogito cartesiano) è una forma di antiumanismo, un vero e proprio suicidio.

Naturalmente, invece d'esser grati al socialismo per il suddetto crollo; invece di plaudire al fatto che il socialismo, per quanto limitate possano essere le sue realizzazioni storiche, resta sempre un'ideologia che vuole tenere strettamente unite la libertà personale con la giustizia sociale, quale altra conclusione hanno tratto? Che il cattolicesimo politico costituisce la "terza via" tra capitalismo e socialismo. Lo dicono come se le forme irrazionalistiche del fascismo non fossero state usate con l'appoggio, diretto o indiretto, delle Chiese cattolica e protestante, proprio al fine di distruggere ogni esperienza di "socialismo"! Lo dicono fingendo di non sapere che il suicidio del razionalismo ateistico del nazi-fascismo non fu affatto un processo endogeno a tale sistema dittatoriale, ma solo una conseguenza del fatto che di fronte alla sconfitta militare inflitta dal socialismo russo ci si comportò nella maniera più irrazionale possibile. Se il fascismo avesse vinto, come in Spagna per un quarantennio, sarebbe forse stato abbattuto da una maggiore coscienza religiosa? I cittadini democratici avrebbero fatto trionfare una Chiesa compromessa profondamente con una dittatura fascista? L'hanno forse fatto in Spagna o nei Paesi sudamericani?

Considerando che il razionalismo nazi-fascista era alleato, tramite intese e concordati, alle due suddette Chiese, vien da pensare che anche una coscienza religiosa può tranquillamente diventare irrazionale, e che non esiste alcun modo aprioristico per scongiurare questo "suicidio", se non quello di *vivere umanamente, conformemente alle leggi della natura*. D'altra parte già il padre dell'esistenzialismo religioso, Soren Kierkegaard, aveva mostrato, con la sua filosofia e con la sua stessa vita, come l'irrazionalismo possa essere un rischio per chiunque, ateo o credente che sia.

In realtà il problema dell'attualismo gentiliano era un altro. Questa filosofia è una forma di soggettivismo piuttosto ingenuo. Beninteso non alla maniera stirneriana. Ciò che avvicina l'attualismo all'anarchismo è l'idea che l'io crea l'essere e lo fa anzitutto in maniera pratica: se c'è un pensiero dev'essere "pensante", non "pensato". La filosofia è un processo pratico in cui l'oggetto viene posto mentre si agisce e si pensa. Era forse questo l'aspetto gentiliano che più aveva interessato Lenin, il quale infatti nei suoi *Quaderni filosofici* affermava che l'unità degli opposti è sempre relativa, in quanto soggetta a continui mutamenti, per cui definirla una volta per tutte non avrebbe senso. Semmai assoluto è ciò che tiene distinti gli opposti.

A differenza di Stirner, che odiava qualunque forma di istituzione, Gentile aspirava a veder incarnato questo "ego onnipotente" in una struttura adeguata, ch'egli individuò nello Stato. In questo egli assomigliava di più a Fichte o forse all'ultimo Hegel, quello della *Filosofia del diritto*.

Gentile era un idealista soggettivo, che voleva creare da sé la propria oggettività, incarnando la propria idea in un ente pubblico. Vi è del paradosso in tale atteggiamento. Infatti lo Stato politico, come tutte le istituzioni, è statico per definizione: è soggetto a mille burocrazie e si caratterizza per la lentezza delle decisioni. Molto più dinamica è la società civile. Non solo, ma lo Stato fascista era anche caratterizzato da una direzione autoritaria, frutto di una delega in bianco da parte dei cittadini-sud-

diti. Il fascismo avrebbe potuto realizzare l'attualismo nel momento rivoluzionario della conquista del potere, ma già subito dopo sarebbe stato
costretto a smentirlo, dovendo allacciare con le forze più reazionarie del
Paese dei compromessi conservativi del sistema.

Per realizzare in maniera coerente l'attualismo, Gentile avrebbe
dovuto porre le condizioni per un progressivo smantellamento di tutte le
istituzioni statali, a vantaggio di uno sviluppo onnilaterale e decentrato
della società. Solo all'interno di una comunità locale i cittadini possono
avere l'impressione, previa la proprietà sociale dei loro mezzi produttivi,
che in ogni momento tutto dipende dalla loro libera volontà.

Ma perché l'ateismo teorico gentiliano, una volta realizzato nell'i-
deologia fascista, non servì in alcun modo a migliorare le tesi del materialismo storico-dialettico o quelle politiche del socialismo democratico?
Semplicemente perché Gentile difendeva gli interessi della *piccola-borghesia*, da cui lui stesso proveniva. Difendeva gli interessi non degli ultimi, ma dei penultimi. Il suo attualismo, nonostante ammirasse la filosofia
marxiana della prassi, era arretrato rispetto agli sviluppi teorici del marxismo avvenuti in Germania, in Francia o in Russia alla fine dell'Ottocento.

Marx fu incontrato esclusivamente sul piano filosofico, quindi
solo nella sua fase giovanilistica, quando era alle prese col materialismo
naturalistico di Feuerbach e con la critica ateistica dei vangeli di Strauss
e Bauer. Laddove Marx inizia a interessarsi di economia, il distacco di
Gentile si fa netto, proprio perché egli non sopportava l'idea che esistesse
un oggetto indipendente dalla volontà umana. Sostituire Dio con la Materia significava, per lui, fare di quest'ultima un nuovo Dio. Quanto era
lontano, in questo, dal Lenin di *Materialismo ed empiriocriticismo*!

Nel contrapporre la filosofia piccolo-borghese alla politica proletaria, Gentile mostrava un lato aristocratico del suo pensiero. Infatti rifiutava il marxismo su un aspetto d'importanza vitale: la realtà da trasformarsi qualitativamente nelle sue irriducibili contraddizioni economiche.
La struttura produttiva ha leggi immanenti che chiedono d'essere rispetta-
te a prescindere da ciò che l'uomo possa pensarne, altrimenti è la stessa
convivenza umana a rendersi impossibile. L'uomo deve scoprire queste
leggi e adeguarvisi con la propria volontà.

Non è vero che Marx faceva dell'individuo il creatore della storia. In natura vi sono leggi che non dipendono dalla volontà umana, e
queste leggi hanno un riflesso nella società civile. Quando gli uomini se
ne distaccano, creando società incompatibili coi processi riproduttivi della natura, gli effetti negativi non ricadono soltanto sulla natura ma anche
sulla stessa società umana.

Non si diventa disumani quando si smette d'essere religiosi, ma quando si vuole contrapporre l'umanismo al naturalismo e quando, all'interno di questo umanismo, si vuol fare della proprietà privata dei mezzi produttivi un motivo di oppressione sociale e di discriminazione. Gentile capì soltanto che la filosofia doveva concretizzarsi in una politica (e in questo rifletteva un'esigenza tipica del socialismo), e che l'istanza ateistica doveva subissare quella religiosa, ma per il resto rimase un provinciale.

Fondamentalmente l'integralismo cattolico, quando rimpiange le teorie di Rosmini e di Gioberti, non comprende che a quel tempo gli ideali erano sentiti con maggior vigore, rispetto ad oggi, proprio perché il capitalismo era ancora nella sua fase piccolo-borghese, cioè in un momento in cui la religione popolare, nella fattispecie cattolico-romana, prevalentemente contadina, giocava ancora un ruolo significativo. Cosa che continuerà a fare sino al fallimento degli ideali degli anni Settanta del Novecento, quando il trionfo del neoliberismo (oggi chiamato globalismo) spazzerà via ogni residuo di illusione terzoforzista tra capitalismo e socialismo.

Che il cattolicesimo politico oggi non conti più nulla è attestato dalla sonora sconfitta della sua variante polacca, che il pontificato di Wojtyla volle incarnare in maniera nettamente anticomunista e velatamente anticapitalista. Il crollo del muro di Berlino e la fine del cosiddetto "socialismo reale" hanno fatto capire che l'unica alternativa possibile al socialismo resta il capitalismo, mentre il cattolicesimo può svolgere soltanto una mera funzione di supporto.

In tal senso è inutile sperare in un revival del cattolicesimo europeo grazia all'apporto di continenti come quello sudamericano o africano. Se da quelle aree geografiche verrà fuori qualcosa di positivo, in senso cristiano, potrà esserlo solo in rapporto a idee socialiste o anti-imperialistiche. Cosa che, attraverso la teologia della liberazione, è già avvenuta, ma con scarsi risultati pratici, in quanto questo tipo di teologia non ha mai radicalizzato la propria opzione preferenziale per i poveri in una scelta chiaramente rivoluzionaria; inoltre è sempre stata pesantemente osteggiata dalla curia vaticana, salvo il recente incontro, piuttosto formale, tra il papa Bergoglio e Gustavo Gutiérrez, padre di quella teologia, il cui meglio di sé oggi lo dà con l'interesse maturato da Leonardo Boff per le questioni ambientali o ecologiche.

A dir il vero oggi non è più neppure il caso di limitarsi a cercare un'alternativa tra capitalismo e socialismo, in quanto è scontato che gli antagonismi sociali del globalismo neoliberista possono solo peggiore, portando l'umanità a una catastrofe di proporzioni apocalittiche. Il vero problema è diventato quello di come realizzare un socialismo davvero *democratico* (tutto da costruire), che sappia andare oltre le esperienze di socialismo già realizzate e drammaticamente concluse (quelle "statali" del modello sovietico) e quelle in via di realizzazione, come sta avvenendo in Cina col cosiddetto "socialismo di mercato".

Il pensiero di Benedetto Croce

Benedetto Croce nasce a Pescasseroli (Abruzzo) nel 1866, ma fece i primi studi a Napoli, in un collegio di barnabiti. Poi, a 17 anni, persi i genitori e la sorella nel terremoto di Casamicciola, si trasferisce a Roma presso il prozio Silvio Spaventa (fratello del filosofo Bertrando), dove seguì con scarso entusiasmo e senza terminarli i corsi di giurisprudenza, essendo molto più interessato alle lezioni di Labriola, cui si sentiva vicino anche politicamente.

Tornato a Napoli si dedica alla ricerca erudita. Egli ebbe una straordinaria vocazione da autodidatta. Si pose a confronto con tutta la grande cultura dell'idealismo tedesco, ma anche in assiduo dialogo epistolare con personaggi come Georges Sorel, il revisionista di sinistra, tendenzialmente bergsoniano oltre che marxista, teorico del sindacalismo rivoluzionario. Croce ebbe interessi in primo luogo estetico-letterari, poi filosofici e solo in terzo luogo storici e politici.

Egli si staccò assai presto dal Labriola, poiché subì fortemente l'influenza del revisionismo europeo antimarxista. Lo attesta uno dei suoi primi libri: *Materialismo storico ed economia marxista* (1900). Cercò di confutare soprattutto la teoria del plusvalore e di negare la dipendenza del piano ideale-culturale della storia da quello pratico-materiale. Il materialismo storico gli appariva valido solo come "canone empirico" per interpretare i fatti economici. E così, invece di cercare come Labriola un rapporto interdipendente tra struttura e sovrastruttura, Croce finì per considerare la prima subordinata alla seconda.[27]

Alla lettura della *Scienza Nuova* del Vico si deve la nascita del suo primo interesse autenticamente filosofico, che lo indusse ad affrontare il problema dei rapporti tra arte e storia (*La storia ridotta sotto il concetto generale dell'arte*, 1893).

Negli ultimi anni del secolo XIX entrò in stretta amicizia con Giovanni Gentile, che collaborò per un ventennio alla rivista *La Critica* (1903-1944), fondata dallo stesso Croce, e insieme a lui diresse la collana "I classici della filosofia moderna", stampati da Laterza, che fu la sua casa editrice preferita. Croce fu un formidabile organizzatore di cultura. Con Gentile egli può essere considerato il principale esponente della reazione al positivismo in Italia. Egli affermò l'autonomia della cultura, in-

---

[27] Sul suo anticomunismo si può leggere il saggio *La morte del socialismo*, apparso sulla "Voce" nel 1911.

tesa come manifestazione creativa dell'uomo nella storia, irriducibile a tutto ciò che si pretende indipendente dal soggetto.

Divergenze prima filosofiche, quindi politiche (sull'adesione al fascismo), raffreddarono la loro amicizia, che terminò nel 1924 con una rottura completa. All'avvento del fascismo Croce assunse un atteggiamento di prudente e moderato consenso, che si mutò in esplicita opposizione in occasione del delitto Matteotti, in seguito al quale egli si allontanò dalla vita politica attiva. Il regime fascista gli consentì di svolgere liberamente il proprio lavoro intellettuale (solo indirettamente politico), tollerandone la fronda, in quanto Croce era espressione di piccole élites liberali lontane dalle masse, e anche perché era troppo noto in tutta Europa. Va detto tuttavia che, essendo l'unica voce libera di grande intellettuale estranea al regime, si trovò ad essere nel ventennio il punto di riferimento principale per gran parte delle forze culturali non succubi al fascismo (si veda il *Manifesto degli intellettuali antifascisti* del 1925).

Nominato senatore nel 1910, partecipò al governo nel 1920-21 come ministro della Pubblica Istruzione (poi di nuovo nel 1943-44). Solo alla fine della guerra riprese per qualche anno l'attività politica, dedicandosi alla ricostruzione del Partito Liberale (ne fu il primo presidente). Tuttavia, con l'avvento della democrazia e con l'affermarsi della cultura marxista, la sua centralità andò progressivamente declinando. Nel 1947 fondò a Napoli l'Istituto Italiano di Studi Storici. Fu ministro e membro della Costituente, ma nel 1948 si dedicò di nuovo agli studi, che proseguì fino alla morte, avvenuta nel 1952.

Il pensiero

Croce definì il proprio sistema "filosofia dello spirito", intendendo per spirito tutta la realtà che viene posta e si sviluppa in quattro forme distinte di attività: la conoscenza dell'individuale nell'intuizione (arte) e la conoscenza dell'universale nel concetto (pensiero), che sono le due forme dell'attività *teoretica* o conoscitiva; la volizione del particolare (economia) e la volizione dell'universale (etica), che sono le due forme dell'attività *pratica*. Il sistema è compiutamente esposto nei tre libri *Estetica come scienza dell'espressione e linguistica generale* (1902), *Lineamenti di una logica come scienza del concetto puro* (1909) e *Filosofia della pratica. Economia ed etica* (1909).

La prima forma dello spirito è l'arte come conoscenza delle cose singole nell'intuizione, che è differente sia dalla *percezione*, in quanto può riferirsi indifferentemente a una cosa reale o immaginaria, che dalla mera *sensazione* perché questa è soltanto passiva, mentre l'arte, intuendo, esprime, sicché si può dire che intuizione ed espressione s'identificano.

Non esiste conoscenza reale che non sia compiutamente espressa: s'illude chi crede di aver molte cose da dire, ma di non saperle esprimere, sia pure solo tacitamente. Infatti l'estrinsecazione fisica dell'intuizione in suoni, colori, movimenti, e via dicendo, non è necessaria; l'oggetto fisico (il quadro, la frase pronunciata) non è che uno stimolo per riprodurre l'intuizione (immagine, proposizione) nata nella mente dell'autore. Questa è l'effettiva opera d'arte, e per coglierla bisogna porsi di fronte alla sua estrinsecazione fisica, ricostruendo in noi le stesse condizioni dell'autore nel momento della creazione. Quando ciò avviene, riproduciamo necessariamente, mediante il gusto, l'opera d'arte. La diversità dei giudizi critici è dovuta all'imperfetta esecuzione del procedimento, all'impossibilità soggettiva di ricostruire le condizioni dell'autore.

Croce sviluppò successivamente la propria estetica nei saggi raccolti in *Problemi di estetica* (1910), dove l'espressione artistica è riconosciuta come espressione di sentimento e il suo carattere discriminante nei confronti delle espressioni comuni viene scorto nella purezza da interferenze intellettuali o pratiche (cfr. il saggio su *L'intuizione e il carattere lirico dell'arte*), quindi nel *Breviario di estetica*, compreso in *Nuovi saggi di estetica* (1920), nell'*Aesthetica in nuce* del 1928 (raccolta negli *Ultimi saggi*, 1935), e infine in *La poesia* (1936) dove accanto all'espressione poetica vengono teorizzate le espressioni non poetiche che possono assumere valore artistico come "letteratura".

La seconda forma dell'attività dello spirito è la conoscenza dell'universale nel concetto, in cui s'identificano espressività, universalità e concretezza. Croce distingue dal concetto gli "pseudoconcetti empirici" (come cavallo, casa), che sono concreti ma non universali, e gli "pseudoconcetti astratti" (come triangolo), che non sono concreti. Gli uni e gli altri sono finzioni concettuali che hanno una finalità esclusivamente pratica. Tali sono tutte le nozioni che costituiscono le scienze naturali (pseudoconcetti empirici) e le matematiche (pseudoconcetti astratti). Mentre gli pseudoconcetti sono molteplici, il concetto, in quanto universale e concreto, deve essere contemporaneamente unico e distinto; di qui l'unità, nella distinzione, delle quattro forme dell'attività dello spirito.

L'opposizione interna in ognuna delle forme (bello-brutto, vero-falso, utile-dannoso, bene-male) si risolve pertanto nel nesso dei *distinti*: non esiste un momento negativo reale in una forma di attività, ma solo l'interferenza di un'altra forma di attività, che, in sé positiva, diventa negativa quando viene colta per quello che non è. Così, p. es., il brutto non è che l'interferenza, nell'arte, del pensiero o dell'attività pratica, in sé positivi, e negativi solo in quanto vengono valutati nell'ambito estetico.

Croce fu un grande estimatore dell'*idealismo hegeliano*, proprio perché Hegel faceva dipendere dal pensiero (considerato in sé infinito) l'esistenza e la spiegazione di tutta la realtà. La differenza fondamentale tra i due grandi idealisti stava nel diverso modo di considerare la *contraddizione*, che per Hegel costituiva un'*antitesi* vera e propria da superare, mentre per Croce (che in questo assomigliava a Shelling) era solo un aspetto *distinto* da tenere in considerazione.

Croce fu anche un grande avversario del *positivismo* e della scienza in generale. Egli riteneva che i concetti scientifici fossero dei "pseudoconcetti", perché il pensiero che "scompare" nelle cose, che si "oggettiva" in un ragionamento quantitativo ed esperienziale, muore. La scienza può avere un valore pratico ma non teorico. Questa sottovalutazione delle scienze esatte e sperimentali comporterà gravi ritardi nella cultura italiana e nella didattica scolastica.

Sul piano etico Croce afferma che l'attività pratica consiste nella volizione, che è libera nella misura in cui non è arbitraria o contraddittoria. Immorale è unicamente l'azione, che, essendo economica (volizione del particolare), pretende di essere etica (volizione dell'universale). In sé l'azione economica non potrà mai essere morale o immorale: è sempre assolutamente amorale. L'uomo lotta per il proprio particolare, ma il gioco delle azioni umane ha un senso sovrapersonale che sublima ed anzi strumentalizza l'utilitarismo (economicismo) realizzando idealità e libertà sempre più avanzate.

Sul piano politico, va detto che col concetto di liberalismo egli non intendeva una precisa dottrina politica volta a rivendicare le sfere di autonomia del singolo dal potere statuale, onde evitare gli arbitri di chi governa, ma intendeva una sorta di "metapolitica", cioè l'idea che la storia è storia della libertà umana, contro e attraverso le limitazioni che lo spirito umano pone e scopre in se stesso e con cui deve misurarsi per superarle.

Sul piano dell'economia politica, polemizzò con Einaudi, negando che il liberalismo dovesse necessariamente essere legato al liberismo, ossia all'economia della massima esaltazione della libera concorrenza tra privati. Per lui il libero mercato senza limiti era solo una delle politiche possibili del liberalismo.

Lo Stato per lui era considerato come un grande Leviatano, continuamente teso a sbranare altri Stati. La sua indipendenza dalla Chiesa doveva essere assoluta, benché non fosse compito dello Stato stabilire il bene e il male (come senatore votò contro il Concordato del 1929). Ciò che del fascismo non apprezzò mai fu l'idea di diventare Stato autoritario, regime a partito unico.

Avendo nettamente separato lo studio dei fatti economici da quelli ideologici (privilegiando quest'ultimi), Croce non poté dare un'analisi storica criticamente adeguata della genesi del fascismo. Per lui il fascismo fu una semplice parentesi, un'eccezione che conferma la regola, una deviazione temporanea nel corso della storia come processo irreversibile della libertà. Non vide mai il fascismo come prodotto che a certe condizioni diventa necessario nel capitalismo.

Il sistema crociano si conclude con le riflessioni sul problema della storia da cui si era inizialmente sviluppato. Al problema Croce dedicò la *Teoria e storia della storiografia* (1917) e *La storia come pensiero e come azione* (1938). Riprendendo le riflessioni della *Logica*, la storia (che nell'*Estetica* era teorizzata come "arte") viene identificata con il *pensiero*, e la filosofia appare come "il momento metodologico" della storiografia, che tratta sempre la storia indifferentemente come un insieme particolare e universale, poiché le attività dello spirito sono appunto distinte ma non separate. Mentre nei confronti del passato è impossibile pronunciare giudizi di *valore*, e lo storico non può che valorizzare positivamente ogni fatto cogliendolo nella sua *necessità* (di qui l'ottimismo storico crociano), il presente richiede la valutazione e la scelta degli avvenimenti in atto, che non devono essere accettati passivamente. Croce viene definito come esponente della corrente storiografica "etico-politica".

Accanto all'attività filosofica Croce sviluppò un'intensa produzione storiografica in senso stretto, i cui risultati più importanti sono la *Storia del Regno di Napoli* (1925), la *Storia d'Italia dal 1871 al 1915* (1928), la *Storia dell'età barocca in Italia* (1929) e, infine, la *Storia d'Europa nel secolo XIX* (1932).

Definendosi "idealista desanctisiano" in estetica, Croce rivendica i diritti della fantasia contro i positivisti e mette in ridicolo la scuola storico-erudita con la sua aneddotica, volta a indagare elementi insignificanti della vita del poeta. Ma il ritorno a De Sanctis non era privo di motivi di dissenso: Croce rimproverava al De Sanctis il suo eccessivo hegelismo che lo aveva spinto a costruire dialetticamente una storia della letteratura.

A differenza del metodo desanctisiano e tenendo conto del carattere individualizzante che, in sede estetica, aveva rilevato nell'espressione artistica, Croce concepisce la storia della letteratura e dell'arte al di fuori di schemi astratti, cioè preferisce vederla come una serie di monografie rivolte unicamente a mettere in luce il valore poetico di ogni *singola opera*. Si dissolvono pertanto i "generi" letterari: come l'arte è nello stesso tempo pittura, architettura, poesia, musica e scultura, così la poesia è sempre lirica ed epica, comica e tragica, e il romanzo è poesia allo stesso titolo di un'opera in versi.

Per quanto concerne la critica letteraria, Croce ritiene che il critico non *sia artifex additus artifici*, ma *philosophus additus artifici*: la sua funzione, cioè, è quella di distinguere la poesia dalla non-poesia e la parte poetica di un capolavoro dalla sua parte strutturale, la quale è però legata alla precedente da un nesso dialettico. Dal 1903 al 1914 compaiono su "La Critica" le *Note sulla letteratura italiana della seconda metà del secolo XIX*, raccolte poi sotto il titolo *La letteratura della nuova Italia* (6 volumi, 1914-40). Soprattutto agli scritti apparsi su "La Critica" è legato il nome di Croce come polemista brillante e scrittore limpido ed elegante. Già nel 1903 vedono la luce i saggi su Carducci, Fogazzaro, De Amicis, Verga, Serao, Di Giacomo; seguono i saggi sugli scapigliati, su D'Annunzio, Zanella, ecc.

La ricerca concreta su tanti poeti e scrittori diversi porterà Croce a ripensare i principi etico-politici e la sua concezione estetica. La letteratura contemporanea non è però il solo interesse: nel 1911 compaiono i *Saggi sulla letteratura italiana del Seicento*. Nello stesso anno Croce esprime il desiderio di dar vita a "qualche monografia che risponda meglio... al mio ideale di critica e sia dedicata a un soggetto più importante che non i letterati italiani dell'ultimo mezzo secolo". Da questa esigenza nascerà il saggio su Goethe, scritto quando ancora infuriava la guerra contro la Germania (1917), per quel bisogno di equilibrio e di rispetto per i valori ideali eterni che non possono venir toccati dalle passioni transeunti: un saggio che è un modello di organicità e di sintesi espositiva. A questo fanno seguito i saggi su Ariosto, Shakespeare e Corneille (1920) e *La poesia di Dante* (1921), che è forse uno dei suoi libri più discussi e influenti. Con *Poesia e non poesia* (1923) si conclude questa fase della critica crociana.

Seguiranno altri studi, con proposte nuove e approfondimento dell'antico. Nascono così i volumi che vanno sotto i titoli di *Conversazioni critiche* (5 volumi, 1918-39), *Poesia popolare e poesia d'arte* (1933), *Poesia antica e moderna* (1941), in cui si chiarisce e approfondisce lo stretto rapporto fra pensiero estetico e valutazione delle singole opere. Ma meritano d'essere ricordati anche i *Saggi sulla letteratura italiana del Settecento* (1949), quelli, in tre volumi, sul Rinascimento (*Poeti e scrittori del pieno e tardo Rinascimento*, 1945-52), le *Letture di poeti* (1950) e le postume *Terze pagine sparse* (1955): ultimi contributi di un'attività straordinariamente ampia che ha fatto di Croce la figura di maggior risalto nel panorama della cultura italiana del primo Novecento. A cura della figlia Lidia sono state pubblicate nel 1975 le *Lettere di Antonio Labriola a Benedetto Croce* (1885-1904).

Alcune osservazioni critiche

Teoricamente la filosofia crociana era priva di valori. Dicendo p.es. che tutto è storia o che lo spirito è la storicità, arrivava a giustificare qualunque cosa. Non a caso egli poneva il valore della storia nella *forza*, non nel diritto, il quale, anzi, è esso stesso sottoposto al criterio della forza e dell'utile. Croce fa intervenire la libertà soltanto quando la forza diventa esagerata ed evita accuratamente di parlare di "Stato etico". Di qui la sua differenza da Gentile, ma è semplicemente la differenza tra un soggettivista e un oggettivista, benché nella loro filosofia appaia esattamente il contrario, e cioè che lo storicismo crociano sembra rientrare nell'oggettivismo hegeliano (in maniera diciamo "liquida"), mentre il pensiero pensante di Gentile rientra nell'io assoluto di origine fichtiana (in maniera diciamo "indotta").

Ciò spiega facilmente il motivo per cui Croce rifiutasse la *dialettica degli opposti*. Quando non si vogliono affermare dei valori, non possono esserci dei conflitti irriducibili, i cui elementi devono essere superati entrambi in una sintesi. Esistono soltanto dei *distinguo* o dei *distinti*, che vanno salvaguardati entrambi, in maniera diplomatica, poiché ognuno dei quali rispecchia una certa posizione di forza. La stessa etica è condizionata dalla forza che si esprime nell'economia e che lui chiama col concetto di *utile*.

La sua filosofia è non meno irrazionalistica di quella di Gentile: la differenza sta nel fatto che l'uno faceva coincidere immediatamente il singolo con lo Stato, per cui annullava la filosofia nella politica; l'altro invece aveva una posizione più astratta e faceva coincidere filosofia e storia dal punto di vista della storia, poiché questa è storia della libertà che diviene necessità.

Ma se prendiamo p. es. la teoria crociana dell'arte o la sua concezione dell'estetica, vediamo che egli fa di tutto per tenerle separata dall'etica. L'artista è sempre moralmente incolpevole. È sufficiente che abbia l'intuizione sensibile o lirica, il sentimento del bello, senza preoccuparsi se ciò che esprime sia vero, reale o no. Non occorre una passione sfrenata, una concezione molto intellettuale della realtà, né un obiettivo specifico (p.es. l'utile, il vero, il bene, il piacere) per fare un'ottima arte. L'unico fine dell'arte è la *bellezza*, che Croce considera in maniera astratta e formale, avulsa dal suo contesto, che pur va analizzato con gli strumenti della critica filologica.

Croce dà un'infinita importanza al sentire interiore, che deve però esprimersi secondo un linguaggio specifico. Di tutti i linguaggi quello poetico è per lui il più significativo: infatti nella prosa non vi sono immagini plastiche o simbolico-evocative, mentre nell'oratoria non vi sono parole significative ma solo suoni articolati. Per lui l'anima dell'espressione poetica è il *ritmo*. La poesia quindi è strettamente legata a un sentimento che si esprime seguendo le regole ritmiche di un proprio linguaggio. Forse si potrebbe dire che quello che Gentile diceva a proposito del "pensiero pensante", irriducibile a qualunque fissazione, Croce lo diceva a proposito dell'arte, che è identità di intuizione ed espressione, cioè linguaggio primordiale.

Per quanto riguarda la storia, è questa che domina e dà senso alla sua filosofia, però non tanto la storia in generale o una qualunque storia, ma la storia che va studiata per un'esigenza sentita nel presente. Quindi la storia è sempre *storia contemporanea*. Quando la si studia, essa perde la sua passionalità e diventa necessaria. La storia, per lui, è sempre un progresso, perché, anche se vi sono elementi irrazionali, questi, col tempo, diventano razionali, grazie a quella sorta di "provvidenza" che alla fine aggiusta tutto. Ecco perché definisce il fascismo una semplice parentesi irrazionale. Il vero soggetto della storia è lo spirito infinito e nella storia si risolve sempre ogni problema.

Donini e l'ateismo scientifico

I

Chiunque in Italia voglia iniziare uno studio del fenomeno religioso, visto in chiave marxista, non può assolutamente prescindere dal grande contributo di Ambrogio Donini, soprattutto delle sue due opere più significative: *Storia del cristianesimo* (ed. Teti) e *Lineamenti di storia delle religioni* (Ed. Riuniti e, successivamente, ed. Newton, col titolo *Breve storia delle religioni*).

In effetti, forse non ci rendiamo sufficientemente conto che nell'ambito della nostra sinistra nessuno, ancora oggi, può vantare una cultura così vasta in materia di "religioni" come quella di Donini, e nessuno, al di fuori dell'area marxista, può vantare una competenza altrettanto scientifica, poiché l'interpretazione cattolica del fenomeno religioso o dipende da quella franco-tedesca o è terribilmente apologetica (sulla scia dell'integralismo di Wojtyla-Ratzinger e di CL, che vorrebbero addirittura realizzare una dipendenza dalla teologia polacca), mentre la tradizione protestante (si pensi alle opere della editrice Claudiana di Torino) non ha ancora la forza sufficiente per imporsi a livello nazionale e dimostrare così che, oltre a quella cattolica, esiste anche un'altra interpretazione del fenomeno religioso (meno che mai questa forza ce l'ha l'area cristiano-ortodossa, che senza dubbio è molto più sviluppata in Francia).

Donini non ha soltanto avuto il merito di far conoscere al pubblico italiano le tesi più significative della scuola mitologistica sovietica (si pensi a Vipper, Jaroslavskij, Kryvelev, Tokarev, Kovaliov..., autori a lui molto cari), ma ha avuto anche il merito di ridimensionare l'acceso anticlericalismo dell'area anarchica, impostato, sul piano ateistico, in maniera positivistica, così come si può rilevare dalle opere curate dall'editrice La Fiaccola di Ragusa.

Il terzo grande merito di Donini è stato quello di aver superato il suo maestro Buonaiuti e con lui i limiti del *modernismo*, che pur è stato l'ultima grande esperienza progressista del cattolicesimo italiano, in parte poi riassorbita dalla chiesa, in parte confluita nel marxismo (come appunto nel caso di Donini), in parte proseguita, con scarsa fortuna, nell'esperienza dei cristiani per il socialismo e dei cattolici-comunisti (le cose sono andate meglio in Sudamerica con le comunità di base e la teologia della liberazione).

Il discepolo più significativo di Donini, in Italia, è stato Marcello Craveri, che ha approfondito la lettura ateistica del cristianesimo primitivo, concentrandosi soprattutto sulla figura del Cristo (la sua ultima fatica però è sulla storia delle eresie).

Detto questo non ci resta ora che evidenziare i limiti divulgativi dell'opera di Donini, aiutando il lettore a capire in quali direzioni essa meriterebbe un felice prosieguo. Sul piano fenomenologico i limiti si possono desumere da due fatti sintomatici:

- la scarsa comprensione dell'ateismo-scientifico di Donini nell'ambito della sinistra italiana;

- lo scarso dialogo di questo ateismo con le posizioni cattoliche e protestanti.

Le cause del primo aspetto vanno addebitate in parte all'ex partito comunista e in parte allo stesso Donini. Mentre questi, infatti, nell'esame del fenomeno religioso, ha sempre preferito accentuare l'uso degli strumenti ideologici rispetto a quelli politici, l'altro invece ha fatto esattamente il contrario. In altre parole, mentre Donini ha cercato soprattutto di sottolineare la valenza "alienante" della religione, il Pc (a partire da Togliatti) ha cercato soprattutto di valorizzare l'elemento di "protesta" (il cosiddetto "sospiro della creatura oppressa").

Da un lato quindi si puntava, seguendo le orme di Engels, a evidenziare le falsificazioni prodotte dal cristianesimo primitivo, dall'altro si ribadiva (soprattutto con Berlinguer) la laicità del partito, relegando il fenomeno religioso a questioni di mera coscienza privata (di qui l'agnosticismo indifferente di molti comunisti), a meno che appunto il cattolico non volesse impegnarsi nel partito anche per dare un contenuto "sociale" di protesta alla propria fede (vedi appunto l'esperienza dei catto-comunisti).

Un concetto come quello di "laicità", pur giustamente affermato in sede politica, significava per il Pc che, sul piano ideologico, era sempre meglio non esprimersi, per non rischiare di offendere la suscettibilità dei credenti. Ognuno veniva lasciato libero di condividere o meno certe tesi (specie in materia di religione), senza però che le tesi venissero formulate e approfondite. In definitiva la libertà era soltanto quella di adeguarsi alle posizioni dominanti della cultura cristiano-borghese.

Ma dove stanno, in tutto ciò, i limiti di Donini? Stanno appunto nel fatto che, accentuando gli aspetti "alienanti" della religione (e qui veniamo al secondo punto), il rapporto col mondo cattolico è sempre stato per lui molto problematico. In questo senso il Pc non ebbe tutti i torti nel cercare di smorzare l'impatto politico che potevano avere le sue ricerche storiche sul rapporto tra il partito e i cattolici.

Condizionato da fattori storico-politici, Donini, nell'esame del fenomeno religioso, ha preferito, come d'altra parte quasi tutta la storiografia sovietica sino alla fine degli anni '70, allinearsi alle posizioni dell'indirizzo *mitologistico*, tralasciando di approfondire le tesi delineate da Kautsky, la cui opera, *Origini del cristianesimo*, aveva incontrato anche il favore di Lenin, che nel 1919 la fece immediatamente tradurre in russo. Tesi, quelle di Kautsky, in un certo senso "classiche", poiché, vedendo nel Cristo un soggetto politico-rivoluzionario, risalivano a H. Reimarus e alla Sinistra hegeliana, ma anche "moderne", poiché contestualizzavano sul piano socio-economico quell'esperienza rivoluzionaria.

"Allo stato attuale delle fonti - aveva scritto Donini nei *Lineamenti* - qualunque tentativo di leggere i libri del Nuovo Testamento in chiave puramente politica può solo costituire una manifestazione di buone intenzioni e di coraggioso impegno sociale, sul terreno della lotta per la libertà e per il progresso. Sia i quattro vangeli che gli altri scritti neotestamentari, infatti, sono preoccupati in primo luogo di spoliticizzare al massimo la biografia di Gesù e di inquadrarla in un mito religioso di salvezza ultraterrena".

Con questo suo sintetico pensiero, Donini in pratica affermava due cose:

- una lettura politica del movimento messianico di Gesù sarà possibile solo quando avremo altre fonti a disposizione, in quanto quelle attuali mirano a legittimare un'interpretazione opposta, di tipo cioè "religioso";

- uno storico deve limitarsi a considerare che le attuali fonti per lo studio del cristianesimo, essendo viziate dalla preoccupazione apologetica di dimostrare la compatibilità della nuova religione universale col sistema dominante romano, non offrono quella sufficiente credibilità perché si possa esprimere su questo movimento un giudizio obiettivo.

Col che, pur restando nei limiti di una corretta valutazione di metodo, l'analisi marxista, invece di sentirsi stimolata a studiare le falsificazioni "cristiane", s'era bloccata sul nascere, soprattutto in Italia, lasciando che il compito fosse svolto dalla migliore teologia protestante e dal positivismo anticlericale.

Paradossalmente, proprio questa intransigente posizione, che avrebbe dovuto dare al Pc solide fondamenta ideologiche per vincere il confronto coi cattolici, è stata utilizzata dal partito per tenere nettamente separate l'ideologia dalla politica, negando alla prima una vera importanza e rischiando continuamente di fare della seconda un mero strumento per l'acquisizione del consenso.

In sostanza, la sinistra, socialista e comunista, parlamentare ed extraparlamentare, non ha prodotto alcunché di veramente significativo sul piano dell'analisi dei contenuti neotestamentari: molto di più è stato fatto, grazie soprattutto al Candeloro, sul piano della storia della chiesa e del movimento cattolico.

L'unica rivista di ateismo esistente in Italia, nell'ambito della sinistra, è stata, fino a poco tempo fa, "La ragione", dell'Associazione "Libero pensiero" (Giordano Bruno), ma dopo la scomparsa di G. Conforto, la redazione subì un'involuzione neoplatonica così grave che una parte della redazione si vide costretta a partorire una "Nuova ragione".[28]

La corrente che in Italia ha cercato di sviluppare la tesi metodologica di Donini, cominciando a entrare nel merito dei contenuti, è stata il razionalismo positivista (vedasi ad es. le opere di E. Bossi, A. Palomba, R. Souvarine e altri, curate dalle ed. La Fiaccola). Questa corrente si è rifatta agli enciclopedisti francesi (soprattutto a D'Holbach), alla Sinistra hegeliana (soprattutto a Strauss e Bauer), alla *Formgeschichte* (la quale ad es. afferma che i cosiddetti "miracoli" di Cristo non sono che miti) e, infine, alla scuola antistoricistica (nata verso la metà del XIX sec.) che nega una qualunque storicità al Cristo (vedi ad es. A. Kalthoff e A. Drews in Germania, J. Robertson in Inghilterra, B. Smith negli USA, Ch. Guignebert e B. Couchond in Francia, Luigi Cascioli in Italia).

Partendo da premesse marcatamente positivistiche, questa forma di razionalismo è subito sconfinata nell'anticlericalismo, pur avendo senza dubbio avuto il merito di dimostrare la grande influenza delle religioni orientali sul cristianesimo, i grandi parallelismi fra Vecchio e Nuovo Testamento, grazie ai quali si sono potuti smontare, ad es., tutti i racconti della nascita di Gesù.

Sul piano scientifico il suo limite maggiore sta nell'aver confuso le esigenze oggettive del processo storico (che ad un certo punto hanno portato, nell'ambito del cristianesimo, a deformare la realtà delle cose) con la cattiva fede di qualche impostore, ovvero il fatto di non aver saputo distinguere i concetti di "falsificazione", "mistificazione" e "invenzione": chi "falsifica" infatti ha un limite oltre al quale non può andare, proprio perché ha la pretesa d'essere credibile, diversamente da come si comporta chi "inventa" tutto di sana pianta. A livello filosofico il pensatore più significativo resta G. Rensi, ma anche Gianni Grana ha dato grandi contributi.

---

[28] Discorso a parte andrebbe fatto per le opere dell'etnologo A. Di Nola. Oggi comunque esistono altre riviste specializzate sull'ateismo, come "Noncredo" della Fondazione Religions Free e "L'ateo" dell'Associazione UAAR.

Di recente, forse per uscire dall'impasse, si è andato affermando un genere letterario le cui origini si fanno risalire a Renan: il "romanzo psico-politico", che consiste nel saper utilizzare *ad libitum* alcuni aspetti dei vangeli, ricamandoci sopra una descrizione psicologica dei vari personaggi, nonché una trama politica che spesso ricalca, più o meno fedelmente, la versione ufficiale della apoliticità del Cristo. Di qui le varie opere su *Giuda* di Zullino, Pazzi, Del Rio, quella su *Pilato* di Gurgo, di Angeli sul *Figlio dell'uomo* e altre ancora. Questi scrittori, le cui opere, non a caso, spesso vengono pubblicate da editrici cattoliche, si sono serviti, con circospezione, senza cioè trarre le dovute conseguenze sul piano politico, dei lavori esegetici fatti a partire dagli anni '20 del XX secolo (in Germania, Francia e Inghilterra) sul Nuovo Testamento, in particolare sui vangeli di Giovanni e soprattutto di Marco, che rappresenta, quest'ultimo, la vera scoperta dell'esegesi contemporanea, a motivo della sua concretezza, vivacità, ricchezza di particolari..., ma anche perché risulta essere la fonte principale di Matteo e Luca, nonché il punto di riferimento privilegiato per Giovanni.

Tornando a Donini, ci pare che i condizionamenti storici da lui subiti (e di questo occorre tener conto, se si vogliono veramente apprezzare i suoi meriti), si sono alla fine risolti in un pregiudizio (anche se una certa inversione di tendenza, seppur minima, può essere riscontrata nelle ultime edizioni dei *Lineamenti*): il pregiudizio secondo cui l'ammissione del carattere politico-rivoluzionario del vangelo di Cristo (non certo dei vangeli canonici, che di quello costituiscono un tradimento più o meno evidente), avrebbe fatto, in ultima istanza, gli interessi della religione. Donini, in un certo senso, applicò alla lettera il monito di Lenin indirizzato a Lunačarskij: "Qualsiasi giustificazione dell'idea di dio, anche la più onesta, fa sempre il gioco dei clericali". E siccome la figura del Cristo risultava per tradizione legata a una certa immagine di dio, Donini ne trasse la conseguenza che il modo migliore per evitare le strumentalizzazioni clericali fosse quella di mettere in discussione l'attendibilità delle fonti cristiane, fino a negare l'esistenza stessa del Cristo.

Questa presa di posizione ha portato (non solo Donini ma tutta la storiografia sovietica) a due "fatali" conseguenze:

- incomprensione del carattere progressista di certe esperienze religiose (come ad es. quella della teologia della rivoluzione), e questo a prescindere dal fatto che per un marxista la positività di tali esperienze stia più nel lato "umano" che non in quello "religioso";

- mancato approfondimento delle caratteristiche rivoluzionarie e, se vogliamo, ateistiche del movimento nazareno, così come appaiono, nonostante le censure e le falsificazioni, nelle fonti cristiane a nostra disposizione (in questo senso Donini s'è sempre rifiutato di proseguire le ricerche di Belo e soprattutto di Brandon, che pur certo marxisti non erano e che assai difficilmente avrebbero accettato l'idea di un Cristo su posizioni ateistiche, anche se non rifiutavano l'idea di un Cristo politicamente rivoluzionario. Il dialogo con questi e altri autori - ad es. Eisler - avrebbe comunque potuto essere più fruttuoso).

Chiediamoci ora quali sviluppi creativi si possono ipotizzare alle laboriose ricerche di Donini, senza limitarsi - come ha rischiato di fare Craveri, sebbene un lieve progresso dal suo primo libro sul *Cristo* (ed. Feltrinelli) al secondo (ed. Giordano) vi sia stato - a ribadire le tesi classiche della scuola mitologistica, e senza assumere quell'atteggiamento diplomatico - come fino a ieri aveva fatto il Pc e come tuttora fa il Pd - di chi, pur riconoscendo la statura politica di una figura come Donini, o il valore letterario delle sue opere, si è sempre rifiutato di confrontarsi sul contenuto del suo ateismo-scientifico, lasciandone il compito alla critica cattolica.

Una prima direzione di studi potrebbe essere, come già detto, la riscoperta del volume di Kautsky sull'*Origine del cristianesimo* (reperibile solo in una vecchia edizione del '70 presso la Samonà e Savelli), approfondendo il lato rivoluzionario del cristianesimo (ed anche, come mai fino ad oggi è stato fatto, il lato ateistico: non tanto nel senso che predicando un dio che non si vede i cristiani erano accusati di "ateismo" dai pagani politeisti, quanto nel senso che nella predicazione del Cristo si possono rintracciare elementi di "umanesimo integralmente laico" che la tradizione cristiana ha volutamente manomesso o censurato).

Il lato rivoluzionario del cristianesimo primitivo è quello che lo avvicina di più al socialismo scientifico e che lo allontana da tutto il cristianesimo di questi duemila anni di storia. Si badi, non tanto o non solo il lato rivoluzionario riconosciutogli da Engels e che consisteva nell'aver ereditato la migliore apocalittica tardo-giudaica, quanto piuttosto il lato rivoluzionario che avrebbe potuto portare all'edificazione di una società comunistica.

Naturalmente, oltre all'opera di Kautsky, i marxisti dovrebbero avvalersi anche dell'interpretazione social-rivoluzionaria della figura di Gesù, così com'è stata elaborata dal socialismo utopistico (Cabet, Weitling...) e dal socialismo cristiano o modernismo (Lamennais, Loisy, Buonaiuti, Tyrrel, Murri...), senza dimenticare - come già detto - la teologia più avanzata in campo protestante, cattolico, anglicano (Brandon, Belo, Girardet, Eisler...).

Non è più sufficiente affermare che nelle fonti cristiane esistono delle falsificazioni, bisogna anche cercare di capire le loro ragioni. Non basta dimostrare che tali fonti non sono attendibili in quanto lacunose, tendenziose, contraddittorie. Bisogna anche cercare di capire il motivo di queste forzature, di queste scelte di campo. Non dobbiamo aver timore d'ammettere che prima del socialismo sia esistita un'esperienza rivoluzionaria legata al nome di Cristo: se riusciremo a dimostrare che tutte le falsificazioni sono state operate ai danni della concezione di comunismo primitivo e di umanesimo integrale che il Cristo voleva realizzare, noi non avremo fatto un favore alla religione né, tanto meno, al clericalismo, ma un favore al socialismo o comunque alla verità storica, all'uomo storico.

Una seconda direzione è quella di approfondire in maniera costruttiva le tesi della scuola storico-razionalista sovietica, nata verso gli inizi degli anni '80 del secolo scorso, la quale (riprendendo le tesi di N. Nikol'skij, morto nel 1959) è più disposta ad ammettere l'esistenza storica di Gesù, la possibilità delle sue guarigioni, un carattere rivoluzionario (poi tradito) del suo movimento... Ci riferiamo ad autori come la I. Svencickaja e la K. Gabova. L. Mitrochin, ad es., s'è reso conto che grazie alla scuola storicistica il dialogo coi credenti è diventato più produttivo. Naturalmente questo indirizzo è presente anche fuori della ex-Urss, p.es. in Polonia (si pensi allo storico Z. Kosidovskij).

Una terza direzione può essere quella aperta da Feuerbach con la celebre tesi secondo cui l'idealismo tedesco (e quindi tutta la filosofia borghese) non è che una laicizzazione della religione cristiana (cattolica e protestante). Una tesi aperta da Feuerbach e subito "chiusa" dal marxismo, il quale, ereditandola, invece di approfondirla, sul piano scientifico, l'ha subordinata ad un'altra, non meno importante tesi, quella secondo cui la filosofia non può inverare se stessa se non trasformandosi in prassi rivoluzionaria (cosa che con l'antropologismo naturalistico e soggettivistico di Feuerbach mai si sarebbe potuto fare). Tesi giustissima, sul piano politico, ma che non avrebbe dovuto implicare la fine degli studi sull'influenza del cristianesimo nell'ideologia borghese (quegli studi che il geniale B. Groethuysen, ad es., aveva iniziato e che la precoce scomparsa gli impedì di proseguire). Ciò è accaduto probabilmente perché ancora oggi la storiografia marxista tende a sottovalutare, nonostante la lezione gramsciana, l'influenza delle sovrastrutture ideologiche (concezioni morali, filosofiche, religiose...) sul mutamento della struttura economica, sociale e materiale.

Bisogna qui tuttavia, prima di concludere, chiarire un aspetto che potrebbe rischiare d'ingenerare degli equivoci. Occorre cioè sfatare un mito che sin dalla fine dell'Ottocento ha coinvolto molte coscienze progressiste, quello di credere nella possibilità di conciliare socialismo e cristianesimo. Questo connubio, sostenuto in Italia sino alla nascita del fascismo, che prevedeva una confluenza dei motivi anticlericali della Rivoluzione francese e di certo socialismo massimalista verso una sorta di religiosità laica risorgimentale; questo connubio (già aspramente criticato dal Labriola) che si è poi riproposto, in forme e contenuti diversi, subito dopo la guerra, con l'esperienza della "sinistra cristiana", sino a quella del "catto-comunismo" e del "cristianesimo per il socialismo", oggi non ha più alcuna ragione d'esistere, semplicemente perché, nonostante le gravi deformazioni storiche di certi ideali socialisti, si è sempre più consapevoli che il socialismo democratico è in grado di ereditare e d'inverare le migliori conquiste non solo del cristianesimo, ma anche di qualunque altra religione.

II

Proseguire il discorso di Ambrogio Donini "da sinistra", in merito alla "figura di Gesù" o alle origini del cristianesimo primitivo, è quanto di più difficile vi sia. Almeno per tre ragioni:

- relativamente all'argomento in oggetto, Donini aveva una vastissima cultura;

- non è possibile approfondire il suo discorso senza conoscere i fondamenti del marxismo (tornare a Buonaiuti non ha senso);

- non esistono delle fonti storiche diverse da quelle che lui ha usato (ad eccezione della Sindone, ch'egli ha sempre ritenuto un falso).

Quanto al primo punto, il sottoscritto, non essendo uno storico di professione, deve necessariamente limitarsi a porre delle domande, a formulare delle ipotesi, a suggerire delle piste di ricerca.

Quanto al secondo punto, va detto che fino ad oggi nessuno ha saputo riprendere le tesi di Donini in chiave critica e propositiva. Esse infatti sono state o garbatamente ignorate (dalla sinistra) - nonostante il grande successo editoriale dei suoi libri, in Italia e all'estero -, poiché si riteneva che ostacolassero un dialogo proficuo, sul piano politico, col mondo cattolico; oppure sono state pedissequamente ripetute, ovvero riconfermate con indagini più minuziose (è il caso di Marcello Craveri).

Il terzo punto è forse quello che più disarma chi voglia avventurarsi, con un minimo di cultura, e senza dimenticare il marxismo, sulla strada della ricerca creativa. È lo stesso Donini, infatti, a metterci sull'avviso: "Allo stato attuale delle fonti, qualunque tentativo di leggere i libri del Nuovo Testamento in chiave puramente politica può solo costituire una manifestazione di buone intenzioni e di coraggioso impegno sociale, sul terreno della lotta per la libertà e per il progresso.[29] Sia i quattro vangeli che gli altri scritti neotestamentari, infatti, sono preoccupati in primo luogo di spoliticizzare al massimo la biografia di Gesù e di inquadrarla in un mito religioso di salvezza ultraterrena".[30]

Col che il discorso, pur metodologicamente corretto, sulle origini del cristianesimo, è diventato contenutisticamente chiuso.

Donini esclude categoricamente che i vangeli, in sé, possano essere considerati delle "fonti storiche". "I quattro vangeli - egli afferma - non costituiscono una testimonianza storica diretta, sia perché intessuti di ingenuità, di inesattezze e di stridenti contraddizioni, redatti come sono a tanta distanza di tempo dai fatti che intendono narrare, sia perché non sono stati scritti in terra di Palestina e tanto meno in una delle lingue correnti tra quelle popolazioni, l'ebraico e l'aramaico. Il paese ch'essi descrivono è in gran parte immaginario" (pp. 244-5).

Tutto ciò è sicuramente vero, ma, rinunciando a lavorare sopra i vangeli in maniera propositiva, Donini ha finito col negare ad essi il diritto d'essere comunque considerati una "fonte", e una fonte non meno valida dei testi qumranici o di Giuseppe Flavio. Se si prende infatti in esame la sua *Storia del cristianesimo*, si può facilmente notare come tutta la sua indagine sulle fonti neotestamentarie (specie di quelle evangeliche) abbia avuto come principale scopo quello di dimostrare la loro inattendibilità dal punto di vista storico.

Donini cioè, pur avendo capito perfettamente il motivo per cui quelle fonti non possono essere considerate storiche (vedi la spoliticizzazione del messia), non ha mai cercato di vedere, in dettaglio, dove questa censura si è concretizzata, in che modo essa si è manifestata. Col risultato, peraltro clamoroso per uno storico come lui, di arrivare a negare la storicità al protagonista principale dei vangeli. O meglio: Donini non nega tale possibilità, ma si limita semplicemente a considerarla una possibilità, ponendo così il messaggio originario del Cristo sullo stesso piano di quello di tanti altri messia del suo tempo, morti in circostanze non meno tragiche.

La conseguenza più paralizzante di tale posizione è che alla fine, proprio dal punto di vista storico, non si riesce assolutamente a capire perché, dopo questi duemila anni di storia, vi sono ancora milioni di persone che credono al messaggio di Cristo, o meglio, alla sua falsificazione evangelica.

Con la realizzazione del socialismo marxista (soprattutto nei Paesi est-europei) ci si era illusi di aver inferto un colpo demolitore alle pre-

---

[29] Qui Donini intende riferirsi, p. es., alle opere di F. Belo e G. Girardet.

[30] *Breve storia delle religioni*, Newton 1991, p. 256.

tese del cristianesimo; oggi, con il crollo di quella forma di socialismo, ci si è accorti di aver reso il cristianesimo ancora più legittimato di prima.

Lungi da noi naturalmente pensare che il fatto di credere per secoli in una falsità debba portarci a dedurre che qualcosa di "vero" (in senso storico) debba per forza esistere nella nascita di questa religione. Tuttavia, bisogna ammettere che nei confronti della figura del Cristo la sinistra, in quest'ultimo secolo, ha tenuto un atteggiamento ben strano. Dall'ingenuità di credere in un "Cristo proletario", antesignano del moderno rivoluzionario di professione, si è passati al pregiudizio positivistico della tesi mitologistica, che nega al Cristo qualunque veridicità.

Il Cristo cioè appariva "vero" se risultava conforme a certi stereotipi del presente, oppure era destinato a volatilizzarsi, per timore che qualcuno (i clericali) potesse considerare il marxismo già tutto anticipato dal cristianesimo apostolico. In entrambi i casi non si è mai arrivati a capire quali circostanze, situazioni, episodi, discorsi... sono stati censurati, manipolati, strumentalizzati per delineare l'immagine di un Cristo spoliticizzato, e quale doveva essere, per converso, l'immagine vera del Cristo storico.

Chi si è assunto l'onere di condurre questo lavoro sono stati o i protestanti più progressisti oppure i cattolici vicini alle idee della teologia della liberazione. I marxisti, invece di demolire il cristianesimo dall'interno, sono stati letteralmente a guardare, facendo proprie le tesi di quegli esegeti "credenti ma non troppo".

Quando Lorenzo Valla scoprì che la Donazione di Costantino - in cui la cristianità occidentale per sette secoli aveva creduto - era un falso patentato, fu costretto, grazie anche al contributo degli intellettuali greci che emigravano in Italia dalla Bisanzio minacciata e poi distrutta dai turchi, a risalire alle origini del contenzioso che divideva gli ortodossi dai cattolici sin dai primi secoli della cristianità. Come mai la sinistra marxista non ha mai saputo lavorare senza pregiudizi di sorta sulle fonti neotestamentarie, al fine di ipotizzare - in attesa di nuove fonti storiche - quale poteva essere l'immagine realistica del Gesù storico?

Una posizione così radicale come quella di Donini può essere servita per impedire ad ogni esegesi di tipo religioso (che inevitabilmente subordina il Gesù storico al Cristo della fede), di poter sostenere, falsamente, che tra storicità e dogma non vi è alcuna vera differenza. In tal senso, Donini avrebbe assolto a un compito "dialetticamente negativo", "apofatico", se si vuole.

Quand'egli afferma che "a poco hanno giovato le minuziose ricerche intraprese in ogni tempo per rintracciare i segni della sua [di Gesù] esistenza, anche quando ci si è potuti servire dei metodi creati dalla critica moderna" (p. 245), egli in pratica ha posto questo fondamentale enunciato metodologico: il Cristo non può essere tutto ciò che i cristiani dicono di lui. Donini insomma giustamente riteneva impossibile, "allo stato attuale delle fonti", poter risalire alla storicità dei fatti a partire da una destrutturazione del testo evangelico (si veda ad es. "la storia delle forme" o "la storia della redazione").

In questo senso la sua dipendenza dalla scuola mitologistica dell'ex-Urss è stata netta (in particolare si vedano le opere di Vipper, Kovaliov, Kryvelev, Tokarev...), benché lo stesso Donini dovette ad un certo punto ammettere che "una nuova valutazione della tesi 'mitologica' è sentita oggi come una necessità dalle correnti più avanzate della critica, consapevoli del pericolo di una concezione che non tenga conto del processo storico-sociale di formazione della tradizione cristiana" (pp. 247-8). Parole profetiche, queste, da considerarsi come una sorta di "testamento spirituale", un invito a proseguire i suoi studi in questa direzione. Donini infatti, nel complesso della sua produzione, fu disposto ad ammettere le debolezze della tesi "mitologica" solo relativamente all'interpretazione che si poteva dare su sette passi di un testo paleoslavo della *Guerra giudaica* di Giuseppe Flavio, che "difficilmente - egli afferma - potrebbe essere considerato come un semplice frutto di fantasia" (p. 258).

Donini era convinto che questo testo, molto meglio dei vangeli, indicasse "il clima politico-rivoluzionario" (p. 258) in cui doveva essere avvenuta la tragedia del Golgota. Egli addirittura fu costretto ad ammettere che "se tale vicenda [politico-rivoluzionaria] avesse qualche parvenza di verità, l'intera tesi 'mitologica' ne subirebbe un colpo decisivo" (p. 249). Un'ammissione di questo genere ci può aiutare a capire un fatto davvero importante: esistono varie strade per arrivare ad accettare l'idea di una politica rivoluzionaria del Cristo (si può partire dai vangeli o da testi non-cristiani o anche solo dalla Sindone), ma alla fine il problema resta sempre quello di chiarire il significato di tale politica. E questo problema non può essere risolto prescindendo dai vangeli, specie quelli di Marco e di Giovanni (come ha ben visto il filologo tedesco W. Hartke).

Chi non arriva a questa conclusione, esaminando direttamente, in positivo, le fonti "manipolate" del Nuovo Testamento, può rischiare di fare delle "scoperte" che hanno del sensazionale solo in apparenza, poiché a una lettura attenta, senza preconcetti, delle fonti cosiddette "canoniche", la verità, seppur mascherata, viene ugualmente alla luce, proprio perché, al di là di un certo livello di falsificazione non si può andare, se si vuole sperare d'essere creduti.

Spesso addirittura (ma non è il caso di Donini) si finisce col cadere in "forzature" non meno strane di quelle che continuamente si de-

nunciano: come p.es. è accaduto a V. Macchioro, che, pur avendo giustamente sottolineato lo stretto rapporto tra paolinismo e religioni misteriche orientali, ha creduto di scorgere tracce di orfismo in ogni documento
del Nuovo Testamento (cfr *Orfismo e paolinismo*, ed. Bastogi).

Donini, se vogliamo, (emulando in questo R. Eisler) ha semplicemente attribuito un'eccessiva importanza alla suddetta versione paleosla-
va del testo di Giuseppe, nella quale l'anonimo autore - che ha cercato di
sintetizzare le tesi di Marco con quelle di Giovanni - non ci aiuta certo
più dei vangeli a capire che la motivazione principale che portò Gesù alla
croce fu di natura politica.

Gli stessi testi di Qûmran, cui Donini si sentiva particolarmente
legato, se ci hanno fatto capire le origini del movimento di Giovanni Bat-
tista e parte delle origini misteriche, religiose, sacramentali del cristianesimo primitivo, non ci hanno offerto alcun indizio per poter avvalorare la
tesi del messaggio politico-rivoluzionario del Cristo.

III

Oggi il compito che ci attende è più costruttivo di quello di Donini, anche perché è meno influenzato dall'esigenza di prendere anzitutto le
distanze politiche da certi atteggiamenti integralistici dei credenti. La
consapevolezza del valore dell'umanesimo laico è sicuramente aumentata
e non si lascia mettere facilmente in discussione da posizioni di principio
antitetiche, che tali vogliono restare senza scendere sul terreno del libero
confronto culturale.

Donini inoltre, situandosi in quel filone di pensiero che risale al
Bauer della Sinistra hegeliana (da Engels riscoperto solo nella tarda maturità), ha compiuto una grande opera di smontaggio storico delle tesi religiose che motivano l'origine del cristianesimo, al punto che, su tantissi-
me cose, ha segnato un punto di non ritorno. Sarebbe impensabile oggi
rimettere in discussione talune sue acquisizioni, da tempo patrimonio comune persino di esegeti non marxisti.

Soprattutto su una cosa Donini aveva completamente ragione:
ogni tentativo di "laicizzare" il cristianesimo, cercando di trovare dei
punti di contatto tra esso e le moderne ideologie laico-umanistiche, è
sempre destinato a dare scarsi risultati ai fini della lotta per la democrazia. Donini non ha mai messo in discussione il valore della filosofia moderna che, a partire da Cartesio sino a Hegel, ha fatto di tutto per togliere
al cristianesimo i suoi contenuti migliori, rompendo il guscio mistico in
cui erano avvolti. Però non si è neppure nascosto il fatto che fino a quando ci limitiamo a "secolarizzare" le idee cristiane, non smetteremo mai di

dare l'impressione che il cristianesimo abbia detto, seppur in maniera diversa (cioè mistica), le stesse cose dell'umanesimo laico.[31]

Il problema di laicizzare il cristianesimo (che in Hegel, p.es., è vivissimo) è stato, per eccellenza, il problema culturale della borghesia, dal XVI secolo sino al socialismo utopistico (forse i primi elementi risalgono addirittura alla riscoperta medievale dell'aristotelismo). Le soluzioni che la borghesia ha saputo trovare non hanno mai permesso di affermare che il cristianesimo aveva finalmente perso di attualità. C'era sempre qualcuno che sosteneva che qualcosa del cristianesimo si poteva ancora laicizzare. Hegel forse è stato l'unico ad aver chiara la consapevolezza che, al di là della sua laicizzazione filosofica, l'umanesimo laico non poteva andare, se voleva restare nell'ambito dell'ordine costituito (borghese e/o feudale), e che se si voleva andare "oltre", ciò avrebbe comportato delle conseguenze necessariamente politiche.

Naturalmente anche dopo il marxismo non sono mancati gli interventi di chi sosteneva che esistono ancora alcuni aspetti del cristianesimo che meritano d'essere interpretati in chiave umanistica (si pensi p.es. all'austromarxismo). Non che questo, di per sé, possa dispiacere a un marxista (benché Donini non abbia mai manifestato entusiasmi particolari per i cosiddetti marxisti "revisionisti" come M. Machovec, R. Garaudy, L. Kolakowski ecc., né, tanto meno, per i teologi della liberazione). Ciò che dispiace è il fatto di non potersi sottrarre alla critica dei credenti di far dipendere l'umanesimo laico da una dottrina religiosa, seppur laicizzata. Che il cristianesimo debba continuare a restare la religione più importante anche per i secoli a venire, questo un marxista non può accettarlo passivamente, né d'altra parte egli può pensare di contrastarlo con strumenti meramente politici.

---

[31] Feuerbach, p.es., non riuscì ad avere questa chiarezza. Marx invece l'ebbe, ma l'affrontò solo sul terreno politico e, in seguito, concentrando i suoi studi solo sull'economia.

Il Gesù "comunista" di Costanzo Preve

Mi chiedo dove Costanzo Preve, allorché parla su "Marx 101" (n. 7/1989), di riprendere il confronto tra marxisti e credenti, abbia mai letto che il "marxismo non sia, almeno dal punto di vista teoretico, una forma di ateismo": forse nei *Manoscritti del 1844*, laddove Marx sostiene che "l'ateismo è sì una negazione di dio e pone attraverso questa negazione l'esistenza dell'uomo, ma il socialismo in quanto tale non ha bisogno di questa mediazione"?

Se è così, allora bisogna subito precisare che il socialismo, specie quello "qua talis", cioè quello *democratico*, non s'è mai realizzato, né nell'Europa dell'est, né, ancor meno, in quella dell'ovest. O forse Preve intendeva dire che se l'esigenza di costruire il socialismo democratico dipende dall'atteggiamento assunto nei confronti della religione, allora è preferibile non parlare di "ateismo", onde permettere ai credenti di meglio coinvolgersi nell'impresa?

Persino un ente "insospettabile" come il "Pontificio Consiglio per il dialogo coi non-credenti" sa comportarsi con maggiore coerenza. Infatti, nei due simposi organizzati con alcuni specialisti est-europei, su "scienza e fede" e "società e valori etici", non si è per nulla preoccupato di mascherare le diversità; anzi, ha chiesto che gli interventi fossero il più espliciti possibile, anche in direzione dell'ateismo, nella consapevolezza che sul piano ideologico la convergenza resta alquanto improbabile.[32]

Ma allora - ci si può chiedere - perché dialogare? Per due semplici ragioni: la prima è che ci sono molti problemi comuni da risolvere (la pace, i diritti umani, l'ecologia, i valori della vita ecc.); la seconda è che il dialogo fa bene alla "salute spirituale", nel senso cioè che cura taluni malesseri tipici dell'uomo moderno: la sclerosi intellettuale, le fissazioni maniacali, i complessi di superiorità o di persecuzione.

In definitiva, la sostanza del problema qual è? È possibile dialogare coi credenti in qualità di non-credenti, oppure il dialogo è possibile solo quando non è in gioco la *weltanschauung*? Il suddetto Consiglio ha risposto di "sì" ad entrambe le domande; Costanzo Preve invece vi ha risposto di "no". "No" alla seconda perché, ovviamente, un dialogo che si

---

[32] Cfr. *Science and Faith*, Ljubljana-Rome 1984 e *Società e valori etici*, ed. Città Nuova, Roma 1987.

limitasse a questo finirebbe con l'impoverirsi; ma "no" anche alla prima perché, a suo giudizio, le posizione ateistiche sono superate.

Qual è la sua proposta? Quella di riprendere le idee, molto apprezzate dai cattolici, del neo-marxista Ernst Bloch, il cui marxismo - lascia intendere Preve - non è così "esplicito", così "immediato", così "fastidioso". Il suo stesso ateismo è più che altro una provocazione a "credere meglio", una sfida, non certo una convinzione autenticamente laica. "Non ci sono in Bloch gli estremi per separare teologia e politica" - dice Preve con soddisfazione (oggi neppure la peggiore ideologia borghese aspira a tenerle unite).

L'eclettismo di Costanzo Preve, tuttavia, non finisce qui. Con pregiudizio e una punta di vanità, egli squalifica la "demitizzazione" iniziata da Bultmann soltanto perché la ritiene inutile "per una fondazione di una prassi di liberazione". Errore madornale, in quanto tutta la critica che nell'ambito della religione porta all'ateismo può essere molto utile a tale prassi, seppure indirettamente. La chiesa infatti l'ha capito e ha tradotto le opere di Bultmann solo quel tanto che bastava per non fare una meschina figura di provincialismo.

Preve inoltre sostiene che nella teologia della liberazione non c'è quasi traccia di marxismo. Altro errore madornale. Senza il marxismo non esisterebbe neppure la TdL, la quale, se ha un limite non è certo quello di non usare categorie strettamente marxiste, ovvero di non rifarsi in toto al marxismo (il che oggi, semmai, è un pregio), bensì quello di avere la pretesa di superare o inverare il marxismo dal punto di vista della religione (che fu poi la pretesa di Comunione e Liberazione agli inizi degli anni Settanta). Nelle sue espressioni migliori (in questo CL non l'ha mai eguagliata), la TdL è rimasta affiliata al marxismo teorico, tanto che ancora oggi costituisce una delle correnti ecclesiali più significative con cui dialogare. Gli Usa e altri governi sudamericani da tempo l'hanno capito e da tempo emanano direttive per eliminarla.

Preve critica aspramente anche un luogo comune, da lui ritenuto il "più noto", che a me pare, in verità, assai poco "comune" e addirittura privo di un vero "luogo". Eccolo: "il marxismo può essere radicale nei confronti della fede religiosa solo a condizione di riaffermare senza compromessi il proprio ateismo". Ora, quando mai un marxista democratico ha affermato una sciocchezza del genere? E se l'ha fatto, in quanti gli hanno creduto? L'ateismo marxista è volgare o scientifico? È un'interpretazione razionale del fenomeno religioso o una bandiera da conficcare nella testa dei credenti?

Inoltre è davvero singolare che Preve voglia limitare la vasta critica della religione compiuta da Marx al rapporto tra "feticismo religioso" e "feticismo economico", così come appare nel *Capitale*. Sia la religione che l'ateismo sono fenomeni molto complessi, tanto che lo studio dei loro reciproci rapporti si può dire che sia appena uscito dalla culla. Se poi si ha addirittura il coraggio di sostenere che la nozione di "feticismo religioso" non è "una vera e propria categoria scientifica", bensì una "metafora per comprendere la divinizzazione e l'eternizzazione abusiva delle categorie economiche vigenti nel modo di produzione capitalistico" - allora si sono fatti "due passi indietro", poiché non si è compreso che l'esigenza della religione è strutturale al capitalismo, come ad ogni società basata sullo sfruttamento del lavoro altrui.

Preve non sarà per caso uno di quelli che ritiene impossibile qualificare come "scientifico" l'ateismo, in quanto non sarebbe possibile dimostrare l'inesistenza di dio? Se è così (e su questo andrebbe esaminata attentamente tutta la polemica che ha indotto "La nuova ragione" - la rivista dell'Associazione Giordano Bruno - a separarsi dalla "Ragione" "tradita"), non si può fare altro che ricitare il Marx dei *Manoscritti* di Parigi, il quale, a chi gli chiedeva, con fare sofistico: "Chi ha generato il primo uomo e in generale la natura?", rispondeva, serafico: "La tua domanda è essa stessa un prodotto dell'astrazione".

Viceversa, per Costanzo Preve tale domanda "non è affatto ingenua", poiché essa "presuppone un universo d'interesse, entro cui quell'interrogativo ha un senso". Perfettamente vero, ma questo non toglie che la domanda, in modo oggettivo e reale, cioè a prescindere dalle intenzioni di chi la pone, vada considerata per quello che è: una forma di alienazione. Che poi "in molte tradizioni religiose il problema dell'ateismo non si sia mai posto" - come vuole Preve e, con lui, molti altri ideologi che non sanno scorgere accanto alla religione anche la sua "critica" -, ciò non può certo significare che le domande religiose siano di per sé più interessanti di quelle ateistiche o che debbano essere considerate come più "sentite" dagli uomini. In Italia, p.es. non esiste ancora il socialismo, ma si può forse dire che nessuno ne avverta l'esigenza o che tale esigenza sia meno significativa rispetto a quella, ancora dominante (stando ai principali media), del capitalismo? Forse gli uomini primitivi che per un milione di anni hanno vissuto senza religione, si ponevano, solo per questa ragione, meno domande o domande meno importanti dei credenti di oggi?

O forse Preve ci vuole suggerire - ma questo sarebbe davvero grave - che è possibile vivere una forma di religiosità per così dire "purificata", "arazionale", tale per cui il sorgere dell'ateismo sarebbe molto improbabile? Se questa non è la sua preoccupazione perché citare in nota, condividendolo, l'articolo di C. Sini apparso su "Rinascita" (19/07/1986), il quale, con l'astuzia di uno che per evitare una trappola difficile cade in una facile, sostiene (cito le parole riportate da Preve) che "non si può decidere fra teismo e ateismo, perché i termini tradizionali della questione sfumano oggi nell'insensato". Sulla vuotaggine del "teismo" in effetti si potrebbe anche essere d'accordo, ma un "ateismo problematico" - come Sini va predicando - non è altro che un "agnosticismo di maniera" (tanto più ridicolo quanto più pretende d'essere di "sinistra").

Lo dimostra anche, in una nota di Preve, il riferimento compiaciuto a una lettera privata di L. Althusser, il quale afferma: "l'ateismo è un'ideologia religiosa... il marxismo non è un ateismo (in questo preciso significato)... non c'è conflitto di principio fra la religione e l'ateismo... l'ateismo come sistema teorico è sempre un umanesimo ed ogni tipo di umanesimo è un'ideologia di essenza religiosa".

Non c'è "conflitto di principio"? Forse perché fino a quando si parlerà di "ateismo" bisognerà per forza supporre la presenza della religione? Ma l'alienazione non va forse combattuta, democraticamente, o dobbiamo aspettare ch'essa si estingua da sola?

Le tesi di Althusser avevano fatto il loro tempo ben prima ch'egli morisse. Dopo aver abbandonato la politica, Althusser aveva invano cercato un'impossibile "purezza" di Marx sul piano scientifico, convinto che le rivoluzioni fossero l'esito di eventi ineluttabili, a prescindere dalla volontà dei soggetti. Con fare tipicamente positivistico, egli cercò la perfezione del marxismo nella "teoresi", cioè nell'analisi economica affrontata in modo filosofico, disprezzando infinitamente ogni forma di "umanesimo": il soggetto, per lui, era troppo contraddittorio perché il marxismo potesse farsene carico. Di qui la sua ben nota e triste formula: "La storia è un processo senza soggetto". Ovvero il soggetto rivoluzionario sono masse popolari i cui singoli individui hanno tutti la stessa faccia, poiché ciò che più conta è la loro capacità di adeguarsi a un fine o a una volontà che li trascende. Veramente C. Preve detesta l'idea che il marxismo possa essere considerato come un *integrale umanesimo*?

L'altro problema che Preve affronta nel suo saggio è il seguente: "com'è stato possibile che il cristianesimo abbia potuto sopravvivere, ed anzi prosperare, dopo la smentita della sua promessa massima e centralissima, quella della parusia, del secondo avvento del Cristo trionfante e del regno di Dio?".

La domanda non è posta bene, però se ne intuisce lo stesso il significato. Cristo infatti non ha mai predicato alcuna "parusia", ma semplicemente l'imminenza del regno (di "dio" è stato aggiunto da discepoli già estranei all'impegno politico, che, per questa ragione, elaborarono anche il concetto di "parusia", onde ridare speranza a chi voleva andarsene dal movimento nazareno). Ma di imprecisioni come queste l'articolo è pieno: ad es. Preve afferma che "il sacramento della comunione deriva dai due dogmi dell'incarnazione e della transustanziazione", quando, semmai, è vero il contrario. I sacramenti facevano parte della "prassi" primitiva della chiesa apostolica: i dogmi emersero per espellere l'eresia dalla comunità.

La risposta che Preve dà alla suddetta domanda si biforca in due rivoli: il primo parte da una tesi di M. Weber, secondo cui "ad una fase 'settaria' delle religioni, caratterizzate da aspettative di tipo messianico ed escatologico, succede inevitabilmente una fase maggiormente 'quotidiana', in cui la secolarizzazione dell'originario contenuto messianico razionalizza gli ambiti 'mondani' dell'esistenza fino all'estinzione pressoché integrale del contenuto messianico stesso".

Su questo due parole, prima di passare al secondo aspetto. Il movimento promosso da Cristo non fu affatto "settario", né sul piano interno (in quanto si voleva una "rivoluzione di popolo" antiromana, con farisei, zeloti, esseni, battisti... alleati), né sul piano esterno (i numerosi rapporti con gli ambienti di cultura greca lo dimostrano). Che alle aspettative messianiche succeda "inevitabilmente" una fase "quotidiana", questo può dirlo un sociologo borghese come Weber, ma fa specie che lo ribadisca anche Preve.

La pretesa "inevitabilità" di un processo del genere non può certo tenere in considerazione la natura delle "deviazioni" o dei "tradimenti" (più o meno coscienti) di cui il messaggio di Cristo è stato fatto oggetto. Parlare poi, al negativo, di "secolarizzazione dell'originario contenuto messianico" fa davvero ridere, poiché le aspettative di tipo "messianico" (sulla cui liceità si può sempre discutere, tant'è che anche il Cristo rifiutava, in certi casi, l'appellativo di "messia") non riguardano certo la sola coscienza religiosa. Weber è un sociologo borghese non solo perché rifiuta il concetto di "rivoluzione", ma anche perché squalifica per principio ogni attesa di cambiamento reale, bollandola col marchio di "messianismo religioso".

Il secondo aspetto di cui sopra è preso a prestito da una frase di G. Lukács, il quale si richiama "all'intatto fascino che da questi due millenni irradia dall'immagine della personalità del Gesù neotestamentario". Di che "fascino" si tratta? Questo - a detta di Preve - è il punto più importante della sua discussione. Qui però non vogliamo addentrarci in un'analisi su Lukács, e neppure possiamo perdere tempo a rilasciare attestati di merito a Preve per quelle parti del suo saggio condivisibili al 100%.

Ci limiteremo semplicemente a fare alcune osservazioni. Anzitutto ci spiace che l'autore metta sullo stesso piano "protestantesimo" e "cattolicesimo". Ormai anche le pietre sanno che le migliori ricerche scientifiche sul cristianesimo primitivo sono state prodotte solo in ambito protestante (molte di esse, e non a caso, portano diritto all'ateismo).

È vero, in via di principio (anche se invece sul piano del "giudizio storico" l'ha fatto) il marxismo non può preferire il protestantesimo "borghese" al cattolicesimo "feudale" (in fondo la Teologia della liberazione è nata in un contesto cattolico), ma se non siamo davvero dei "gonzi" - come vuole Preve -, non si deve neppure diventarlo evitando di ammettere la netta superiorità "critico-teorica" del protestantesimo rispetto al cattolicesimo (la superiorità di quest'ultimo va semmai registrata sul piano etico-sociale). L'unico Paese capitalista in cui l'ideologia cattolica è un po' avanzata è la Francia, ove i teologi, forti delle tradizioni gallicane, possono appropriarsi, con relativa facilità (salvo poi "purgarle" quanto basta), delle migliori conquiste del pensiero evangelico. Persino la famosa frase che Preve attribuisce a Loisy: "Cristo predicò il regno di Dio ed è venuta la chiesa", è stata detta da un teologo tedesco, von Harnack.

Così pure, l'entusiastico apprezzamento di Preve per il "metodo della storia delle forme" non fa che attestare la superiorità esegetica dei protestanti. Anche qui tuttavia bisogna stare attenti: la *Formgeschichte* (non meno peraltro della *Redaktionsgeschichte*) ha aiutato a "demitizzare", cioè a smascherare censure, strumentalizzazioni e falsi (e il lavoro continua!), ma non ha mai aiutato a capire, in positivo, da un punto di vista strettamente laico-scientifico e umanistico, in che cosa il messaggio di Cristo poteva o può ancora oggi essere considerato "politicamente rivoluzionario". In questo senso fa bene Preve a contestare Bultmann, ma fa male a contrapporgli Schweitzer: nessuno dei due, infatti, ha saputo impostare il problema.

Meglio sarebbe - e su questo anche Preve è d'accordo - riprendere il discorso, lasciato in sospeso poco prima dell'attuale ricaduta conservatrice, che una certa lettura "materialistica" dei vangeli, orientata a sinistra, aveva inaugurato, a partire dalle opere di Belo, Girardet e prima di loro Brandon. Grazie a questa esegesi si era arrivati alla conclusione che Gesù fosse stato un *comunista ante-litteram* (il che certo non avrebbe incontrato il consenso di un grande storico delle religioni come A. Donini). Tuttavia, secondo Preve si tratterebbe semplicemente di un "comunismo della distribuzione"... Come se una "distribuzione" comunista possa realizzarsi a prescindere da una "produzione" comunista!

Il limite maggiore di quella famosa lettura "materialistica" stava in realtà nel fatto che tutti gli autori si dichiaravano "credenti". Belo, Girardet e Brandon erano addirittura preti o pastori: il che non poteva non influire sul modo d'intendere la presunta "divinità" del Cristo.

Naturalmente per poter superare tale limite non basta riprendere le loro ricerche dichiarandosi "atei", ma non serve neppure proclamare - come fa Preve - che Gesù fu un "comunista". Il solo modo scientifico sarebbe quello di corredare le proprie tesi di dati concreti alla mano, ma fino ad oggi l'unica cosa di rilievo che si è riusciti a dimostrare è stata la tendenziosità delle fonti neotestamentarie, frutto di una posizione politica conciliante verso il potere costituito. Si è insomma, per dirla con Althusser, "lavorato sui fantasmi", e più di così, allo stato attuale delle fonti, non è possibile fare.

L'ateismo di Rensi

Nella sua *Apologia dell'ateismo* (1925) Giuseppe Rensi non ha capito una cosa di fondamentale importanza: nell'ambito della religione la smaterializzazione del concetto di dio rappresenta non un regresso ma un progresso in direzione dell'ateismo, anche se dalla religione all'ateismo resta ovviamente un salto qualitativo da fare, non soggetto ad alcun forzato automatismo.

Viceversa, Rensi è convinto che le religioni primitive fossero antropomorfiche e politeistiche proprio perché sostanzialmente più materialistiche, più razionali.

Queste religioni, in realtà, erano più ingenue, più naturalistiche, semplicemente perché riflettevano contraddizioni sociali meno acute, meno profonde. Tra la divinità e la natura non vi era molta differenza, proprio perché tra uomo e uomo l'uguaglianza non era ancora seriamente minacciata. La vita primitiva era sostanzialmente basata sul rapporto uomo-natura e sul primato del collettivo.

Il concetto di dio tende a smaterializzarsi proprio quando si rompe il rapporto uomo-natura a causa della vittoria dell'individualismo. La natura comincia a essere vista come un ostacolo da superare quando il proprio simile è visto come un nemico. E il "simile" diventa un "nemico" quando, appropriandosi di parte della natura, le toglie il suo carattere di sacralità e comincia a usarla contro gli interessi del collettivo (su cui ora vuole emergere).

Man mano che s'acuiscono i processi sociali antagonistici, dio diventa una realtà sempre più astratta, che serve per giustificare dei processi sempre meno umani e naturali: gli oppressi addirittura devono arrivare a credere nella stessa concezione di dio che hanno gli oppressori (nel cristianesimo, che pur rappresenta una religione molto evoluta, il Cristo non è stato forse trasformato da "liberatore" a "redentore"?).

Il contributo indiretto, involontario che le religioni cosiddette "rivelate" hanno offerto all'ateismo sta appunto in questa considerazione: un dio che può essere rappresentato da qualunque coscienza soggettiva non è più grande di chi lo pensa, è un dio che da "absconditus" può anche arrivare a scomparire del tutto.

Naturalmente con questo non si vuol sostenere che l'ateismo, di per sé, contribuisca alla giustizia sociale; tant'è che laddove l'ateismo si sviluppa (come p. es. nel capitalismo), l'ingiustizia permane e anzi si allarga a livello mondiale. Probabilmente la piena affermazione umanistica dell'ateismo sarà possibile solo quando l'uomo non avrà più paura del suo simile. Sotto il capitalismo infatti, l'ateismo resta ambiguo e contraddittorio, poiché l'esigenza del capitale di servirsi della religione è appunto funzionale alla repressione della coscienza critica delle masse.

In occidente ci sono due modi per impedire alle masse di contestare globalmente il sistema: uno è quello della religione; l'altro - oggi molto più importante - è quello del consumismo, che è, se vogliamo, una religione più moderna. Il capitale ha bisogno continuamente di autovalorizzarsi, costi quel che costi, ed è impossibile bloccare questo processo se i suoi gangli vitali non vengono colpiti contemporaneamente, come per l'Idra di Lerna.

Finché la maggioranza della gente è relativamente sicura di poter sopravvivere alle palesi ingiustizie sociali del capitalismo, non vi sarà mai alcuna rivoluzione, meno che mani vi sarà finché tale sicurezza ci viene pagata dalla grande miseria del Terzo Mondo.

Ecco perché i progressisti devono lottare su due fronti: quello del *socialismo democratico* e quello dell'*umanesimo laico*.

*

La teologia *apofatica* o negativa della chiesa ortodossa rappresenta, in tal senso, il massimo dell'umanesimo possibile nell'ambito della religione; ma essa rappresenta anche - a testimonianza che esiste sempre un certo scarto tra religione a ateismo - l'alternativa più grande all'umanesimo laico. Della religione cristiana, l'ortodossia rappresenta il *sociale umanizzato*, benché in forme limitate rispetto al socialismo democratico.

Rensi ha capito, con molto acume, che la teologia *catafatica* o positiva (p.es. la Scolastica) è meno religiosa di quella *apofatica*, in quanto fa coincidere dio col concetto che l'uomo ha di essere, o meglio, fa coincidere l'essere (che è la sostanza) con dio (che è l'attributo). L'essere viene dapprima trattato in maniera filosofica e poi viene applicato a dio in maniera teologica. Un modo di ragionare, questo, desunto dalla metafisica aristotelica e, prima ancora, platonica.

L'ortodossia, se vogliamo, è più vicina al pensiero ebraico, che esclude ogni analogia di dio con l'essere, ritenendo dio "totalmente altro".

Ma a questo punto vien da chiedersi: indirizza di più verso l'ateismo la religione catafatica o quella apofatica? Entrambe, in realtà, portano all'ateismo, ma in maniera diversa. Il cattolico è "ateo" proprio in quanto "cattolico", poiché si crea un dio a propria immagine; e ancor di più fa il protestante. L'ortodosso invece diventa "ateo" solo nella misura in cui s'impegna politicamente a favore del socialismo democratico. Egli cioè resta credente nella coscienza e nella sua confessione, ma, nel contempo, acquisisce una mentalità laica nell'impegno civile e politico.

Questo credente conserva una contraddizione personale che un giorno, liberamente, dovrà risolvere, ed è relativamente facile che lo farà in direzione dell'ateismo, poiché egli si è abituato a tenere separato il sacro dal profano.

Il cattolico invece, essendo più integrista, non soffre di questa incoerenza, ma soffre del fatto che i suoi ideali religiosi non riesce a realizzarli in chiave politica, poiché l'umanesimo laico, il socialismo democratico e lo stesso liberalismo borghese glielo impediscono.

L'incoerenza dell'ortodosso è comunque relativa, poiché in presenza di autentici valori umani, la sua religione non ha alcunché da temere. L'ideale sarebbe che tale credente passasse dalla religione all'ateismo in maniera naturale e spontanea, senza risentimenti nei confronti della religione.

*

Rensi considera che l'apofatismo dell'Areopagita, di Massimo Confessore, di Scoto Eriugena e altri teologi ortodossi non sia logico, in quanto, se portato alle sue estreme conseguenze, esso dovrebbe coincidere con l'ateismo. Infatti - dice Rensi - "se dio è tutto ciò che non è, dio non è".

Questo ragionamento in sé non è sbagliato, ma Rensi non tiene conto del fatto che per poter rinunciare alla grande spiritualizzazione della divinità, operata dall'ortodossia, non basta un ragionamento logico-deduttivo: occorre vivere un'esperienza laica ancora più profonda sul piano umano, e ciò non è di facile acquisizione.

Rensi affronta la religione in maniera illuministica (non a caso cita continuamente la *Ragion Pura* di Kant), e non riesce a vedere, neppure sociologicamente, il nesso tra religione e società, tra religione e cultura.

Rensi si meraviglia che l'apofatismo religioso non sia approdato all'ateismo, ma, a parte il fatto che ciò in buona parte è effettivamente avvenuto nei paesi est-europei, ogni storico delle religioni, non prevenuto, sa perfettamente che all'apofatismo teorico degli ortodossi corrisponde una prassi religiosa caratterizzata da un certo umanitarismo, per il quale ancora oggi (soprattutto dopo il fallimento del "socialismo amministrato") è difficile trovare una vera alternativa.

L'apofatismo dunque può portare all'ateismo (ed è bene che vi porti in maniera assolutamente democratica) solo se sul piano pratico il socialismo democratico riuscirà a sostituirsi al cristianesimo sociale.

Che Rensi sia un illuminista radicale (al pari di Helvetius, La Mettrie, D'Holbach...), è dimostrato anche dal fatto che, dopo aver contestato duramente ogni pretesa di dimostrare l'esistenza di dio, si contraddice pretendendo di fornire - con l'espressione "dio non è" - la prova ontologica dell'inesistenza di dio.

Rensi non si rende conto che il concetto di dio, rigorosamente parlando, o lo si intende come un frutto della fantasia umana, cioè una sorta di simbolo delle istanze umane di liberazione, oggettivamente frustrate (e fin qui Rensi ha capito la lezione illuministica); oppure lo si deve intendere come un "non senso" (vedi Wittgenstein), alla stregua non di un ippogrifo (che può anche avere un valore simbolico o metaforico), ma alla stregua di qualunque parola insensata (p.es. sarchiapone).

Dire che un "non senso" non esiste, è dire due volte la stessa cosa, è fare cioè della tautologia, sottoponendo la logica all'ovvietà delle cose. Qui non si prova alcunché, poiché per provare qualcosa, anche solo per negarne l'esistenza, occorre che l'oggetto esista o sia in qualche modo esistito nel passato; in ogni caso per negare qualcosa, occorre che esista un'interpretazione o una rappresentazione sbagliata di un oggetto reale.

Non ha senso negare qualcosa che non esiste: paradossalmente, la doppia negazione produce un'affermazione. A meno che, ovviamente, qualcuno non ne dimostri praticamente l'esistenza: nel qual caso sarebbe assurdo negarla, in quanto, prima di negare qualcosa, occorrerebbe verificare la fondatezza di ciò che si osserva o si percepisce coi sensi.

Peraltro Rensi, esaltando il Kant della *Ragion Pura*, non avrebbe dovuto tacere il fatto che il Kant della *Ragion Pratica* nega le tesi affermate nella prima *Critica*, a testimonianza che ogni impostazione illuministica nei confronti della religione, alla lunga, sul piano pratico, non tiene, poiché la religione si pone anche come esperienza di vita.

Durante la rivoluzione francese si videro due atteggiamenti negativi sul piano ateistico da parte degli illuministi politicamente impegnati: o la ricaduta nel deismo (p.es. Robespierre), o l'affermazione del più rozzo anticlericalismo (p.es. le stragi in Vandea).

Dunque contrapporre il "dio non è" al "dio è" non serve a niente, poiché è come giocare coi fantasmi. D'altra parte che ateismo laico sarebbe se anche l'apofatismo religioso negasse a dio la qualità dell'essere, temendo di renderlo troppo limitato? L'ateismo deve arrivare a concedere all'uomo un primato assoluto su dio e relativo sulla natura, senza farne un motivo di orgoglio o di vanità (come p.es. in Nietzsche).

La differenza tra il criptoateismo degli ortodossi e l'ateismo dei socialisti o dei laici democratici, deve misurarsi sul piano pratico, cioè sulla capacità di umanizzare i rapporti sociali.

L'ateismo del Mussolini socialista

Il 26 marzo 1904 Benito Mussolini tenne una conferenza a Losanna, in contraddittorio col pastore evangelista Alfredo Taglialatela (1872-1949), che venne poi pubblicata a Ginevra col titolo "L'uomo e la divinità". In altre edizioni si aggiunsero al titolo le parole "Dio non esiste". L'opuscolo cui si fa riferimento è dell'editrice La Fiaccola.

La domanda cui si vuole cercare di rispondere è la seguente: nell'ateismo del giovane Mussolini esistevano già i presupposti di un'involuzione dal socialismo, da lui professato, al fascismo, oppure questa involuzione va considerata del tutto indipendente dall'atteggiamento ch'egli aveva assunto in materia di fede religiosa?

La concezione della materia

La concezione che il giovane Mussolini aveva della materia non si può dire faccia parte del materialismo storico-dialettico, quanto piuttosto di un marcato positivismo. Leggiamo cosa scriveva: "le leggi eterne e immutabili della materia non conoscono né morale, né benevolenza; non rispondono ai lagni e alle preghiere dell'uomo, ma su di esso respingono spietatamente il suo fato. Queste leggi tutto governano (...) contro di esse l'uomo non può nulla. Può arrivare a conoscerle, a servirsene, ma non può arrestarne l'azione benefica o malvagia".

Questo modo di considerare la materia ricorda il fatalismo greco. In realtà il materialismo più scientifico sostiene che il prodotto più evoluto della materia è la *coscienza*, nel senso che l'autoconsapevolezza dell'universo è data dalla coscienza umana. Le leggi quindi che dominano l'universo non hanno nulla che sia contrario a tale coscienza, anzi, sono fatte apposta per svilupparla al massimo.

Mussolini ha una percezione dell'universo come di un luogo in cui l'essere umano è abbandonato a se stesso, del tutto impotente di fronte ai fenomeni che vi possono accadere. Lo vede come uno scontro incessante di forze opposte che si ripercuote sulla stessa esistenza umana, per la quale ciò che conta non è tanto la coscienza morale ma la manifestazione delle energie vitali.

L'uomo quindi deve cercare di diventare qualcuno in una situazione altamente contraddittoria, in cui forze opposte si attraggono e si respingono, si dissolvono e si ricostruiscono. In una situazione del genere contano di più gli atti di forza che non gli esami di coscienza.

Nella sua concezione della materia c'è molto vitalismo fine a se stesso (quattro anni dopo scriverà, sul "Pensiero romagnolo", il saggio *La filosofia della forza*, dedicato a Nietzsche). Mussolini è imbevuto di quello spirito pessimistico nei confronti degli altri e ottimistico nei confronti di se stessi, che caratterizzò la seconda metà del XIX secolo, quando l'espansione coloniale della borghesia sembrava aver creato in Europa una situazione di notevole progresso sociale, grazie anche agli sviluppi della scienza e della tecnica; una situazione che faceva pagare le conseguenze di questo progresso soprattutto ai ceti rurali, sempre più costretti a trasformarsi in operai industriali, e che tornava vantaggiosa ai proprietari di capitali, tra cui certamente non vi era Benito Mussolini.

Qualche aspetto positivo del suo materialismo lo si intravede laddove afferma che "l'universo non è che la manifestazione della materia, unica, eterna, indistruttibile, che non ha mai avuto principio, che non avrà mai fine". In effetti s'egli avesse approfondito questa teoria, quella dell'eternità della materia e della sua perenne trasformazione (dissoluzione e reintegrazione), in cui nulla si crea e nulla si distrugge, indubbiamente sarebbe approdato al materialismo scientifico.

Appena abbozzate infatti restano le sue osservazioni relative al concetto di "coscienza" (l'anima dei credenti), che è un prodotto del cervello e che non può esistere separata da quest'ultimo, nel senso che coscienza e corpo "sono due aspetti diversi di un'unica natura umana". Tuttavia avrebbe dovuto almeno precisare, onde togliere alle argomentazioni religiose il privilegio di poter disquisire sul cosiddetto "aldilà", che sulla base della legge della perenne trasformazione della materia, l'intero essere umano, alla sua morte, subisce una trasformazione che non può soltanto riguardare il momento, visibile, della distruzione degli elementi biologici che lo compongono.

In ogni caso è sbagliato sostenere che la coscienza si formi al formarsi dell'idea. La coscienza esiste già prima, nella fase della *sensazione* e della *percezione*. La coscienza è anzitutto qualcosa di *sensibile*, su cui si forma una sorta di riflessione astratta, speculativa. L'aspetto primordiale della coscienza, quello più autentico e originario, è relativo alla *sensibilità*. Di conseguenza è quanto meno limitativo sostenere che la "potenzialità psichica è in ragione diretta del peso del cervello e del numero di circonvoluzioni cerebrali".

Anzitutto perché, se così fosse, la donna risulterebbe avere minore capacità psichica o intellettiva dell'uomo, avendo un cervello meno pesante. Poi perché, se così fosse, si sarebbe costretti a far dipendere l'emotività dalla cultura, la sensibilità dall'intelligenza. Non a caso Mussolini sostiene che "il labirinto delle circonvoluzioni [sinapsi] è più complicato nelle razze colte che nelle razze ignoranti".

L'ignoranza è un concetto incredibilmente relativo, su cui non si può pensare neanche minimamente di poter costruire delle differenze tra una civiltà e un'altra. Se noi dovessimo in questo momento vivere in una foresta, tutta la nostra cultura scientifica e tecnologica ci servirebbe molto poco. E non perché non saremmo in grado, in qualche modo, di sfruttare le risorse della natura, ma perché non avremmo l'*habitus mentale* per accettare una situazione del genere. E se anche un evento esterno, indipendente dalla nostra volontà, ci obbligasse ad accettarla, dovrebbe essere inevitabilmente così grande da indurci a considerare del tutto irrilevanti le cognizioni scientifiche di cui disponiamo. Noi siamo figli di una civiltà completamente artificiale: fuori del nostro ambiente, la scienza e la tecnica di cui disponiamo risulterebbero del tutto inutili.

La concezione dell'uomo nel suo rapporto con l'universo

Nella battaglia contro le pretese del dogma religioso, Mussolini adotta la tattica di squalificare l'importanza dell'essere umano e del pianeta in cui vive, mettendoli in rapporto all'infinità dell'universo, onde far capire che l'uomo non può essere stato creato a immagine di alcun dio. In tal senso considera il pitecantropo l'anello di congiunzione tra l'uomo e i primati.

Oggi questi ragionamenti sono a dir poco primitivi, non solo sul piano scientifico, ma anche su quello ontologico, in quanto bisogna dare per scontato, almeno sino a prova contraria, che l'essere umano, pur con tutte le contraddizioni che lo caratterizzano, costituisce l'intelligenza dell'universo, il suo *logos*, cioè lo strumento principale con cui l'universo prende coscienza di sé.

Una vera definizione ateistica non passa attraverso una riduzione dell'importanza dell'essere umano nell'universo ma, al contrario, attraverso una sua esaltazione, poiché solo così si può ridurre a un nulla il concetto di dio. L'unico dio dell'universo è l'uomo, che deve imparare a vivere secondo leggi di natura, che certamente non sono quelle dell'antagonismo sociale.

Più passano i secoli e più ci accorgiamo che l'origine dell'uomo si perde nella notte dei tempi. Già oggi attribuiamo 2,5 milioni di anni alla nascita dell'*homo habilis*: un tempo che per la nostra memoria quotidiana è incredibilmente lungo. Un giorno probabilmente arriveremo a capire che tra l'origine dell'universo e l'origine dell'essere umano non vi è molta differenza, proprio perché non esiste alcun dio, cioè nell'universo

186

non esiste alcuna entità che non abbia caratteristiche umane. Dal punto di vista della nostra specie, è quanto non ci appartiene che deve dimostrare la propria esistenza. E fino ad oggi non sussistono prove concrete di qualcosa di non umano che sia superiore all'umano.

E quanto esiste al di fuori dell'universo non ci può interessare, poiché l'universo possiede coordinate di spazio e tempo assolutamente incommensurabili. È stata la religione a ridurre la grandezza dell'uomo a vantaggio di quella divina, illudendo l'umanità, fatta passare per "creatura di dio", che un giorno, nell'oltretomba, si sarebbe riscattata, superando definitivamente gli orrori in cui vive. Ma questa religione non appartiene all'umanità; appartiene al lato peggiore dell'umanità, a quella parte che vuol vivere sulle spalle degli altri.

Le facoltà essenziali del cervello umano sono le stesse da sempre. Nel tempo sono semplicemente mutati l'intensità, il grado di utilizzo di questa o quella parte del cervello. La struttura fisica, anatomica del cervello non si è diversificata, nell'essere umano, in funzione del volume della scatola cranica. Se a un neonato mettiamo in mano una penna, farà solo scarabocchi, ma questo vuol forse dire che imparerà a scrivere soltanto quando nel suo cervello gli sarà cresciuto qualcosa di organico che non aveva sin dalla nascita? Le potenzialità che l'uomo primitivo aveva di diventare quello che è oggi (*sapiens sapiens*) erano già tutte nel suo cervello, esattamente come un qualunque tipo di musica è già inclusa nei tasti di un pianoforte.

L'essere umano non può creare un essere umano diverso da sé; dunque se oggi siamo quel che siamo, è perché ieri, nella sostanza (non nelle forme, che sono infinite), eravamo quel che eravamo.

La teoria dell'inesistenza di dio

Le argomentazioni usate per dimostrare l'inesistenza di dio sono abbastanza puerili. Ovviamente non perché quelle che dimostrano il contrario siano migliori, ma semplicemente perché Mussolini scende sul terreno "inconsistente" dell'avversario, invece di affrontare la questione religiosa in chiave materialistica, cioè come sovrastruttura ideologica di un sistema sociale antagonistico.

Egli non s'è reso conto che qualunque prova dell'inesistenza di dio finisce col negare la libertà dell'uomo di non crederci. Quando infatti si afferma che se dio esistesse davvero, non ci sarebbe sulla terra un male così assurdo e insopportabile, inevitabilmente si finisce col negare all'uomo il compito di sanarlo. Ogniqualvolta si pensa di negare l'esistenza di dio prendendo a pretesto la sua impotenza o indifferenza nei confronti delle vicende umane, senza volerlo si toglie all'uomo la libertà di poter decidere il proprio destino. Ecco perché il materialismo scientifico sostiene che qualunque discorso sull'esistenza o inesistenza di dio non serve a nulla e che è molto più utile concentrarsi sulle motivazioni sociali che fanno maturare l'esigenza di credere in un dio.

Non serve neppure sostenere, per dimostrare l'inesistenza di dio, che ogni popolazione ha dato alla propria rappresentazione della divinità nomi e forme assolutamente diverse. Sappiamo bene che di fronte a questa obiezione i teologi cristiani rispondono che per avere una cognizione esatta della divinità bisogna accettare la "rivelazione" che di essa ha dato l'unica persona autorizzata a farlo, il suo unigenito figlio. In tal modo il discorso viene completamente spostato sull'identità di Cristo, e su questo bisogna dire che Mussolini non era in grado di svolgere alcun discorso esegetico dei testi evangelici. Non lo hanno mai interessato i risultati della Sinistra hegeliana.

La concezione della storia

Mussolini ha una concezione della storia che deriva completamente dal positivismo, secondo cui l'essere umano sarebbe progressivamente uscito da una "bruta animalità" per entrare in un "avvenire di luce".

Pur accettando l'idea che per lunghissimo tempo gli uomini abbiano vissuto senza religione, non riesce ad accettare l'idea che gli uomini primitivi abbiano vissuto con meno conflitti sociali di quelli che vive l'uomo moderno. E così non s'accorge di esporre il fianco alle tesi cattoliche secondo cui senza religione l'uomo è simile alla bestia.

Mussolini affida completamente alla scienza e alla tecnica, rischiando di trasformarle in una nuova religione, il grandissimo impegno di emancipare l'uomo dall'oscurantismo religioso e non riesce a comprendere che lo stesso sviluppo della scienza può essere parte organica di uno sviluppo sociale basato sull'antagonismo di classi opposte.

Quello che gli manca è un'analisi storica della formazione delle civiltà. Non riesce a collegare in maniera organica la nascita delle religioni con la nascita delle civiltà antagonistiche. Inevitabilmente quindi gli sfugge il nesso di ateismo e comunismo primordiali.

Se il vero sviluppo dell'umanità è avvenuto solo in virtù del progresso tecnico-scientifico della civiltà europea, allora nei confronti delle popolazioni non europee, non industrializzate ecc. si dovrà per forza porre un atteggiamento di tipo "colonialistico", favorevole all'esportazione del "progresso".

Poniamoci ora questa domanda: che differenza c'è tra un approccio storico alla realtà e uno ideologico? In linea di principio la differenza non è abissale, in quanto anche uno storico, che lo voglia o no, che lo dica o no, simpatizza per una certa concezione filosofica o ideologica o politica della vita.

Tuttavia lo storico, più della persona ideologica, che crede per partito preso in una determinata serie di idee, si sforza di cercare in ogni cosa i pro e i contro, evitando, per quanto possibile, di interpretare il passato con le categorie del presente, o di interpretare le civiltà pre-industriali, pre-borghesi, pre-antagonistiche coi criteri di oggi.

In tal senso la filosofia di vita del giovane Mussolini appare piuttosto dannunziana, analoga a quella degli anarchici futuristi, con la differenza che egli, essendo di origine piccolo-borghese, ancorato a una situazione precaria quale poteva essere quella di un esiliato in Svizzera, renitente alla leva in Italia, ricercato per vari reati politici, aveva bisogno di credere nella lotta di classe come forma di riscatto sociale e personale.

Che Mussolini non avesse nulla dello storico è dimostrato soprattutto là dove detesta per partito preso l'epoca tribale delle civiltà primitive, le società contadine, le comunità religiose: improvvisamente tutte queste cose diventano "primitive", selvagge, irrazionali. Persino lo sviluppo delle età storiche è preso dal positivismo, cioè da quell'ingenuo approccio alla scienza e all'idea di progresso che considerava "non umano" tutto quanto non era scientifico.

Mussolini arriva a dire delle cose che per un qualunque socialista sarebbero dovute apparire del tutto infondate e che invece quella volta venivano tollerate proprio perché lo stesso socialismo italiano, in generale, era imbevuto di idee positivistiche. Per esempio: la morale dell'uomo primitivo è più egoistica di quella moderna, oppure la morale borghese, solo perché la borghesia ebbe la meglio su nobiltà e clero, è di tipo altruistico; infine esiste una linea di progresso inarrestabile dal semplice al complesso, dal minore al superiore, dall'egoistico all'altruistico ecc. in cui gli aspetti della negatività sono essenzialmente dati dalla religione.

Mussolini aveva molte difficoltà a scorgere l'umano nel religioso, giudicava negativamente persino i processi di laicizzazione interni alla medesima religione: li giudicava inutili, fuorvianti, pericolosi per il proletariato (in tal senso squalifica nettamente l'operato del Murri).

In più punti della sua relazione arriva a paragonare le persone di fede con gli psicopatici, non facendo alcuna distinzione tra la persona e le sue idee, senza cioè riuscire a comprendere che possono esistere persone migliori delle idee che professano e idee migliori delle persone che le professano.

Il suo approccio alla realtà umana è rozzo e semplicistico, imbevuto di concetti ipostatizzati, non molto diversi dai pregiudizi religiosi che voleva combattere. Tratta la religione come un fenomeno allucinatorio, parossistico, senza rendersi conto che se talune espressioni ai limiti della follia assumono connotati di tipo religioso, è solo perché la religione fa parte della cultura dominante. Non è la religione in sé che crea la pazzia.

Il fatto di sentirsi deboli e dipendenti da forze superiori non può di per sé essere considerato patologico. La follia non è un'esperienza che riguarda solo i credenti. Peraltro non va neppure considerato negativamente il fatto di sublimare le proprie pulsioni o frustrazioni in un'attività artistica, intellettuale, sociale ecc.

L'analisi etno-antropologica della religione

Nella sua analisi etno-antropologica (ridotta peraltro al minimo) della nascita del fenomeno religioso, Mussolini non distingue le cause psicologiche da quelle sociali. Gli sfugge cioè il fatto che la religione diventa uno strumento di potere soltanto quando la comunità è divisa in classi contrapposte.

Egli si serve di strumenti psico-cognitivi, quali la paura, i sogni, l'ignoranza, soltanto per sostenere che dalla preistoria alla storia vi è stato un continuo progresso verso l'autocoscienza ateistica, che è insieme consapevolezza della propria capacità di dominio. La natura qui viene vista negativamente, come un elemento che più che altro incute paura.

Incredibilmente superficiali sono le motivazioni con cui si vuole supporre che la religione nasca là dove i "dolori fisici" vengono attribuiti dall'uomo primitivo a una potenza malefica, così come i piaceri fisici a una potenza benefica.

Mussolini ha qui in mente un selvaggio ignorante che vive isolato e che considera la natura non come la sua fonte di vita, ma come la sua principale disgrazia. Inoltre è del tutto contraddittoria l'idea che la religione possa nascere insieme dal dolore (e quindi dalla paura di soffrire) e dal "piacere fisico". Non è questo il modo di spiegare il dualismo di bene e male.

Non meno superficiale è anche l'idea che i sacrifici religiosi si siano col tempo addolciti solo perché è aumentata la cultura. Il fatto che nel passato talune religioni usassero i sacrifici di animali e persino di persone non sta affatto a indicare che le corrispettive civiltà fossero particolarmente violente. Le maggiori devastazioni dell'ambiente, umano e natu-

190

rale, le abbiamo vissute in epoca moderna, in presenza di livelli culturali molto elevati.

Mussolini vede la religione come un fenomeno a sé, con una propria storia, e non riesce a intrecciarlo con gli avvenimenti storici veri e propri. Fa un'analisi che più che altro ha il sapore di una presa in giro, in cui pensa di aver buon gioco accentuando esageratamente i difetti della religione, specie quando viene messa a confronto con la scienza. Paragonare il bandito calabrese che, prima di compiere un reato, offre un cero alla Vergine, col primitivo che sgozzava un montone o un fanciullo sulla pietra del dolmen druidico, ha solo l'effetto di un'estremizzazione paradossale.

Non essendo abituato a fare un'analisi storica della realtà, Mussolini qui non riesce a comprendere la penalizzazione del sud d'Italia nei confronti del nord al momento dell'unificazione, non comprende il fenomeno del brigantaggio, odia a morte il mondo contadino e, in un certo senso, è già razzista senza volerlo.

Tuttavia, citando l'evoluzionista G. De Mortillet, egli sostiene che le pratiche religiose sono un fenomeno relativamente recente nell'ambito della storia dell'umanità. Una tesi, questa, sufficientemente dimostrata nel corso di tutto il XX secolo, per cui resta una buona argomentazione per negare che il senso religioso sia strutturale alla natura umana.

La concezione della scienza

La filosofia politica di Mussolini, nei suoi aspetti essenziali, era molto più positivistica che socialista, e del positivismo in generale, molto più legata a quello italiano che francese (anche se proprio in Svizzera s'impegnerà a studiare i testi del sindacalista rivoluzionario Georges Sorel). Mussolini conosceva bene alcune opere di Carlo Cattaneo, Giuseppe Ferrari e Roberto Ardigò. Qualunque discorso che non osannasse il valore della scienza lo considerava, *eo ipso*, oscurantistico.

Quando nella seconda parte della sua relazione vuol dimostrare l'immoralità della religione, il primo filosofo che cita è Comte, il quale, secondo lui, aveva dimostrato, per la prima volta, l'inconsistenza di una morale umana assoluta, eterna, indipendente dalle circostanze di spazio-tempo. Tutto è "relativo".

Ora, questo modo di vedere le cose è incredibilmente ingenuo, poiché se davvero gli esseri umani avessero tante morali quante sono le loro tradizioni, tra loro non vi potrebbe essere alcuna vera comunicazione. Se tutto è relativo, perché diffondere a livello mondiale i principi della scienza? Non sono forse anch'essi relativi? Se davvero tutto è relativo, perché considerare - come fa Mussolini - le religioni orientali migliori di quella ebraica e cristiana? Perché fare delle graduatorie o delle classifiche? Che senso ha distruggere le assolutezze dogmatiche del cristianesimo in nome del relativismo e poi fare della scienza un nuovo assoluto? Non sarebbe stato meglio mettere al centro della propria attenzione l'uomo coi suoi bisogni?

Quando si affermano frasi di questo genere, si è incredibilmente superficiali: "Parlare di rinuncia, di rassegnazione, oggi, in cui la gioia e l'espansione di tutte le energie umane costituiscono le scopo di ogni sforzo individuale e collettivo, è veramente inutile". Che cos'è questo se non vitalismo o superomismo fine a se stesso? Mussolini era convinto di poter risolvere le contraddizioni sociali grazie allo sviluppo della scienza e della tecnica, che erano la nuova religione laica nella seconda metà dell'Ottocento, che aveva favorito la seconda rivoluzione industriale. Mussolini era socialista soltanto perché era un piccolo-borghese frustrato, ma le sue idee di fondo erano positivistiche, anche se, negli anni di questa conferenza, combatteva la connotazione positivistica predominante nel socialismo italiano, in quanto questa sul piano politico era riformista, mentre lui voleva essere rivoluzionario.

L'ambiguità di questa posizione teorico-politica si rivelerà quando dieci anni dopo questa conferenza deciderà di aderire all'interventismo. Se il suo socialismo fosse potuto andare al potere nello stesso periodo in cui trionfò in Russia, il risultato sarebbe stato identico a quello dello stalinismo, che volle imporre un'industrializzazione a tappe forzate a tutto il mondo rurale, che non ne aveva assolutamente bisogno.

Che la scienza fosse per lui la nuova religione dell'umanità è chiarissimo nella citazione di Ardigò che riporta: "l'ideale dell'azione morale è la forza che domini e s'imponga alle tendenze egoistiche", il che voleva dire che quando una cosa viene ritenuta vera, va imposta. E non è forse sempre stata questa la dinamica delle religioni istituzionali?

Si dirà che oggi guardiamo le cose con più disincanto, essendo consapevoli anche dei limiti della scienza e del cosiddetto "progresso". Ma non è questo il punto. È che quando si parla di "relativismo", bisognerebbe sempre mettere al centro dell'attenzione l'uomo con le sue esigenze, nel suo rapporto con la natura. Natura e Uomo non sono due concetti relativi; essi anzi hanno delle leggi oggettive da rispettare, pena la loro reciproca distruzione. Per quanto riguarda la natura è la *legge della riproduzione* e per quanto riguarda l'uomo è la *libertà di coscienza*.

Queste sono due fondamentali leggi universali che non si dovrebbero mai violare. Sono strettamente interconnesse, nel senso che la violazione dell'una comporta sempre quella dell'altra. Una riguarda gli aspetti *materiali* dell'esistenza, l'altra quelli *spirituali*. Sviluppare la scienza per fare della natura una semplice risorsa da sfruttare, senza tutelarne l'esigenza riproduttiva, è un crimine. Esattamente come voler imporre la verità a chi non ci crede o voler imporre la ragione a chi vive di fede.

I rapporti tra filosofia e scienza

In maniera intelligente il giovane Mussolini aveva capito che nei filosofi potevano esserci forme non esplicite di ateismo, a causa di taluni condizionamenti storici, e che non per questo quelle forme non contribuivano ugualmente alla demolizione progressiva del cristianesimo.

Egli cioè evitò di sostenere che siccome, per esempio, l'ateismo di Bruno, Leibniz, Spinoza, Robespierre, Mazzini, Bernard non era "chiaro e distinto", allora tutto il loro pensiero contribuiva pochissimo a sviluppare la laicità, il razionalismo, l'umanesimo ecc. In questo il giovane Mussolini aveva evitato di assumere posizioni massimalistiche.

Egli individuava in Bacone, Galileo, Cartesio i fondatori della scienza e di quella sperimentale in particolare, la quale scienza pone come metodo d'indagine l'analisi del "come" avvengono i fenomeni, relegando il "perché" della loro origine ultima al campo delle ipotesi.

Mussolini non si chiede se questo stesso metodo non rischi di trasformarsi in una nuova religione, anzi, tende a escluderlo, in quanto considera motore fondamentale della ricerca il *dubbio* e la continua esigenza di superare le conoscenze acquisite.

D'altra parte, poiché solo di recente s'è cominciato a problematizzare il valore di una ricerca scientifica che considera la natura un mero strumento nelle mani dell'uomo, si può ritenere che questa sua concezione della scienza non aveva in sé alcun elemento per impedire l'involuzione del suo socialismo massimalistico verso il fascismo. D'altra parte nessun esponente del socialismo scientifico s'è mai chiesto se uno sviluppo basato sul modello baconiano-galileiano avrebbe potuto arrecare danni irreparabili all'integrità della natura. È da poco che abbiamo potuto costatare quanto rischino di diventare "fascisti" quei regimi socialisti che fanno della scienza un idolo da adorare.

Mussolini è semplicemente convinto che le verità scientifiche non potranno mai diventare dei dogmi da imporre con la forza. Nel momento in cui ciò avvenisse, la scienza, che è ricerca infinita per definizione, non esisterebbe più. E qui senza dubbio faceva bene a sostenere che il dogma è contro la ricerca, il dubbio, la critica.

L'analisi del linguaggio

Molto limitativa è in Mussolini l'analisi della questione linguistica. Infatti, se è vero che lo sviluppo del linguaggio ha assicurato la preponderanza della specie umana sulle specie animali, è anche vero che col termine "linguaggio" bisognerebbe intendere qualcosa che non coincide esattamente con la parola.

Il "linguaggio umano" è infinitamente più complesso della lingua che parliamo. E non tanto perché possiamo esprimerci anche con gesti o simboli o strumenti meccanici per farci capire, quanto perché il linguaggio va al di là di tutto, è indefinibile. Tant'è che noi ne percepiamo la presenza anche nell'assoluto silenzio, nelle pause tra una cosa detta e l'altra, nelle paure che ci impediscono di parlare, ecc. Il non-detto, il silenzio, l'assenza di una comunicazione esplicita, diretta, formale o informale, ci indica comunque la presenza di qualcosa.

Spesso infatti diciamo che l'eccessivo silenzio ci imbarazza, le pause ci annoiano, ma lo diciamo soltanto perché non siamo sufficientemente padroni di noi stessi e viviamo, per così dire, alle dipendenze di qualcosa che è fuori di noi. Ci poniamo nella realtà come se fossimo sempre in attesa di ricevere qualcosa. Non siamo abituati a cercare risposte dentro di noi.

Il vero linguaggio è ascoltare se stessi, è porsi nudi di fronte alla realtà. Non a caso l'uomo primitivo viveva con naturalezza la propria nudità, che oggi invece esibiamo come sfida, un voler comunicare a tutti i costi con una realtà che avvertiamo sorda ai nostri richiami. Alla realtà che ci appare incomprensibile reagiamo cercando di stupirla con effetti speciali, nell'illusione di poterla modificare. L'unica vera naturalezza è riscontrabile soltanto nei bambini molto piccoli.

Questo ovviamente non vuol dire che l'uomo non debba interpellare la realtà; anzi, se per questo, è addirittura impossibile che non lo faccia. L'essere umano è una continua domanda sulla realtà. Il punto è che noi stessi facciamo parte di questa realtà, per cui fare domande alla realtà esterna è come farle alla propria coscienza. Noi dovremmo cercare le risposte alle nostre domande non solo nella realtà ma anche in noi stessi.

Chi cerca le risposte soltanto al di fuori di sé, difficilmente saprà distinguere quelle più utili o efficaci da quelle meno. La rielaborazione personale del vissuto è l'aspetto fondamentale della creatività umana, che è poi quello che determina qualunque forma di progresso. Se ci pensiamo, qualunque invenzione umana è la riscoperta di elementi preesistenti, di cui si sono individuate significative connessioni, cui in precedenza s'era data poca importanza o che erano addirittura sfuggite alla nostra attenzione. Si pensi solo al fatto che la sfericità della Terra era già stata intuita e per alcuni versi persino dimostrata nel mondo greco classico, da Eratostene.

Quando Marx diceva che l'uomo si pone solo quelle domande per le quali è in grado di dare delle risposte, lo diceva in quanto politicamente sconfitto. In realtà è inevitabile che l'uomo si ponga domande d'ogni genere: semmai il problema sta nel cercare i mezzi più adeguati per trovare delle risposte efficaci. Quand'egli smise di fare politica, dedicandosi all'analisi dell'economia, era convinto di aver posto alla realtà del suo tempo delle domande sbagliate, troppo anticipate rispetto alla coscienza dei tempi. In realtà le sue domande erano giuste; sbagliati erano i mezzi con cui cercava di trovare delle risposte. Lenin infatti si pose le stesse domande e seppe trovare le risposte adeguate, pur avvalendosi degli errori compiuti.

Socialismo, morale e religione

A parere del giovane Mussolini la religione tenderà sempre più a scomparire, ma non si riesce a capire dalla sua analisi, visto che ciò avverrà anche grazie al socialismo, sulla base di quali presupposti sociali.

Mussolini ha una concezione del socialismo molto approssimativa: se lo immagina come una forma di vita sociale utile a esprimere una vaga esigenza di giustizia. Non c'è qui alcuna cognizione scientifica del socialismo, anche perché è dal positivismo ch'egli prende gli aspetti che considera essenziali: per esempio la fiducia indiscussa nella scienza, nella tecnica, nel progresso in generale e nella industrializzazione in particolare, ma anche l'idea che l'economia sia la base di tutto e che il resto sia soltanto un suo mero rispecchiamento, una passiva sovrastruttura.

Non s'accorge che un qualunque determinismo economicistico (che purtroppo anche certo marxismo ha fatto proprio) nega una vera libertà di coscienza, che è poi quella in virtù della quale si arriva a prendere consapevolezza, ad un certo punto, che una struttura non corrisponde più alle esigenze della natura umana, e quindi a chiedersi quale sia il modo per superare lo stallo.

Se la coscienza fosse un puro e semplice riflesso della realtà, quando mai questa potrebbe essere cambiata? La realtà forse si cambia da sola obbligando la coscienza ad adeguarsi ai propri mutamenti? Certo, la realtà ha la propria autonomia, un movimento spontaneo, indipendente dalla coscienza, ma questa non può non chiedersi se l'automovimento della realtà sia conforme a natura oppure no. Se le forze della società si muovono in una direzione sbagliata, la coscienza deve forse limitarsi a prenderne atto? Se così fosse, finiremmo col giustificare qualunque processo storico, ovvero il fatto che la forza può anche avere il diritto di essere superiore alla ragione. Tra struttura e sovrastruttura vi deve essere un rapporto alla pari, un condizionamento reciproco, altrimenti ogni spiegazione dei processi storici viene affidata al puro determinismo, ovvero alla cieca casualità, poiché in ultima istanza necessità e caso, in assenza di libertà di coscienza, coincidono.

Non potendo rendere ragione delle cose, si arriva a dire ch'esse sono capitate per caso o per una cieca necessità, perché così il destino ha voluto, e così via. Il che poi in sostanza significa che il peggio ha trionfato sul meglio, il forte sul debole, l'astuto sull'ingenuo. È infatti notorio che se le cose vengono lasciate a se stesse (in un sistema di vita che di "naturale" non ha più nulla), le soluzioni che si cercano sono le più arbitrarie, le più comode, le più facili, le più egoistiche.

Ci vuole sempre una direzione consapevole dei processi storici, proprio per impedire che l'istinto, in queste società così artificiose, finisca col promuovere una giustizia infantile, tipica dei soggetti che vedono le cose in maniera molto semplificata, come gli animali, i bambini, i folli, i deviati, i fanatici.

Se una morale fosse assolutamente relativa alla società che la esprime, o non ci sarebbe progresso o questo sarebbe solo negativo. La morale, in realtà, deve contenere degli aspetti universali, che la rendono capace di dire quando una società ha dei limiti che vanno in qualche modo superati, perché divenuti un freno allo sviluppo dell'umanizzazione.

Non ha alcun senso sostenere il relativismo della morale per contestare le pretese assolutistiche della religione. Se si assolutizza il relativismo, si finisce col fare gli interessi di chi nella società vuole imporsi usando la forza. Ecco perché occorre sostenere che esistono dei principi morali universali, indipendenti da quelli religiosi, fondati sull'umanesimo e non sulla teologia.

Ha invece senso sostenere - come fa lo stesso Mussolini - che se è vero che in astratto la religione andrebbe considerata come un affare della mera coscienza, in concreto invece, di fronte a una religione politicizzata come quella cattolico-romana, è indispensabile una propaganda a favore dell'ateismo scientifico, una battaglia culturale a favore della non-credenza e una battaglia politica contro le ingerenze della chiesa nella vita dello Stato. Paradossalmente però sarà proprio lui a fare un passo indietro rispetto al liberismo di Cavour e di Croce, proponendo la formula conciliativa dei Patti Lateranensi, che determineranno la nascita dello

Stato concordatario, rimasto immutato, nelle sue linee di fondo, ancora oggi.

Conclusione

Il giovane Mussolini aveva una concezione della natura e della realtà sociale improntata a idee fortemente ateistiche e positivistiche. Siccome proveniva da ambienti marginali (il padre era fabbro, la madre maestra elementare), dove aveva respirato sin dall'infanzia un'atmosfera anarco-socialista, cercava di conciliare le idee della borghesia illuminata e progressista con quelle relative all'emancipazione degli oppressi.

A suo parere lo sviluppo delle cognizioni scientifiche e della rivoluzione politica dovevano procedere in parallelo. Certo, sarebbe esagerato sostenere che la soluzione delle contraddizioni sociali del suo tempo avrebbe potuto essere, secondo lui, il frutto di un progressivo sviluppo della scienza e della tecnica: in questo non era positivista. Nondimeno il suo socialismo, essendo basato su presupposti prevalentemente illuministici, inevitabilmente diventava massimalistico: era un socialismo della "fretta", del "tutto e subito", del "tutto o niente".

Mussolini non avrebbe mai potuto accettare una semplice opposizione parlamentarc al sistema borghese, ma non gli riuscì neppure di credere possibile un'evoluzione rivoluzionaria del socialismo, proprio perché non aveva un rapporto organico con le masse, ma strumentale. La sua improvvisa adesione all'interventismo, nel corso della prima guerra mondiale, si spiega col fatto che un intellettuale come lui aveva bisogno di "situazioni estreme", in cui i contrasti fossero al limite e gli permettessero quindi di emergere in maniera facile e veloce come leader carismatico.

Egli in sostanza era affetto da quella malattia infantile che Lenin chiamava col termine di "estremismo". Una malattia che, quando da fascista prese il potere, lo indusse a tradire molti suoi presupposti laico-ateistici, a favore di vergognosi compromessi con la chiesa romana.

La seconda adesione all'interventismo, nel corso della seconda guerra mondiale, si spiega col fatto che il fascismo, essendo una forma di estremismo, ha periodicamente bisogno di situazioni esasperate, proprio per potersi illudere di restare coerente coi propri ideali originari, di cui il principale era quello dell'affermazione individualistica dell'"Uno", un duce intellettualmente dotato che si serve di masse ritenute deboli e ignoranti.

L'ultimissima Repubblica di Salò fu poi il tentativo disperato di recuperare quelle vaghe idee di socialismo che in gioventù erano state

tradite. Un'operazione nostalgica con cui un potere, enormemente scredi-
tato, cercò invano di rifarsi una verginità.

Fonti

Alessi Rino, *Il giovane Mussolini*, 2003, Il Ponte Vecchio
Veronesi Enrico, *Il giovane Mussolini. 1900-1919. I finanziamenti del governo francese, l'oro inglese e russo, gli amori milanesi*, 2008, Book Time
Cortesi Paolo, *Quando Mussolini non era fascista. Dal socialismo rivoluzionario alla svolta autoritaria: storia della formazione politica di un dittatore*, 2008, Newton Compton
Petacco Arrigo, *L'uomo della provvidenza. Mussolini, ascesa e caduta di un mito*, 2006, Mondadori
De Felice Renzo, *Mussolini il rivoluzionario*, 2005, Einaudi
Fabre Giorgio, *Mussolini razzista. Dal socialismo al fascismo: la formazione di un antisemita*, 2005, Garzanti Libri
Baima Bollone Pierluigi, *La psicologia di Mussolini*, 2007, Mondadori

Kerševan ateo-revisionista

Negli anni in cui la rivista cattolico-integralista "CSEO" pubblicava ancora articoli e saggi di comunisti dell'est-europeo, apparvero tre importanti contributi del sociologo jugoslavo Marko Kerševan. La redazione non nascose il suo interesse e la sua simpatia per molte delle tesi enunciate da questo comunista. Infatti, pur concedendo ampio spazio a diversi interventi che criticavano le posizioni del sociologo, essa lasciò chiaramente intendere che per l'integralismo cattolico era molto più facile "dialogare" con comunisti del genere che non con quelli cosiddetti "allineati".

Vediamone ora le ragioni, prendendo in esame due di quei tre contributi, il primo dei quali tratta del rapporto *ideologico* fra marxismo e religione, mentre il secondo del rapporto più propriamente *politico*.

I

Marxismo, ateismo e religione
(n. 79/1973)

A

Kerševan esordisce palesando la propria insofferenza nei confronti dell'ateismo marxista. Proprio a causa dell'ateismo - egli afferma - il credente non può essere né sentirsi coinvolto nell'azione politica della Lega comunista (jugoslava).

Il dubbio sull'utilità di considerare in modo *ateistico* il marxismo (o almeno in modo *esplicito* l'ateismo del marxismo), parte da un giudizio negativo che Kerševan dà sulla qualificazione ideologica della politica della Lega. Dice infatti a p. 250: "il marxismo non ha ideali propri, 'privati', sull'uomo e sulla società. Esso ha accolto è sviluppato gli ideali già elaborati dalla precedente tradizione umanistica". Il marxismo, dunque, non sarebbe altro che un *umanesimo*. Da questo punto di vista il credente non dovrebbe trovare difficoltà nell'aderire alla Lega.

L'ateismo, in sostanza, non è - per dirla con il cattolico jugoslavo F. Perko - che "la variante irreligiosa della religione" (ib.). La stessa Lega sarebbe "clericale", in quanto collega la politica a una determinata ideologia.

Con questo Kerševan non intende limitarsi a predicare l'*indiffe-renza* in materia di ateismo e religione (ché, altrimenti, il suo revisionismo sarebbe troppo smaccato), ma ribadisce l'impegno politico di lottare contro il clericalismo o l'integralismo della fede. Al marxismo, in definitiva, non interessa la religione *in sé*, ma che il credente impegnato nella lotta di classe o nella costruzione del socialismo, non si lasci influenzare negativamente dalla religione.

A questo punto - secondo Kerševan - diventa inevitabile rivedere "criticamente" le tesi fondamentali di Lenin sulla religione. Ed egli lo fa relativizzandole in modo storicistico. Ciò che soprattutto non riesce ad accettare di Lenin è la scelta di aver distinto i "princìpi" dalla "tattica", ovvero di aver sostenuto l'idea di un comunismo ateo e, nel contempo, la possibilità di una militanza del credente all'interno del partito: se la religione è un "oppio" - si chiede il sociologo - come può un credente desiderare il socialismo?

La conseguenza che si può trarre da questa critica della "presunta contraddizione" leniniana è, nella logica di Kerševan, la seguente: "La religione che può sopravvivere nella coscienza di coloro che operano in questo senso (cioè per il socialismo) non è più la stessa religione cui fa riferimento la teoria marxista della religione quando la definisce come un oppio" (p. 252). Ovvero, il credente che lotta per il socialismo ha una fede *diversa* da quella del credente che in questa lotta non vuole impegnarsi. Così diversa che essa - a giudizio di Kerševan - non costituisce più un *pericolo* come ai tempi di Marx, quando il movimento operaio stava nascendo.

Tutto questo discorso è servito a Kerševan per criticare la decisione della Lega di non accettare i credenti nelle proprie fila: decisione basata sulla motivazione che ciò potrebbe minacciare l'unità del partito e indebolire il suo carattere marxista.

Kerševan crede di ravvisare, in questa decisione, un'evidente debolezza, e lo dice a chiare lettere a p. 254: "se poniamo il rapporto con la religione in generale come criterio dell'accettazione o meno nella Lega comunista, noi con ciò favoriamo involontariamente, in qualche modo, la politicizzazione della religione e del rapporto verso di essa nella società in generale, in quanto provochiamo indirettamente delle forme di discriminazione tra credenti e non credenti in campo laico". La rinuncia all'ateismo, in sostanza, servirebbe non solo a coinvolgere i credenti nella politica del socialismo autogestito, ma porrebbe anche fine, una volta per tutte, al clericalismo.

Queste, in nuce, le tesi del sociologo.

B

Ora qualche osservazione critica.

1. Anzitutto va detto che, soprattutto oggi, i credenti vengono sempre più sollecitati a desiderare il socialismo non tanto dalla loro "coscienza religiosa" (ovvero perché hanno saputo interpretare e svolgere in maniera progressista i contenuti della loro fede o della loro teologia), quanto dalla loro "coscienza civile", laica e umana (ovvero perché le circostanze concrete della vita sociale, economica e politica li inducono sempre più a desiderare una soluzione effettiva ai loro problemi materiali). Non quindi "per" la sua religione, ma "nonostante" la sua religione il credente decide d'impegnarsi in una politica di sinistra, socialista o comunista. Ed è proprio dall'esigenza d'impegnarsi politicamente che nasce, in seguito, la necessità d'interpretare in maniera progressista i contenuti della propria fede e persino, in ultima istanza, la necessità di rinunciare a qualsiasi religione.

2. Essendo quasi completamente avulsa dai problemi reali, in quanto tende a mistificarli, la religione è stata inevitabilmente soggetta a essere interpretata dal marxismo come un oppio *in sé*, a prescindere cioè dall'atteggiamento personale di chi vuole servirsene in un modo o in un altro. La religione, in genere, più che aiutare gli uomini ad avvicinarsi al socialismo, serve al potere reazionario per tenerveli lontani. Se gli uomini in generale e i credenti in particolare si avvicinano lo stesso al socialismo, ciò sta a significare che i loro problemi economici sono più oggettivi e dunque più "forti" della resistenza che il potere pone a livello politico. È in virtù di queste motivazioni "extra-religiose" che i lavoratori credenti, quelli soprattutto più oppressi e sfruttati, si sentono indotti a interpretare diversamente la loro tradizionale religione o a rinunciarvi del tutto. Ecco perché il marxismo non ha interesse a chiedere al credente la preventiva rinuncia alla fede religiosa.

In questo senso è evidente che alla domanda di Krševan, se "in un movimento operaio evoluto, organizzato e fondato sulla scienza marxista della società l'ispirazione religiosa rappresenta per il socialismo lo stesso pericolo che essa costituiva ai tempi di Marx" (p. 252), la risposta da dare sarà negativa. E tuttavia non è possibile evitare di porsi il rovescio di questa domanda, e cioè come sia possibile che in un movimento operaio del genere continui a esistere, seppure in forme e contenuti diversi, un'ispirazione di tipo religioso. È veramente così "evoluto, organizzato e fondato sul marxismo" questo movimento operaio?

3. Un altro aspetto molto importante da considerare è il seguente. In una società socialista avanzata il partito comunista, in teoria, dovrebbe

avere sempre meno bisogno, al suo interno, della presenza dei credenti in quanto credenti; e questo non solo perché i credenti diventano, col tempo (ed è lo sviluppo storico che lo dimostra), una minoranza sempre più esigua (o comunque perché i cittadini son sempre più liberi, sia grazie alla secolarizzazione che al regime di separazione tra Stato e chiesa, di avere l'atteggiamento che vogliono nei confronti della religione), ma anche perché i problemi che il partito e lo Stato devono affrontare dovrebbero essere, in una società già socialista o verso il socialismo chiaramente orientata, enormemente più facili da risolvere. Si può anzi dire, in tal senso, che i credenti, trovando nel socialismo la possibilità concreta di risolvere molti dei loro problemi materiali fondamentali, dovrebbero avere sempre meno bisogno d'iscriversi a un partito per rivendicare politicamente dei diritti in quanto credenti, o comunque dovrebbero sentirsi sempre meno indotti a cadere in quella "personale contraddizione" che Lenin prevedeva e tollerava nelle sue riflessioni sulla militanza del credente nel partito comunista.

Il cittadino credente, in una società autenticamente socialista (e quindi non in una caricatura come quella dello stalinismo), non dovrebbe sentirsi discriminato, rispetto al cittadino ateo, per almeno tre ragioni: a) usufruisce come l'ateo di tutti i benefici materiali del socialismo; b) gli è garantita la libertà di religione sul piano costituzionale, nell'ambito della più generale libertà di coscienza; c) gli è concessa la possibilità di fare delle contestazioni, in quanto cittadino, sulle incoerenze che si determinano, di volta in volta, fra i principi teorici professati e le realizzazioni pratiche del governo o dello Stato.

Ecco perché non è vero che, escludendo i credenti dal partito, si favorisce, anche nell'ambito del socialismo, la politicizzazione della religione, Non lo è sia perché la religione non ha bisogno di politicizzarsi per affermare se stessa, sia perché le motivazioni socioeconomiche che il credente potrebbe avere per manifestare politicamente la propria fede, già dovrebbero aver trovato la loro adeguata soluzione all'interno del socialismo (o comunque le premesse indispensabili per ottenere tale soluzione). Con ciò non si vuol "tappare la bocca al credente"; si vuol soltanto far capire che se il credente ha delle rimostranze da fare al socialismo, dovrebbe farle non tanto come "credente" quanto piuttosto come "cittadino", proprio perché è storicamente insensato aver la pretesa di voler realizzare una politica "cattolica" o "islamica" o "buddista" ecc.

4. Karševan è però convinto che se non si permette al credente di partecipare attivamente alla politica della Lega, egli cercherà di crearsi altre forme di azione politica, con le quali, inevitabilmente, si porrà in

maniera polemica, se non addirittura alternativa, nei confronti della linea ufficiale della Lega.

Da che cosa nasce questa certezza? Dal fatto, probabilmente, che Krševan, in quanto cittadino jugoslavo, cittadino cioè di uno stato pluri-confessionale, dove ogni chiesa, nel passato, pur di potersi imporre sulle altre, predicava un'ideologia fortemente proselitistica e politicizzata, è abituato, come ogni altro comunista jugoslavo, a rapportarsi in maniera piuttosto dura con la realtà ecclesiastica. Di tutte le chiese presenti nel suo Stato, certamente quella cattolico-romana è la più esigente e inva-dente, ma anche quelle ortodossa e islamica, così legate al regionalismo, non sono meno difficili da trattare.

A suo giudizio - e questo è proprio un riflesso della situazione esistente in quel paese, benché egli abbia assicurato, nella premessa del suo articolo, che "la stragrande maggioranza dei credenti oggi da noi non ha problemi e non è soggetta a 'interne angustie' nel coordinare e applica-re la propria fede religiosa personale alle mete della società socialista" (p. 250) - a suo giudizio, si diceva, la religione non può essere circoscrit-ta alla sola pratica del *culto*, in quanto essa tende a permeare di sé ogni ambito della vita sociale.

Qui, se non si avesse il timore di apparire superficiali o approssi-mativi in una questione così delicata e complessa, verrebbe da scommet-tere sul fatto che se Krševan si sente indotto a fare considerazioni del genere è a motivo, molto probabilmente, oltre che di una esperienza ne-gativa della rivoluzione socialista, anche - ed è una conseguenza del pri-mo aspetto - di una sopravvalutazione della "resistenze integralistiche" delle diverse confessioni presenti nella società jugoslava.

Su questo però bisogna essere chiari e precisi. La religione va circoscritta all'attività rituale e cultuale non perché si vuole relegarla, con provvedimenti amministrativi o politici, ai margini della società, ma per-ché gli aspetti laico-civili della società vengono di fatto affrontati e risolti dalla maggioranza dei cittadini in maniera non-religiosa. La pratica del culto e dei diritti liturgici rappresentano soltanto ciò che, in ultima istan-za, distingue il credente dall'ateo. In prima istanza invece, ossia di fronte allo Stato e alle esigenze collettive della società, essi non si distinguono affatto. Nel comune progetto democratico in cui ogni cittadino s'impe-gna, il credente non ha da dire qualcosa in più dell'ateo solo perché cre-dente, e questo vale anche per l'ateo nei confronti del credente. Se il cre-dente o l'ateo avranno da dire qualcosa in più, ciò sarà dovuto non alla fede dell'uno o alla miscredenza dell'altro, ma alla loro competenza spe-cifica, alla loro preparazione professionale: è anzitutto su questo terreno che il credente può confrontarsi con l'ateo, in quanto entrambi cittadini.

Le conversioni personali, ideologiche, in un senso o nell'altro, in genere dovrebbero essere una pacifica, libera e logica conseguenza di questo confronto.

Se quindi una determinata confessione religiosa pretende di violare il regime di separazione col pretesto che non può sentirsi limitata a svolgere la sola azione rituale, ciò determinerà, inevitabilmente, una presa di posizione da parte degli organi statali. Non si può, per paura del clericalismo, essere tolleranti su questo punto, anche perché, in tal modo, si violerebbe la libertà di coscienza degli atei o di altre confessioni religiose. Anzi, è proprio negando il valore dell'ateismo, ovvero la sua necessità di manifestarsi esplicitamente, che indirettamente si favorisce l'integralismo politico della fede. Fede e ateismo hanno diritto a esprimersi pubblicamente, per un confronto culturale, ma non devono trasformarsi in uno strumento della politica.

Krševan, con fare un po' moralistico, chiede a tutte le confessioni religiose - onde realizzare una pacifica convivenza - di far esprimere politicamente i loro fedeli scegliendo dei valori e dei princìpi compatibili con gli interessi e le finalità del socialismo autogestito. In tal modo però egli non si rende conto che se solo si permettesse alle chiese di professare, come e quando vogliono, dei contenuti politici non antagonistici a quelli del socialismo, non si potrebbe poi evitare che quelle stesse chiese, una volta ottenuto il consenso da parte del potere, giungano ad elaborare politicamente dei contenuti opposti a quelli del socialismo. Non è una questione di fiducia ma di *principio*. Uno Stato socialista può anche aver bisogno delle dichiarazioni pubbliche di esponenti del clero favorevoli alla salvaguardia della nazione quando essa viene attaccata da uno Stato straniero. Ma sarebbe assolutamente vergognoso che un governo socialista chiedesse alle confessioni religiose di dichiararsi esplicitamente a favore del socialismo o che anche solo aspirasse a delle dichiarazioni spontanee di questa natura. Al massimo una chiesa può dichiararsi favorevole al regime di separazione, chiedendo che la "separazione" sia davvero effettiva, cioè nei confronti di qualunque chiesa e non solo di qualcuna in particolare.

5. Krševan non riesce ad accettare l'idea che la lotta del socialismo contro la religione non avvenga solo sul versante *politico* (contro il clericalismo), ma anche su quello *ideologico* (contro la religione in sé). Egli cioè è convinto che l'abbandono delle idee religiose avverrà attraverso il semplice "umanesimo" del marxismo, il quale si dovrebbe tradurre in una edificazione del socialismo senza ateismo esplicito o propagandato.

Tuttavia, nell'ambito del socialismo l'ideologia e la politica non hanno solo una *relativa autonomia*, ma anche e soprattutto un *rapporto organico*, una stretta interdipendenza. Per diventare socialisti o per costruire una società comunista non è obbligatorio seguire il percorso che va dall'ideologia alla politica o il percorso inverso. È obbligatorio conservare dialetticamente entrambi gli elementi, poiché una politica senza ideologia è vuota e un'ideologia senza politica è cieca. E, in questo senso, il socialismo non è soltanto l'erede dell'umanesimo che l'ha preceduto, ma anche il fondatore di un *nuovo umanesimo*.

II

Comunisti e religione. Teoria e strategia
(n. 98/1975)

A

Nel suo secondo articolo Kerševan ribadisce anzitutto la tesi fondamentale espressa nel primo, e cioè che la religione *in sé* non è negativa, in quanto dipende dall'*uso* che se ne fa: "sulla base delle funzioni concrete dei fenomeni religiosi non è possibile dare alcun giudizio uniforme o aprioristico né di 'dannosità' né di 'utilità' della 'Religione' per la 'Società'" (p. 248). Se oggi la consideriamo soprattutto negativamente è a causa del ruolo storico ch'essa ha svolto. Il giudizio negativo è quindi solo *politico*, proprio perché è fondato sulla *storia*. "L'esperienza dell'influsso del tipo (pre)dominante di religione o di religiosità su quelle caratteristiche che i comunisti generalmente mettono in primo piano, risulta più negativa che positiva" (p. 249). E qui Kerševan fa alcuni esempi: conservatorismo, attaccamento alla tradizione, mancanza di spirito rivoluzionario e, per quanto riguarda la situazione jugoslava, meschinità nazionalistica e intolleranza. "Naturalmente - prosegue il sociologo - un giudizio negativo, formatosi in questa maniera, è suscettibile di cambiamento: basta che cambino le esperienze, basta che cambino i fenomeni religiosi stessi e le loro funzioni oppure i criteri che vengono usati" (ib.).

Di più: fondando il giudizio su dati storici concreti e non su affermazioni aprioristiche - continua l'autore - si può addirittura dire che l'alienazione religiosa oggi non è *la più negativa*: "nel mondo odierno, sempre più alienato, è inevitabile che la coscienza umana sia alienata e non ci è di grande aiuto liberarci dall'aspetto religioso dell'alienazione, dal momento che cadiamo presto sotto l'influsso di altre forme di alienazione, che oggi sono persino più comuni di quanto non lo sia la tradizionale religione della chiesa" (p. 250).

Nel tentativo di dare un valore alla religione, Kerševan esclude la possibilità che in un mondo alienato esistano uomini completamente atei: "si tratta solo di una non-religiosità apparente... di un processo graduale di parziale liberazione dalla religione" (p. 250); anzi, in un mondo completamente alienato non potrebbero neppure nascere uomini atei. La domanda a cui il marxismo fa fatica a rispondere è proprio questa: "da dove derivano i fenomeni religiosi in una società senza classi" (p. 251)? La risposta di Kerševan è abbastanza chiara: dal fatto che, in ultima istanza, siamo tutti religiosi e tutti atei. Questo il marxismo, difettando di psicologia, non poteva capirlo. Dunque nel socialismo la fede è destinata, restando puramente religiosa, a trasformarsi in un fenomeno positivo.

Da queste considerazioni il sociologo trae il modello di strategia che i comunisti devono adottare nei confronti della religione. Ovverosia:

a) riconoscere anzitutto l'incompletezza del marxismo (p. 252);

b) rivalutare il ruolo che la religione svolge nella lotta di classe (ib.);

c) evitare l'atteggiamento sovietico che è di tipo amministrativo (p. 251);

d) conquistare gli uomini all'ateismo in maniera indiretta, cioè a partire dalla sola lotta di classe, pur nella convinzione che il marxismo investe ogni campo dell'attività umana, non solo quello politico (p. 253);

e) persuadere gli uomini che il marxismo, pur essendo diverso dalla religione, non è molto diverso dagli umanesimi precedenti (pp. 253-4).

B

Questo, in sintesi, il pensiero del sociologo jugoslavo. Le osservazioni critiche che ora faremo hanno solo lo scopo di completare quelle fatte nell'articolo precedente.

1. Che la *religione in sé* sia radicalmente contestata dal marxismo è una verità così evidente come quella che vuole invece tenere distinte la lotta contro la religione in sé dalla lotta contro la religione in quanto superstizione e/o clericalismo. In questa seconda lotta - afferma la dottrina marxista - lo stesso credente può sentirsi personalmente coinvolto, parteggiando per la separazione della religione sia dalla scienza che dalla politica. Viceversa, una lotta contro la religione in sé può essere condotta, ovviamente, solo da un ateo professo o militante.

È molto strano che Kerševan, pur dichiarandosi comunista, non abbia mai accennato all'importante distinzione che il marxismo pone tra l'atteggiamento del partito e quello dello Stato nei confronti della religione. Una stranezza che forse può essere compresa se si considera che per la Lega jugoslava lo Stato è una nozione politicamente che si confonde, cioè si riassume nel concetto di "autogestione". In effetti, tutte le affermazioni di Kerševan potrebbero avere un loro senso logico se solo si operasse una identificazione fra lo Stato socialista e il partito comunista, privando però quest'ultimo della sua caratterizzazione ideologica e, nella fattispecie, ateistica.

Chi più e meglio denunciò tale deviazione socialdemocratica, in materia di ateismo, fu - come noto - Lenin, il quale, riprendendo una tesi di Engels, disse molto chiaramente che l'indifferenza del partito nei confronti della religione e in realtà una forma di opportunismo ideologico, e che solo l'indifferenza dello Stato può essere accettata, seppure nella prospettiva di un superamento progressivo di ogni concezione oscurantistica. Pertanto alla *religione in sé* non si dovrebbe concedere nulla dal punto di vista ideologico, mentre sul piano pratico-politico il giudizio è relativo alle circostanze concrete del momento. Questo non per tatticismo ma in virtù della dialettica ideologica e della democrazia politica.

Ognuno si rende facilmente conto della differenza tra partito e Stato anche soltanto guardando il principio giuridico della *libertà di religione*, che, sotto il socialismo, viene garantito in maniera contraddittoria alla considerazione che il partito comunista fa nei confronti di qualunque religione. Tuttavia, se un'identificazione tra partito e Stato dovrà un giorno esserci - come segno del progresso sociale, culturale e politico della società -, essa non avverrà nella conservazione dello Stato e del partito, ma nel superamento di entrambi, in virtù dell'*autogoverno delle masse popolari*.

2. Kerševan è quindi disposto ad accettare un giudizio politico negativo sulla religione, ma solo a condizione di delimitarlo storicamente. Ovvero egli non esclude - giustamente diciamo - la possibilità che, interpretandola politicamente, la religione abbia potuto svolgere, in taluni momenti storici, una funzione positiva in senso progressista: nel passato - diceva lo stesso Lenin - la lotta del proletariato assumeva, sul piano ideologico, la caratteristica della lotta di un'idea religiosa contro un'altra.

Tuttavia Kerševan nega qualunque valore - e qui sta il suo deviazionismo - al criterio ideologico marxista secondo cui la religione, pur potendo o avendo potuto svolgere nel passato una funzione positiva, resta, in definitiva, una concezione errata della realtà, a-scientifica e sostanzialmente illusoria, tale per cui, sul piano ideologico, la contrapposizione scientifica del marxismo non può che essere esplicita. Su questo il marxismo, che vuole porsi in maniera onesta, non professa relativismo di sorta e non permette che il giudizio di valore si fondi su un'analisi meramente sociologica dei fatti. L'atteggiamento indifferente nei confronti della religione può infatti portare a un atteggiamento strumentale nei confronti della stessa religione.

Un esempio di questo orientamento soggettivistico Kerševan lo offre a p. 250, laddove, non senza un certo fatalismo, sostiene che nel mondo contemporaneo il problema dell'alienazione non solo non è stato risolto, ma è diventato sempre più acuto. Non a caso per lui la sopravvivenza di talune alienazioni religiose in una società socialista ha lo stesso peso o la stessa importanza di quanto si verifica sotto il capitalismo. Gli sfugge completamente l'idea che laddove esiste la possibilità di liberarsi *effettivamente* anche da una sola alienazione, allora lì c'è la possibilità di liberarsi da tutte le altre alienazioni.

3. In effetti, è difficile a Kerševan immaginare una coscienza disalienata in un mondo pieno di alienazioni. Gli "rimane irrisolto il problema da dove vengano uomini non religiosi in un mondo alienato" (p. 250). Eppure è abbastanza semplice pensare che se un mondo alienato non potesse produrre che uomini alienati, la storia non sarebbe soggetta ad alcun progresso. In fondo la grandezza dell'uomo sta appunto in questo, nella capacità di anticipare a livello di coscienza quanto si vorrebbe realizzare a livello di esperienza. Si tratta ovviamente di anticipazioni ancora imprecise, dai contorni poco chiari e definiti, nondimeno si tratta di anticipazioni razionalmente motivate, se vogliamo anche solo istintivamente avvertite, ma sempre legittime, in quanto espressioni di vaste esigenze popolari, o comunque delle esigenze popolari più progressiste. Anche ammesso e non concesso che occorrano delle condizioni oggettive per realizzare queste anticipazioni della coscienza, resta comunque vero che il desiderio insoddisfatto stimola gli uomini a perfezionare le loro esperienze, a modificare, seppure gradualmente, il loro stile di vita. Ed è così che l'uomo, sia nel capitalismo che nella transizione al socialismo, ha bisogno di dichiararsi ateo o agnostico per combattere e vincere l'oscurantismo religioso.

Purtroppo la coscienza non ha solo il merito di anticipare, come desiderio, e di conservare, come memoria, i fenomeni più positivi della vita umana, ma ha pure il difetto di fare altrettanto con i fenomeni negativi. Resta indubbio però che in una società socialista, dove i mezzi di produzione appartengono all'intera collettività, la coscienza ha meno motivi di conservare nella memoria quei fenomeni negativi vissuti nel passato e tramandatisi attraverso le generazioni. Essere convinti di questo significa guardare con ottimismo il futuro sviluppo della società verso la democrazia socialista.

Dunque, alla domanda: "da dove derivano i fenomeni religiosi in una società senza classi" (p. 251), bisogna rispondere: "dalla memoria degli uomini, che ha messo radici in tradizioni, usi e costumi". I fenomeni religiosi nel socialismo non nascono *ex-novo*, ma "sopravvivono", cioè si perpetuano con l'inerzia che contraddistingue le cose in procinto di scomparire. È del tutto fuori luogo, quindi, parlare di "religiosità naturale" dell'uomo, come fa Erševan quando scrive, pensando che questo sia un pregio: "tutti, in un modo o in un altro, siamo religiosi" (ib.). Come d'altra parte è prematuro parlare di "ateismo naturale", come fa sempre Erševan quando dice, pensando che ciò sia un'inevitabile conseguenza storica, che "in sostanza siamo tutti senza religione" (ib.).

Indubbiamente religione e ateismo, per come li abbiamo vissuti negli ultimi seimila anni, sono due *prodotti storici*. Ed è non meno vero che fino a quando gli uomini avranno bisogno di proclamarsi "atei", al mondo vi saranno sempre delle idee religiose da combattere. La vera naturalezza sarà raggiunta solo quando l'evidenza dei fatti, in materia di esistenza di "entità esterne" rispetto all'uomo, s'imporrà da sé. L'ateismo non è nient'altro che il modo più adeguato per raggiungere la naturalezza cui ogni uomo aspira, che lo sappia o no. Su questo la psicologia marxista della religione non ha davvero nulla da imparare.

4. Erševan, in definitiva, sconfessa il valore del marxismo, sostenendo che il rapporto strategico dei comunisti con la religione non può più basarsi sull'*ideologia*, ma esclusivamente sulla *politica*, per cui è sbagliato pensare ch'esso abbia offerto la chiave di lettura per tutti i fenomeni religiosi di ogni tempo: lo dimostra il fatto che i teorici atei dell'Unione Sovietica usano un'ermeneutica che non si discosta molto da quella "illuministico-radicale" (p. 251).

"È errato, non marxista, e privo di fondamento, il sottolineare la lotta contro la religione in quanto tale", scrive Erševan (p. 253). Ecco, a partire da questa considerazione di principio, egli giunge persino ad auspicare una sorta di "religione socialista" contrapposta a quella "capitalista": ciò in quanto non vi è più alcuna ragione di combattere una religione che ha un rapporto positivo col socialismo.

Politicamente Erševan avrà tutte le ragioni di questo mondo, però i fatti (compresi quelli della società jugoslava), dimostrano esattamente il contrario. Pur avendo accettato formalmente il socialismo, le confessioni religiose continuano a restare un elemento frenante per lo sviluppo della società. Anzi, nei momenti in cui, per motivi interni, di origine sia socioeconomica che politica, la società socialista accusa delle difficoltà, le religioni spesso ne approfittano, con un fine destabilizzante, se non addirittura eversivo, per ribadire politicamente i loro punti di vista superati, ponendoli in alternativa a quelli dominanti (l'abbiamo visto in Polonia, dove la chiesa cattolica e il sindacato Solidarnosc non han fatto altro che fare uscire il paese dal socialismo per farlo ritornare al capitalismo). E anche quando questi momenti di crisi non vi sono, normalmente l'ingerenza clericale la si nota nei confronti di quelle categorie sociali ideologicamente più immature o psicologicamente più deboli, come p. es. i bambini, i giovani, gli anziani, ma anche nei confronti degli strati intellettuali di tendenza piccolo-borghese o di quegli strati rurali refrattari a una gestione cooperativistica della terra. Nell'occidente capitalistico, oltre a queste categorie e classi sociali, la chiesa sfrutta la situazione anche degli emarginati e sfruttati, degli analfabeti e dei disabili, dei malati mentali e di tutti coloro che soffrono di una qualche forma di "dipendenza" (drogati, alcolizzati, ecc.).

È chiaro che quando gli uomini hanno risolto i loro problemi materiali fondamentali, non hanno per questo risolto, *sic et simpliciter*, i loro fondamentali problemi di coscienza, però di sicuro han trovato le basi materiali per poterlo fare. Ovviamente il processo dell'emancipazione umana resterà lungo e complesso, però siamo sicuri che avverrà. Ecco perché il marxismo non ha mai nettamente separato la lotta politica da quella ideologica e morale. Si può subordinare *tatticamente* questa a quella, quando la situazione lo richiede, ma non si può farlo *strategicamente*, cioè sistematicamente o metodologicamente. Questo perché è impensabile che possa esistere una vera politica di classe a favore del socialismo senza un'ideologia rivoluzionaria.

5. Sull'ideologia marxista Kerševan mostra di non avere le idee molto chiare. Dice infatti a p. 254 che "noi in sostanza assumiamo una visione del mondo di tipo particolare. In essa cioè non sono centrali quelle che nel senso stretto del termine sono le domande ideologiche classiche: sulla natura, le origini e i limiti del mondo e dell'uomo, sul senso definitivo dell'umana esistenza, sulla felicità, e così via".

In realtà il marxismo è una scienza competente in ogni settore della vita umana. Come tale, esso si preoccupa di trovare delle risposte esaurienti anche in quei campi più privati e personali dell'uomo. È vero che il marxismo ha, prima di tutto, "posto delle domande nuove", ma non è vero ch'esso non ha saputo dare delle nuove risposte alle domande cosiddette "classiche" dell'umanità. Diciamo piuttosto che il socialismo, pur essendo ancora relativamente giovane, si preoccupa di dare delle risposte su di un terreno *scientifico*, senza inventare nuove formule religiose, tanto mistificanti quanto illusorie.

J. F. Samarin e i limiti degli slavofili

Nell'Ottocento russo, prima che le idee socialcomuniste monopolizzassero i dibattiti politici, esistevano tre correnti di pensiero fondamentali, di cui solo la prima venne considerata dai bolscevichi molto progressista:

1. quella *democratico-rivoluzionaria* di A. Herzen e V. Belinskij, che chiedeva la fine dell'autocrazia zarista e della servitù della gleba. Partita su posizioni vicine ai Decabristi, essa s'interessò di socialismo utopistico e di filosofia hegeliana, iniziando a prendere contatti col Marx parigino. Successivamente, ad essa s'aggregarono personaggi di tutto rilievo come F. Dostoevskij, N. Cernyscevskij, M. Saltykov, M. Petrascevskij, A. Plesceev, A. Majkov, che sconteranno vari anni di galera in Siberia;

2. quella dei cosiddetti *"occidentalisti"*, di K. Kavelin, T. Granovskij, V. Botkin, P. Annenkov..., i quali chiedevano le stesse cose dell'altra corrente, ma sostenendo l'ideologia borghese, le riforme liberali e lo sviluppo capitalistico;

3. la terza corrente era quella che gli occidentalisti chiamavano "slavofila", rappresentata da A. Chomjakov, I. Kireevskij, K. Aksakov, J. Samarin e altri. Costoro, generalmente credenti, erano politicamente monarchici, però chiedevano la piena libertà di opinione e la valorizzazione delle tradizioni religiose del popolo russo, contro ogni forma di occidentalizzazione, borghese o atea che fosse; anzi, erano convinti che se tutti i popoli slavi si fossero uniti sotto l'egida dello zarismo e le comunità di villaggio (*obščina*) avessero acquisito maggiore autonomia rispetto ai grandi latifondisti, la Russia sarebbe potuta restare tranquillamente contadina.

Di tutti questi intellettuali qui si vuole ricordare soltanto Jurij F. Samarin (1819-76), che mentre da giovane era un fervido hegeliano, vicino agli occidentalisti, come il suo amico Aksakov, quando venne a contatto con Chomjakov e Kireevskij abbracciò la causa degli slavofili, dedicandosi anche alle riforme agrarie e istituzionali del suo paese, contro il servaggio.

La parte più interessante della sua produzione filosofica è quella relativa ai rapporti tra hegelismo e chiesa ortodossa.

Al giovane Samarin Hegel piaceva perché, dopo l'esperienza irreligiosa se non addirittura anticlericale della rivoluzione francese, secondo lui aveva saputo recuperare, avvicinandosi allo spiritualismo della chiesa ortodossa, il valore ontologico della religione, tenendo questa subordinata alla filosofia.

Nella critica del temporalismo della chiesa romana, il giovane Samarin vedeva una linea di continuità tra riforma protestante ed hegelismo, auspicando che, senza minare lo sforzo teoretico di Hegel, l'istanza di interiorizzazione del protestantesimo trovasse nell'ortodossia il proprio sbocco naturale: in ciò il primato andava comunque concesso alla filosofia, in quanto la chiesa russa veniva sì vista matura sul piano della spiritualità ma anche deficitaria su quello speculativo.

Il giudizio che Samarin dava della chiesa romana, istituzione eminentemente politica e quindi priva di vera sacralità e spiritualità, è sempre stato molto netto, e tuttavia egli era convinto, ingenuamente, che la riforma protestante costituisse un'alternativa positiva al cattolicesimo, a condizione ovviamente ch'essa approdasse all'esperienza più profonda dell'ortodossia.

In breve, pur non avendo saputo cogliere nella Riforma (specie nella variante calvinista) la quintessenza dello "spirito borghese", Samarin aveva visto giusto nel considerare Hegel alquanto superficiale nell'analisi delle tradizioni ortodosse dell'Europa orientale.

L'incontro col principale esponente degli slavofili, Chomjakov, lo portò su posizioni più marcatamente confessionali e di conseguenza più ostili alle influenze della cultura borghese sulla Russia.

In particolare si convinse di due cose:

1. Hegel aveva usato la religione per dimostrare la superiorità della sua filosofia, ma questa, nella sua essenza, tendeva verso l'ateismo;

2. la concezione di "essere" che aveva Hegel coincideva sostanzialmente con quella di "nulla", in quanto per la sua filosofia ciò che più contava era il divenire prodotto dalla negazione.

Conclusione: la filosofia hegeliana andava rifiutata proprio perché astratta, razionalista, priva di spiritualità, lontanissima dall'ortodossia. Sotto questo aspetto, anche il protestantesimo non aveva recuperato nulla dell'antica ortodossia, ma aveva soltanto svolto una funzione di negazione del cattolicesimo.

Insomma Samarin era giunto a considerazioni opposte a quelle maturate nel periodo giovanile. Quella che per lui era una lacuna, e cioè la mancanza di una teologia ortodossa all'altezza di quella cattolica e protestante, si rivelava invece un pregio: non a caso infatti nessuna chiesa ortodossa ha mai pensato di razionalizzare la fede religiosa, cercando definizioni astratte di tipo filosofico, come già i teologi latini iniziarono a fare con la Scolastica.

Tuttavia, quello che per lui era un vantaggio della chiesa ortodossa, e cioè il primato concesso al conciliarismo e quindi il rifiuto degli aspetti individualistici della fede, Samarin non riuscì mai a trasporlo in quelle esperienze laiche della democrazia rivoluzionaria del suo tempo, che anzi vide con molto sospetto.

Egli in un certo senso rappresenta l'esempio della limitatezza di chi giustifica la propria cultura e la propria partecipazione politica a partire da una posizione di tipo religioso. Lo si vede in tre punti fondamentali:

1. studiava Hegel, il protestantesimo e il cattolicesimo, senza capire l'importanza di un processo di progressiva laicizzazione dell'istanza religiosa. Vide anzi questo processo negativamente e non riuscì mai a capire che, semmai, era non il processo in sé, bensì la classe che lo supportava (la borghesia) a produrre fenomeni negativi, come appunto la nascita del capitalismo;

2. pensava che l'ortodossia fosse superiore, come esperienza di vita spirituale, ad altre confessioni cristiane, ma non riuscì mai a capire che di fronte alle contraddizioni sociali del capitalismo occorreva un'esperienza non meno "sociale" per poterle superare, e questa esperienza non poteva essere offerta da una confessione come quella ortodossa, che per principio non ha mai svolto attività politica contro i poteri dominanti, politici o economici che fossero;

3. quando s'accorse che in Russia si stavano sviluppando idee vicine al socialismo, utopistico e scientifico, non riuscì mai a capire che il socialismo non voleva soltanto essere un'ideologia politica opposta a quella del liberalismo borghese, di cui comunque ereditava il lavoro di smantellamento parziale della religione, ma voleva anche porsi come una forma di *umanesimo* che avrebbe potuto superare, sul piano etico, l'idealità della religione ortodossa, la quale, senza dubbio, rispetto alle altre due confessioni, presentava aspetti di maggiore spiritualizzazione sul piano dell'esperienza umana.

Gli slavofili rimasero troppo credenti sia quand'era il momento di rovesciare lo zarismo e di opporsi al decollo del capitalismo in Russia, sia quando non si preoccuparono mai di dare alle tendenze rivoluzionarie della loro epoca un risvolto autenticamente umano, che non avesse nulla di religioso.

Purtroppo i credenti, nella maggior parte dei casi, non solo non aiutano il formarsi di esperienze rivoluzionarie, ma pensano anche sia un loro dovere ostacolarle a motivo della presunta superiorità etica o umana della loro fede religiosa.

Credere di credere, tra Vattimo e Turrisi

L'involuzione religiosa dell'esistenzialista Vattimo

Se si digita in Google "conversione religiosa di Vattimo", appaiono, dopo la solita Wikipedia, due importanti contributi del sito aifr.it ("Giornale di filosofia della religione"). Quello di Michele Turrisi[33] è senz'altro più pertinente e, per questa ragione, merita un commento specifico.

Come noto Vattimo una quindicina d'anni fa ebbe un improvviso ripensamento del suo itinerario intellettuale (laico-esistenzialistico), approdando verso una soluzione di tipo religioso, seppur non in maniera strettamente confessionale. Da allora la questione religiosa è diventata la sua preferita.

Qui non si vogliono ripercorrere tutti i passaggi della sua "conversione" ma semplicemente replicare al testo di Turrisi, facendo le seguenti sintetiche osservazioni.

I

Se proprio Vattimo desiderava ricadere nell'alienazione della religione, visto e considerato che non è uno sprovveduto, avrebbe almeno potuto mettersi in relazione non col cattolicesimo-romano bensì con l'*ortodossia greca* (successivamente ereditata dal mondo slavo), che del cristianesimo in generale costituisce la versione più originaria, più vicina al contenuto dei vangeli.

II

Viceversa, sembra che Vattimo, da intellettuale qual è, abbia accettato un tipo di fede pascaliana, in cui si scommette sull'esistenza di dio perché tanto, in ultima istanza, si ha solo da guadagnarci. Come quando i comunisti dicevano, mandando i loro figli a catechismo: "non gli farà bene ma non gli farà neppure male".

III

---

[33] www.aifr.it/pagine/notizie/031.html

Cosa può spingere un intellettuale che in fondo dalla vita ha già ottenuto tutto (carriera universitaria, successo editoriale...), un ripiego del genere? La solitudine? Il bisogno di stare sulla cresta dell'onda stupendo il suo pubblico? L'incapacità di formulare nuove idee originali? Oppure questo esito è implicito nella filosofia del "pensiero debole"?

Si può capire un filosofo empirista o scettico del Settecento, deista per aver meno noie possibili dalla chiesa di stato, che dissimulava la propria miscredenza evitando di spingersi troppo nelle questioni religiose o quanto meno ammettendo genericamente l'esistenza di un dio supremo. Ma oggi, che senso ha? Perché rinnegare i tanti sforzi che il libero pensiero ha compiuto per emanciparsi da questo fardello di ignoranza e di superstizione che da millenni affligge l'umanità? Che seguaci credenti può avere Vattimo, oltre a qualche filosofo della religione come lui? Non lo sa che un vero credente non si pone mai troppe domande, ovvero che un intellettuale credente che si pone troppe domande non è apprezzato dalla chiesa romana? E allora perché legarsi le mani in un'esperienza che al giorno d'oggi serve soltanto - che il credente lo sappia o meno - a tenere in piedi un potere oscurantista e per molti versi reazionario?

Se ha avvertito che il suo "pensiero debole" rischiava di finire in un vicolo cieco, davvero era così "debole" da doverlo indurre ad abbracciare una soluzione peggiore del rischio? E che bisogno c'era di comunicare al suo pubblico una svolta del genere? Non ha pensato alle conseguenze? Non si vergogna di dire, in quanto "neocredente", che non si lascia "scandalizzare dalle Crociate o dall'Inquisizione"? Non avrebbe fatto meglio a studiare più "storia" e meno "filosofia"?

O forse la sua involuzione è una conseguenza della filosofia *in sé*, cioè di quel modo di pensare tipicamente astratto, che quando si misura con la vita prende spesso delle cantonate incredibili? Che bisogno c'era di dire che chi affronta il tema della fede religiosa non vuole assumersi "il rischio di un impegno diretto e personale verso le esperienze e i contenuti di cui parla"? Davvero per poter esprimere un giudizio obiettivo sulla religione bisogna prima aver la fede? E i credenti come fanno a esprimere giudizi obiettivi sul socialismo, sulla laicità, rifiutando nella pratica sia l'una che l'altro?

Anche Kierkegaard - che lui cita, come se fosse un punto d'approdo dopo Heidegger - diceva che non si può parlare di religione se non ci si lascia coinvolgere personalmente nei suoi contenuti che più suscitano scandalo, però sappiamo anche come gli andò a finire: l'unico vero modo per dimostrare d'aver fede era, per il padre dell'esistenzialismo religioso, quello di morire martire per la cristianità. Persino il primate danese Martensen gli disse ch'era pazzo a pensare che "martire" e "testimone" della verità" potessero in qualche modo coincidere.

IV

Quando si abbraccia la religione non si può farlo a titolo individuale o come filosofi: persino i protestanti farebbero fatica ad accettare l'idea che una fede possa essere vissuta senza una comunità. Non serve a nulla dire che si accetta una fede ma non i suoi dogmi. Ogni fede li ha e chi pensa di poterne fare a meno, è perché in realtà - almeno così è sempre stato - ha già smesso di credere o comunque ha seri dubbi sulla propria fede. Cosa vuol fare Vattimo nel XXI secolo, trasformarsi da laicista a *eretico*? Cos'è questa, una crisi di senescenza? Possibile che una persona intelligente come lui creda che possa essere una religione a dare sicurezza alla laicità? O forse sta pensando che la vera ragion d'essere stia unicamente nella fede e che l'ateismo sia una forma d'insopportabile arroganza?

V

Si può capire che uno abbia nostalgia del proprio passato giovanile di militante cattolico e che in età adulta non abbia trovato un equivalente laico altrettanto significativo, si può capire che uno pensi che in gioventù c'erano più ideali di oggi, ma non si può capire che dopo un percorso intellettuale da laico uno approdi al misticismo. Che grande servizio reso alla chiesa romana! Infinitamente più prezioso di quello della conversione al cattolicesimo di un prete anglicano sposato! Aveva proprio ragione Marx quando diceva che la religione è la coscienza di sé dell'uomo che o non ha ancora acquistato o ha subito perduto se stesso.

VI

Senza volerlo ha però reso un servizio anche all'umanesimo laico, che da tempo sospettava un'involuzione irrazionalistica del suo "pensiero debole". Per fortuna Vattimo non è diventato un becero destrorso (come spesso sono gli ex-comunisti), essendosi limitato a una soluzione più indolore, diciamo più "filosofica", per quanto - è bene dirlo - al giorno d'oggi è un po' patetico pensare di poter riformare una religione mediante un'altra religione, un'interpretazione integralista della fede (come quella di Wojtyla e Ratzinger) attraverso una più laica.

VII

Se Vattimo è favorevole all'aborto, al preservativo e all'omosessualità, non può pensare né di stare dentro la chiesa romana, né di avere dei seguaci davvero credenti e praticanti, né di pretendere di essere ascoltato solo perché anche lui in fondo è un credente. Quando si crede in cose che la chiesa vieta da sempre, semplicemente o si esce dalla chiesa o addirittura si smette di credere. Anzi, se davvero si è laici, occorre trovare delle motivazioni molto più etiche e umane rispetto a quelle che offre, nei casi suddetti, la chiesa romana. Le assurdità di questa chiesa son talmente tante (celibato dei preti, rifiuto del divorzio, infallibilità pontificia ecc.) che solo una persona totalmente sprovveduta o particolarmente ipocrita può credervi.

VIII

Tuttavia, siccome dice che in questa sua riscoperta del tema della religione "c'entra l'esperienza della morte", non avrebbe fatto meglio a togliere alla religione le risposte a questo argomento, proponendone di nuove sul piano laico? Possibile che un laico non possa parlare di infinità della materia, dello spazio, del tempo e quindi di perenne trasformazione delle cose, senza rischiare di cadere in equivoci di tipo religioso? Per quale motivo l'umanesimo deve lasciare alla chiesa il monopolio interpretativo su ciò che ci attende dopo morti? E se tutte le verità della chiesa fossero in realtà delle menzogne? Che farebbe uno come Vattimo se scoprisse che nell'aldilà non c'è nessun dio ma solo esseri umani: si riconvertirebbe un'altra volta?

IX

Particolarmente infelice infatti è la sua idea che anche nel caso dovesse accingersi a una reinterpretazione secolarizzata del Nuovo Testamento, non metterebbe assolutamente in discussione il ruolo della chiesa. Si rende conto Vattimo che una posizione del genere è più retriva persino di quei credenti del passato che reinterpretando, sempre in chiave religiosa, i passi biblici, lo facevano proprio per contestare il ruolo della chiesa ufficiale? Dove è vissuto Vattimo fino ad oggi? Anche se ha fatto solo filosofia, non avrebbe dovuto trascurare tutta quella critica biblica che a partire da Reimarus ha spazzato via qualunque esegesi di tipo confessionale. Oggi gli esegeti un minimo onesti con se stessi, dopo due secoli di critica razionalistica, si confrontano *solo* su interpretazioni bibliche che hanno la *laicità* come presupposto.

X

Ha un che di patetico voler ripensare in chiave laica i Vangeli per arrivare a un fine neo-religioso: "una nuova chiesa visibile che superi tutte le frontiere e 'accolga nel suo grembo tutte le anime assetate dell'ultraterreno'". Davvero Vattimo pensa di poter creare una "chiesa laica"? Davvero pensa di poter avere dei seguaci? Le vere "chiese laiche" in realtà le abbiamo già avute: erano i vecchi partiti comunisti. Oggi dobbiamo sviluppare la "democrazia laica", senza religioni di sorta, tutta *umana* e possibilmente orientata verso un *socialismo autogestito*, alternativo a un sistema borghese dove si è soltanto eterodiretti (da Stati, mercati, borse finanziarie, multinazionali, sistemi mediatici).

Non lo sa Vattimo che la chiesa romana è parte integrante di questo sistema e che se anche il sistema sembra non tener conto delle esigenze di detta chiesa, esso in realtà ha le proprie basi genetiche nel modo di fare autoritario di questa stessa chiesa? La borghesia comunale in Italia ha potuto nascere e soprattutto svilupparsi grazie proprio alle concessioni che le vennero fatte dai vescovi latini, cinquecento anni prima che nascesse la Riforma.

XI

Vattimo, come molti esistenzialisti, ha affrontato il suo rapporto con la chiesa in maniera troppo soggettivistica, troppo legata a questioni di carattere personale (nel suo caso, in primis, la scelta di orientamento omosessuale) e, in questa maniera, non è mai riuscito a recidere il cordone ombelicale in maniera netta. La rottura nei confronti dell'oscurantismo doveva partire da riflessioni più culturali e politiche, obiettivamente analizzate con studi specifici; non basta, per emanciparsi, che una coscienza individuale avverta su di sé il peso di certe ingiustizie. Fare dell'omosessualità "la chiave di lettura di tutte le altre superstizioni della Chiesa e, fuori dalla Chiesa, di tutte le forme di esclusione sociale" è, come minimo, pretenzioso; sostenere poi di trovarsi, in questo, seguace di Pasolini, è assolutamente fuorviante, poiché quando quel grande intellettuale contestava le forme della società borghese partiva da considerazioni che con l'omosessualità non avevano nulla a che fare.

XII

Per quale motivo un intellettuale maturo deve lacerarsi in contraddizioni tra il credere religioso e il non credere laico, che sicuramente caratterizzano di più una mentalità giovanile, quando, al giorno d'oggi, esistono infinite contraddizioni che non avendo trovato, in duemila anni, adeguate risposte religiose, ne attendono, con una certa urgenza, di laiche? Le quali però non potranno certo basarsi semplicemente sulla *charitas*, di cui egli parla come sopravvivenza legittima della fede.

Nei vangeli la legge dell'amore è stata usata proprio per sostenere che il Cristo non aveva nulla di politico, nulla di rivoluzionario per le sorti della Palestina in lotta contro Roma. Anche oggi la destra berlusconiana parla di "partito dell'amore" contro quello dell'"odio", ma lo fa per difendere interessi tutt'altro che generali.

Risposta a Michele Turrisi

1. Con il lungo articolo *Credere di credere. Genesi e significato di una conversione debole* (che riprende i contenuti della sua tesi di laurea)[34], Michele Turrisi ha avviato un dibattito di alto livello sulla conversione - ma sarebbe meglio dire "riconversione" - religiosa di Vattimo al cristianesimo.[35] "Riconversione" in quanto il filosofo torinese una quindicina d'anni fa ebbe un improvviso ripensamento del suo itinerario intellettuale (laico-esistenzialistico e di militanza nella sinistra), approdando a una soluzione di tipo mistico, ancorché non-confessionale, per riempire il vuoto di valori causato dal fallimento di quegli ideali del socialismo europeo in cui egli, a modo suo, si riconosceva. Da allora la questione religiosa è diventata una delle sue preferite, benché non abbia mai trascurato l'impegno politico (dal 2009 è parlamentare europeo nell'IdV di Di Pietro).

Conoscendo il valore laicista del mio sito, Turrisi mi ha chiesto di produrre una riflessione sull'argomento in oggetto, ben sapendo che

---

[34] www.aifr.it/pagine/notizie/034.html

[35] Uso la parola "cristianesimo" *sensu lato*, poiché è difficile pensare che una posizione come quella di Vattimo possa essere accettata nell'ambito della chiesa romana; al massimo, se vogliamo, nell'ambito di quella protestante, la quale, in nome del "libero esame", può autorizzare interpretazioni eterogenee del Nuovo Testamento, per quanto persino una qualunque confessione ultra-liberale non possa permettersi il lusso di accettare l'idea che una fede possa essere coerentemente vissuta senza una comunità di riferimento. Sono comunque note le simpatie di Vattimo per la chiesa valdese e, se vogliamo, anche quelle dello stesso Turrisi.

non avrei potuto condividere pienamente le sue idee che, per quanto "progressiste" possano essere in ambito religioso (specie in rapporto al cattolicesimo-romano, che con gli ultimi due pontefici, Wojtyla e Ratzinger, ha raggiunto vertici di notevole conservatorismo), restano pur sempre relative a un mondo che il sottoscritto non può considerare alternativo a uno di tipo laico. Di ciò comunque gli rendo merito, poiché se negli anni Sessanta e Settanta un confronto del genere era possibile grazie alle sollecitazioni teorico-pratiche poste dal socialismo (utopico o scientifico che fosse), oggi, pur in assenza di riferimenti a questa ideologia, i credenti avvertono comunque la necessità di confrontarsi con posizioni diverse dalla loro, evitando di pensare che tra le due *Weltanschauungen* la "partita" sia definitivamente chiusa con il crollo del muro di Berlino. È indubbio infatti che il socialismo, pur essendo fallito come sistema amministrato dall'alto, ha contribuito sul piano culturale a sviluppare un'idea di laicismo che inevitabilmente ha condizionato non solo la cultura borghese del nostro tempo ma anche quella religiosa.

Lo stesso Vattimo ha avvertito l'esigenza di militare nella sinistra (anche da cattolico, nel periodo giovanile), rendendosi conto che il proprio esistenzialismo non avrebbe potuto trovare nella religione le risposte politiche che cercava. In tal senso ci si può chiedere, visto che in area socialcomunista politica e laicità non dovrebbero marciare separate, se il suo ritorno alla fede non possa essere visto come una conseguenza dell'incapacità che hanno molti "intellettuali di sinistra" di tenere uniti i due elementi suddetti, e se addirittura l'intenzione di attenersi alla "sola laicità" non comporti, prima o poi, il rischio d'un'involuzione verso posizioni religiose. Ciò senza nulla togliere al coraggio che un intellettuale deve avere di rimettere continuamente in gioco le proprie certezze, come ha giustamente asserito Costanzo Preve. [36]

Si badi però che se si volesse circoscrivere l'ultima ontologia di Vattimo alla mera questione religiosa si rischierebbe di compiere un grossolano errore. Egli non ha mai rinnegato il suo *background* marxista, e anzi gli ultimi sviluppi del suo pensiero paiono orientati a recuperare i

---

[36] Parlo di "involuzione" ovviamente a prescindere da tutto: atteggiamenti personali, scelte di valore, posizioni politiche... Mille volte i laici hanno sostenuto che esistono credenti migliori delle religioni cui appartengono e religioni migliori dei propri credenti; questo tuttavia non toglie che la religione in sé resti per il sottoscritto una risposta precaria, se non illusoria o comunque molto limitata, alle domande di senso del nostro tempo. Cosa che d'altra parte sosteneva lo stesso teologo Sergio Quinzio - forse il *trait-d'union* tra Vattimo e Turrisi - il quale ovviamente vedeva la limitatezza non nella fede in sé ma nella sua espressione istituzionale.

temi fondamentali del filosofo di Treviri, previa debita epurazione degli elementi più dogmatici della sua ideologia. È sufficiente leggersi *Ecce Comu. Come si ri-diventa ciò che si era* (Fazi 2007), in cui egli propone una sorta di comunismo libertario, all'insegna di un progetto di "sovversivismo democratico". Nel più recente *Addio alla verità* (Meltemi 2009), filosofia e politica si ricongiungono per costruire un'idea di verità nel confronto sociale e interculturale.

2. Detto questo, non si vogliono qui ripercorrere tutti i passaggi della "conversione" di Vattimo (l'ha già fatto Turrisi con molta chiarezza), ma semplicemente approfittare del testo di quest'ultimo per sviluppare delle osservazioni di carattere più generale, riguardanti non solo la filosofia ma anche la politica. Turrisi plaude alla "conversione" di Vattimo, poiché la giudica interessante sul piano della "filosofia religiosa". Ma se guardiamo i temi religiosi trattati da questo "pensiero debole", essi rientrano tutti nella categoria dell'esistenzialismo religioso, sebbene talune categorie (per es. quella di *kenosis*) vengano prese dalla teologia cristiana vera e propria e ripensate in chiave laica. Se andiamo a leggerci le opere di L. Chestov, N. Berdjaev, S. Kierkegaard, K. Barth, H.-G. Gadamer, L. Pareyson (quest'ultimi due maestri riconosciuti dallo stesso Vattimo), si ritrovano argomenti analoghi, con la sola differenza che Vattimo filtra tutto attraverso le sue interpretazioni di Nietzsche e di Heidegger, che lo portano a essere più un "ontologista" che un "esistenzialista". In tal senso la "conversione" può essere ritenuta come un passo indietro sul piano teoretico, anche se può apparire come un passo avanti sul piano pratico - che è poi quello che a Turrisi è piaciuto di più -, essendo quello del travaglio interiore, della sofferenza psicologica, del mettersi a nudo autobiografico.

Vattimo tuttavia vuole restare un filosofo illuminato euro-occidentale, per il quale una qualunque riscoperta della fede non può e non vuole andare oltre le acquisizioni laiciste maturate nell'ultimo mezzo millennio.[37] È lontanissima da lui l'idea di vivere un'esperienza della fede secondo i criteri di una qualunque chiesa istituzionale. Se davvero il discorso religioso gli interessasse sul piano pratico, se davvero avesse voluto fare studi teologici approfonditi, cercando una modalità ecclesiale più coerente all'ideale evangelico, non sarebbe tornato a parlare di fede in senso cattolico o in senso protestante, ma ne avrebbe parlato in senso *or-*

---

[37] Anzi se consideriamo il contributo dato dalla Scolastica alla riscoperta dell'aristotelismo, dovremmo dire nell'ultimo millennio, poiché se è vero che il protestantesimo - sulla scia di M. Weber - può essere considerato "organico" al capitalismo, è anche vero che è stato il cattolicesimo-romano a permettere il sorgere della mentalità borghese in ambito comunale.

222

todosso, in quanto l'esperienza di origine greca o slava della fede resta infinitamente superiore, sul piano spirituale (ontoteologico), rispetto a qualunque altra esperienza cristiana. L'attesta la pervicace resistenza che gli ortodossi hanno saputo dimostrare di fronte ai condizionamenti islamici, stalinisti e cattolico-romani.

3. Quindi più che parlare di Vattimo sarebbe meglio parlare di Turrisi, vale a dire della sua operazione di recupero che forse risente di qualche esagerazione rispetto a quella dello stesso Vattimo (nel senso che Turrisi appare essere molto più "religioso" di lui, uno cioè che davvero pensa di poter dare un contributo alla valorizzazione dell'esistente partendo da presupposti religiosi). Per Vattimo si è trattato invece assai probabilmente di una delle tante riflessioni esistenziali ch'egli ha fatto nella sua vita, in cui la contraddittorietà tra una tesi e l'altra del suo notevole *corpus* filosofico non viene considerata un limite bensì un valore - come d'altra parte è giusto che sia per un filosofo che ha fatto dell'ermeneutica la sua ragion d'essere, cioè della continua ricerca una battaglia contro tutti i dogmi, laici e religiosi.

Non a caso la lettura che Turrisi ha prodotto di Vattimo è subito piaciuta a chi, come lui, crede ancora che la fede abbia qualcosa da spendere in questa valle di lacrime. Certo, se si guarda all'incredibile *revival* della chiesa ortodossa nei paesi ex-comunisti (in Russia persino le autorità governative si atteggiano a credenti), vien da pensare che forse anche nei paesi di democrazia formale come i nostri, dove i valori del mercato ci stanno portando a una crescente alienazione, la fede religiosa possa tornare ad avere il seguito di un tempo. Ma davvero è possibile pensare che la chiesa romana, abituata da almeno un millennio a gestire il potere politico e economico, vittima qual è di continui scandali (che di recente l'hanno colpita anche negli aspetti della sfera sessuale) possa assomigliare anche solo lontanamente a una qualunque chiesa ortodossa, che in virtù della *diarchia politica* non ha mai gestito alcun potere e che ha potuto rinascere grazie esclusivamente alla propria spiritualità? Oppure quella di Turrisi vuole essere un'operazione di largo respiro, da giovane intellettuale filo-protestante che cerca un dialogo con gli uomini e le donne "di buona volontà" sui temi forti dell'umano vivere e credere? Se è così sarebbe meglio aprire subito un dibattito, tra credenti e non, sulla principale emergenza del nostro Paese - quella "morale" - dove la corruzione sembra porsi "a sistema" e dove quindi non può che essere ben accolto un contributo umanamente significativo come il suo.

Un dibattito del genere dovrebbe però avere come presupposto l'idea che l'etica sociale non è in crisi perché sempre meno religiosa. L'etica, sia essa laica o religiosa, è sempre un riflesso della società, ed è sui fondamenti di quest'ultima che sarebbe necessario discutere. Anche perché se oggi non siamo così schematici da ritenere che la sovrastruttura sia un mero rispecchiamento della struttura, è anche vero che se i cittadini, laici e credenti, non decidono insieme quali basi porre per la società dei prossimi decenni, non sarà possibile trovare dei valori comuni da far valere per mutare il sistema.

I credenti infatti, in quanto "credenti", sentono di avere il compito di riformare le loro chiese di appartenenza; ma in quanto "cittadini" devono trovare con credenti diversi da loro e con i non-credenti un terreno comune in virtù del quale sia possibile debellare la principale malattia che ha inaugurato il XXI secolo: la *corruzione*; corruzione di fronte alla quale non può bastare né una riforma di tipo religioso né una di tipo laico, in quanto è proprio il concetto di *democrazia* che va ripensato.

Oggi dovremmo sviluppare una democrazia più *diretta* che delegata, *localmente autogestita*, dove la concessione dei poteri vada considerata temporanea e limitata a un obiettivo specifico, dove gli eletti debbano rendere periodicamente conto del loro operato agli elettori, dove tutto sia sottoposto al controllo dei cittadini, dagli aspetti politici a quelli sociali e culturali, dove i bisogni siano il criterio per formulare qualunque legge (maggiori i bisogni, più alti i diritti), dove si possa riscoprire la *memoria del valore d'uso* d'ogni cosa (che non necessariamente coincide col suo valore di scambio) e dove il bisogno principale, la *libertà di coscienza*, sia la legge suprema di ogni decisione, dove nessuna decisione venga considerata irrevocabile (poiché non è l'uomo a essere fatto per il "sabato" ma il contrario), dove nessuno si consideri insostituibile o infallibile (neppure un organo collettivo, poiché nessun ruolo o funzione può essere eterno o ereditario), dove far valere il classico principio: "a ognuno secondo il bisogno, da ognuno secondo le capacità", dove la necessità di tutelare la natura sia parte costitutiva della riproduzione della specie umana, e questi son soltanto dei principi elementari, dei "minima moralia" direbbe Adorno.

Sapranno i laici come Vattimo e i credenti come Turrisi trovare un punto d'accordo intorno a essi per sviluppare poi quelle che i politici chiamano le "larghe intese"?

Ateo è bello ma non banale

Sul n. 5/2013 di "MicroMega" (*Ateo è bello!*), interamente dedicato all'ateismo, la Presentazione di Paolo F. D'Arcais merita d'essere commentata. Proprio perché di alcuni luoghi comuni in materia di ateismo non se ne può più, soprattutto quando provenienti dal mondo intellettuale.

Continuare a ribadire che devono essere i credenti a esibire "prove" della loro fede, quando ormai il concetto di "prova" è stato di molto ridimensionato dalla stessa scienza contemporanea, nel senso che nessuno può vantarsi d'averne in maniera inconfutabile, è quanto meno un segno d'arretratezza culturale. L'esempio del Sole che, sin dal tempo degli eliocentristi perseguitati dalla chiesa, sta lì nel mezzo mentre la Terra gli gira attorno, come volevasi appunto "dimostrare", è ridicolo: sia perché anche il Sole si muove insieme a noi, sia perché sul piano pratico la cosa è abbastanza indifferente all'uomo comune, sia perché, infine (e questo lo dice Wittgenstein, che credente non era), non c'è nulla sul piano logico che obblighi a credere che il Sole risorga una volta tramontato.

D'Arcais afferma che "il ricorso alla parola 'mistero' è impraticabile in ogni discussione razionale". Bene, così abbiamo fatto un bel regalo alla religione: l'unica titolata a parlarne! Chissà che tipo di parola dovremo trovare per definire quel 90% di materia di cui ancora non sappiamo un fico secco.

Servirsi poi delle argomentazioni ingenue dei classici filosofi greci, le quali ritenevano incompatibile la presenza di un dio assoluto con la presenza di un male così radicato sulla Terra, è quanto meno puerile: qualunque religione un po' scafata obietterà che dio non può violare il libero arbitrio, altrimenti si sarebbe limitato a creare animali, non esseri umani. Un qualunque credente arriva molto facilmente a sostenere l'esistenza di dio, proprio partendo dal fatto che l'azione umana, nonostante il male compiuto, alla fine rientra sempre in un progetto salvifico più generale. Semmai a un credente del genere si potrebbe far presente che proprio l'esistenza del male dimostra, seppur negativamente, che esiste un "dio" chiamato "uomo", l'unico essere dell'universo che compie il male contro il proprio istinto di bene, e che non ha bisogno di nessun altro dio per comportarsi diversamente.

Invece D'Arcais preferisce parlare di "caso e contingenza", che per essere smentiti avrebbero bisogno di un "determinismo assoluto e onnipervasivo", che per fortuna - dice lui - nella realtà non esiste. È ridicolo. Il caso ovviamente esiste, ma ha un ruolo determinato, entro un certo ventaglio di possibilità: come scegliere una carta nel mazzo. Se il caso fosse assoluto, sarebbe relativa qualunque parola usassimo per definirlo. Ed è curioso che un atteggiamento che si presume "scientifico" attribuisca al caso l'origine di tutto. Se c'è una categoria che la scienza dovrebbe detestare è proprio quella della "casualità": infatti, proprio nel momento in cui la usa, smette d'essere "scientifica" e diventa "filosofica".

È assoluta o relativa la *libertà di coscienza*? Se relativa, perché ci diamo così tanto da fare per tutelarla? perché addirittura morire per difenderla? Quando lo fanno i credenti, dobbiamo forse pensare che a ciò essi sono meno legittimati, in quanto il dio della loro rivendicazione è qualcosa di indimostrabile? La libertà di coscienza non è forse fonte di una *morale umana universale*, a prescindere dalle sue pratiche realizzazioni, sulle quali comunque è sempre bene confrontarsi?

"L'azione del 'caso' rende imprevedibile l'esito", dice D'Arcais. In che senso? Nessun esito può essere così imprevedibile da violare le leggi di natura. O forse, per togliere ai credenti l'idea di creazione predeterminata, vogliamo negare che l'essere umano sia soggetto a leggi di natura, indipendenti dalla sua volontà? Non è certo un caso che mutazioni genetiche avvengano in popolazioni che non praticano l'esogamia o che sono sottoposte a inquinamenti ambientali. Davvero "il caso esclude il finalismo"? Davvero è così assurdo pensare che un puntino insignificante dell'universo, chiamato Terra, possa pretendere, all'interno di tale contenitore, d'avere uno "scopo" e un "senso"? Anche l'embrione umano appena concepito è, nell'utero, un puntino insignificante. Anche il Tirannosauro nell'uovo che l'ha generato. E allora?

E con quale sicurezza si può sostenere che "tutte le facoltà che chiamiamo 'spirituali' cessano con la morte"? E se fosse la "morte" a non esistere? Come possiamo sapere che questa non sia soltanto una parola imprecisa con cui cerchiamo di definire un "trapasso naturale" da una condizione a un'altra? Quando mai nell'universo si può parlare di "morte" senza parlare, nel contempo, di "trasformazione"? L'antimateria esiste, eppure noi non la vediamo: gli scienziati si limitano a supporla, e nessuno ha l'ardire di definirli "credenti" solo per quest'ammissione di ignoranza. I buchi neri nell'universo esistono? Eppure se gli astronauti potessero vederli, ci finirebbero dentro, senza più poterne uscire.

Per concludere. Quando si dialoga coi credenti è meglio partire dal presupposto che non esiste "prova" che non possa essere smentita. Più che aver la pretesa di "dimostrare" qualcosa, dovremmo limitarci a "mostrarla", usando sì argomentazioni a supporto, ma senza privilegi di esclusività. Le cose assumono significati diversi a seconda delle circostanze di spazio e tempo e del punto di vista con cui o da cui vengono osservate, benché non si possa escludere l'esistenza di leggi di natura, universalmente valide.

Dobbiamo accontentarci di argomentazioni che rendono soltanto *plausibili* determinate affermazioni, cioè ragionevolmente possibili, senza che ciò comporti alcuna forma di misticismo, laica o religiosa che sia. Non possiamo rischiare di assumere un atteggiamento "mistico" anche nei confronti dello stesso concetto di "prova", col risultato di fare della scienza una nuova religione. Un'evidenza che presuma di auto-dimostrarsi è una semplice tautologia, avente quindi un contenuto semantico poverissimo. In campo astronomico la parola "mistero" non è l'eccezione ma la regola. Ma anche in campo medico, quando le guarigioni vengono ottenute per cause psichiche.

Il mistero fa parte della natura in generale e di quella umana in particolare, in quanto, in ultima istanza, resta sempre qualcosa d'insondabile nella natura delle cose, ed è proprio questo aspetto che stimola la ricerca e permette alle cose di assumere forme o fisionomie sempre diverse. Non c'è mai nulla di uguale a se stesso.

È assurdo pensare che le popolazioni del passato, solo per il fatto di non avere le nostre stesse conoscenze, non fossero "razionali". Non ha alcun senso sostenere che è "vero" solo ciò che è empiricamente dimostrabile. Questo è fanatismo scientifico. Neppure l'amore tra due persone è "dimostrabile" empiricamente, eppure diciamo di non aver dubbi a riguardo. Qualunque risposta a qualunque perché "ontologico" resta scientificamente indimostrabile. Dobbiamo elaborare un altro concetto di "scienza", più legato non tanto alla tecnologia quanto alle *profondità dell'umano*, che sono poi le stesse della natura.

Nessun limite alla libertà di satira?

Nel sito di MicroMega ho letto due articoli, che m'hanno lasciato quanto meno perplesso: uno del direttore Paolo Flores D'Arcais, l'altro di Raffaele Carcano (segretario Uaar), entrambi dell'8 gennaio 2015, scritti sull'ondata d'indignazione generale contro quei jihadisti responsabili del massacro della redazione del giornale satirico Charlie Hebdo e di altre persone ancora.

Scrive il primo: "La strage è stata fatta in nome di Dio, il dio monoteista, creatore e onnipotente, il Dio di Maometto... quello fondamentalista e terrorista, si è detto. L'altro islam è una vittima, si sottolinea. Senza dubbio. Ad un patto: che questo altro islam parli in modo forte, chiaro, senza contorsionismi semantici, e con adamantina coerenza di comportamenti". E che cosa deve dire? "...che riconosca la legittimità e la normalità democratica di quanto Charlie praticava in modo esemplare per intransigenza: il diritto di criticare tanto i fanti che i santi, fino alla Madonna, al Profeta e a Dio stesso nelle sue multiformi confessioni concorrenziali. Anche, e verrebbe da dire soprattutto, quando tale critica è vissuta dal credente come un'offesa alla propria fede. Questo esige la libertà democratica, poiché tale diritto svanisce se dei suoi limiti diviene arbitro e padrone il fedele". E poi ancora: "Il cristianesimo per fortuna è stato costretto a venire a patti con la democrazia laica, benché ancora non l'accetti pienamente. Il fondamentalismo alberga perciò nel suo seno in dosaggi infinitamente minori di quello islamico, questo è certo e nessuna comparazione è possibile; non dimentichiamo però che sono stati cristiani militanti quelli che hanno assassinato negli Usa medici e infermieri che rispettavano la volontà di abortire di alcune donne".

E ancora: "La laicità più rigorosa, che esclude Dio, qualsiasi Dio dalla vita pubblica (scuole, tribunali, comizi elettorali, salotti televisivi, ecc.), è perciò l'unica salvaguardia contro l'incubazione di un brodo di cultura clericale che inevitabilmente può diventare pallottola fondamentalista".

Carcano sostiene che quei redattori e vignettisti "lottavano per la libertà di espressione di tutti, per poter dire "no" a qualunque potere e a qualunque ideologia totalitaria, religiosa o non religiosa che sia. L'autocensura è sempre una rinuncia alla propria libertà e, nel contempo, un invito a tutti gli altri a fare altrettanto per mera convenienza personale". Quello "è stato un atto di guerra compiuto in nome di Dio e della religione. Contro un giornale che era stato denunciato per vilipendio, esso sì, dall'insieme delle organizzazioni musulmane francesi". E prosegue facendo la sua proposta: "Non può esserci civiltà democratica laddove la critica alla religione (e anche all'ateismo, ovviamente) non è libera. Le comunità religiose abbiano dunque il coraggio di rinunciare per prime a ogni protezione legale riservata al "sacro", "al sentimento religioso". Dio, se esiste, non ha certo bisogno di qualche legge per proteggersi. I leader religiosi invece sì, perché servono a immunizzarsi dalle critiche, a dotarsi di uno strumento utile alla conservazione del proprio potere. Ora devono scegliere da che parte stare: dalla parte della libertà di tutti o dalla parte del privilegio per sé.".

Perché non riesco a condividere le motivazioni sottese a queste frasi che sono laiche come lo sono io da una vita? Il motivo penso che sia uno solo: non si può fare del laicismo un'altra religione, fanatica e intollerante. Non si può fare della libertà di critica il pretesto per offendere le convinzioni altrui, dileggiandole, schernendole, solo perché vengono ritenute superate dalla storia. Questo non è laicismo, ma imperialismo culturale, arroganza ideologica, fanatismo alla rovescia, peraltro di derivazione cattolica e protestantica.

Io penso che la libertà di espressione (e a maggior ragione quella di satira) debba avere come limite fondamentale il rispetto della persona, delle sue convinzioni etiche, religiose, politiche. Le idee si possono anche criticare ma non si può deridere nessuno né offendere e tanto meno criminalizzare o discriminare o prendere di mira gli elementi fondamentali di un qualunque credo, sia esso condiviso da milioni o da poche decine di persone.

Se si vuol fare della satira sulle persone si usi un linguaggio indiretto, metaforico, dei personaggi simbolici (come faceva Esopo), ma non si attacchi direttamente nessuno per quello che è, a prescindere da ciò che dice e da ciò che fa, meno che mai quelli che non hanno mezzi sufficienti per difendersi.

Non ci si può trincerare dietro la satira (che nell'immaginario popolare appare sì "pungente" ma tutto sommato inoffensiva), pensando di poter dire qualunque cosa. Ovidio si pentì mille volte d'averlo fatto, ma Ottaviano lo lasciò morire in esilio. Chi non è capace di autolimitarsi, è destinato a pagarne le conseguenze, in un modo o nell'altro. Lenin diceva che la libertà d'espressione trova un limite nella libertà d'associazione: la libertà assoluta non esiste.

Nessuno di noi in genere ha problemi ad accettare la satira di Forattini, di ElleKappa, di Sergio Staino, di Vauro, di Striscia la notizia, ecc. Ma c'è satira e satira. Quella di Charlie Hebdo è volgare, triviale, oscena, pornografica e, per questo motivo, poco intelligente, rozzamente provocatoria, offensiva per miliardi di persone che in buona fede credono in ciò che loro denigrano. È troppo facile fare le vittime quando ci si espone in questa maniera alla reazione altrui.

Questi vignettisti, che si vantano d'essere figli di Voltaire e di non avere nel proprio paese il reato di blasfemia, non capiscono che il giorno in cui fossimo tutti costretti a diventare islamici, diffonderemmo l'ateismo anche indossando panni islamici, e ci sentiremmo figli di Avicenna e di Averroè e di tanti altri intellettuali islamici che diffondevano idee ateistiche all'interno della loro religione, e non per questo ci sentiremmo indotti a uscire dai binari della correttezza, non rinunceremmo al rispetto delle opinioni altrui.

In Italia la satira di Charlie Hebdo avrebbe subito mille denunce. Da noi Forattini, per molto meno, subì una ventina di querele da Craxi, Occhetto, D'Alema ecc. e lui se ne è sempre vantato, perché così poteva far la parte del perseguitato. Ma le querele non le pagava lui. E in ogni caso chiunque dovrebbe sapere che la gente si convince meglio dei propri errori quanto meno viene presa in giro. L'ironia socratica aveva come presupposto l'umiltà di sapere di non sapere.

La laicità deve dimostrare sul piano umano e democratico d'essere migliore di qualunque religione: non può pretendere di dirsi migliore *di per sé*, in maniera ipostatizzata, perché questo è appunto un atteggiamento di tipo religioso.

Se la stessa tipologia di satira fosse stata realizzata in Francia da una redazione islamica, contro il cattolicesimo, quanto tempo sarebbe durata? Se si vuole usare la satira in chiave politica, non ci si può poi meravigliare che la risposta, da parte di chi viene attaccato su un aspetto per lui così sensibile o vitale, possa essere data con qualunque mezzo. E non sarà certo con una satira offensiva e volgare che si potrà far capire a questi avversari che vi possono essere mezzi meno estremi per far valere le proprie ragioni.

Ciò che non si riesce a capire è che la religione non è, di per sé, spazzatura, né il laicismo, di per sé, è un prato fiorito. La religione sarà superstizione e alienazione, sarà clericalismo o fanatismo, ma in genere, se la si vive in maniera umana, così come i vari fondatori l'hanno voluta, essa non merita d'essere ridicolizzata o sbeffeggiata. E questo vale anche per il laicismo, in nome del quale si sono compiuti crimini non meno orrendi di quelli compiuti in nome della religione.

In tal senso dovremmo essere contrari all'abolizione del reato di vilipendio. Se vogliamo che i credenti rispettino il regime di separazione tra chiesa e stato, dobbiamo anche assicurare loro che non approfitteremo di questa separazione per discriminarli, opprimerli o anche soltanto ridicolizzarli.

I laici devono capire che non diventano meno laici se rispettano tutte le religioni. Il diritto di blasfemia è contrario a ogni buon senso. Rischiamo peraltro d'inimicarci, solo perché consideriamo il nostro laicismo come una forma di modernità, milioni di persone che, in buona fede, credono in Buddha, Allah, Jeova o Jahvè. È opportunismo? Lo facciamo perché temiamo il numero dei credenti? No, perché comunque siamo disposti a dialogare su qualunque argomento. Certo, farlo in maniera scientifica con chi ci parla di cose che per noi non esistono, può essere molto difficile. Ma, di regola, noi parliamo coi credenti di tante altre cose, di natura non religiosa, su cui dobbiamo prendere delle decisioni comuni. È però evidente che se il clima dei rapporti è guastato dalle contrapposizioni di tipo ideologico, non riusciremo a prendere decisioni comuni neanche sulle cose più semplici. Ci sarà sempre il sospetto che dietro ogni decisione vi sia un secondo fine.

Quando si discute di problemi sociali, ambientali, culturali..., non c'è bisogno di fare gli anticlericali per distinguersi dai credenti. Non possiamo rischiare di veder aumentare i credenti solo perché ci siamo presi la libertà di fare della satira contro le loro convinzioni, quelle per le quali, peraltro, sarebbero disposti anche a farsi ammazzare. Andando avanti di questo passo rischiamo di creare nuove guerre di religione, che ovviamente noi occidentali useremo come pretesto per qualche altra ambizione imperialistica.

Abbiamo criticato moltissimo, in occidente, l'ateismo-scientifico propagandato nell'ex-socialismo reale: e ora vogliamo ripetere lo stesso errore? Peraltro nell'Europa dell'est era vietato istigare all'odio e alla violenza per motivi religiosi, era vietato offendere i sentimenti o la sensibilità dei credenti in materia di fede: si poteva soltanto fare della critica scientifica. E ora noi che facciamo: siamo più realisti del re? Siamo tornati all'epoca della scristianizzazione di marca giacobina? Possibile che la storia non insegni mai nulla?

Prendere in giro personaggi condannati dalla storia per la loro disumanità, come Hitler, Stalin ecc., non può destare riprovazione, per quanto non sia questo il modo migliore per comprendere un fenomeno come il nazismo e lo stalinismo (solo il fatto, p. es., che si dichiarassero "socialisti" dovrebbe indurci a riflettere seriamente). Se anche qualcosa offendesse i neonazisti o i neostalinisti, non troverà nessuno disposto a difendere questi fanatici della dittatura.

Qui invece stiamo parlando di una religione, l'islam, in cui attualmente crede il 24% della popolazione mondiale (in Europa, compresa la Russia, il 6%). Se vogliamo considerare gli islamici come un tempo facevamo con gli ebrei, dovremmo prima di tutto dare un'occhiata ai numeri: paesi come Germania, Francia, Regno Unito, Italia e Spagna hanno in casa loro oltre 13 milioni di islamici. Rispettare questa gente conviene anzitutto a noi stessi, tanto, in ogni caso, noi non verremo meno alle nostre idee ateistiche.

Va poi detto che gli islamici fanno valere così tanto le ragioni della loro fede, perché questo per loro è il modo più semplice e diretto per opporsi alla cultura occidentale, che da mezzo millennio occupa il mondo intero. Noi dobbiamo stare attenti a fare la satira contro questa gente, perché è la stessa gente sottoposta ai nostri rapporti economici iniqui. Sfruttiamo le loro risorse naturali (in primis il petrolio), imponiamo loro determinate produzioni e le regole del mercato, li induciamo a espatriare, li obblighiamo alla nostra democrazia parlamentare, alla nostra lingua nelle istituzioni, alla nostra cultura nelle loro scuole.

L'unica arma che, fino a ieri, avevano era la religione. Oggi stanno usando armi vere e proprie, che noi stessi peraltro gli abbiamo venduto. E cominciano a far paura, perché sono tanti, molto determinati e con tassi di natalità davvero notevoli per i nostri standard. Che bisogno abbiamo di provocarli? Ci stiamo forse preparando a una nuova guerra perché non riusciamo a risolvere i nostri problemi interni? È possibile ipotizzare, come fanno alcuni analisti, che dietro questi terroristi vi siano potenze occidentali alle prese con problemi interni sempre più acuti, praticamente irrisolvibili coi mezzi tradizionali? Stiamo in effetti assistendo a una escalation della conflittualità molto evidente e pericolosa, in cui la regia americana sembra giocare un ruolo chiave.

Nelle nostre società capitalistiche chi è che si può permettere la satira? Soltanto chi ha mezzi sufficienti, sia per pubblicarla che per difendersi da eventuali denunce. Chi ha mezzi sufficienti, spesso ritiene sia un suo diritto esprimere qualunque forma di satira, anche la più volgare. Cioè tende a perdere il senso della misura, proprio perché sa d'essere protetto.

La satira dovrebbe essere fatta contro il potere; invece è soltanto un potere contro un altro potere e, nel peggiore dei casi, viene indirizzata contro chi non ha mezzi per difendersi.

Alla fine a cosa serve? A illuderci che basti fare satira per sentirci liberi? A relativizzare la gravità dei problemi? I satiri ci fanno ridere, ma se i problemi fossero davvero tragici, il nostro sarebbe un riso molto amaro, del tutto fuori luogo.

Ora, quando la satira diventa una forma di gratuita provocazione, la si deve ancora accettare? Le istituzioni possono permettersi il lusso che la satira minacci la sicurezza o l'ordine pubblico? Uno Stato democratico può accettare che la satira divenga una sorta di istigazione all'odio, alla violenza, alla discriminazione? In nome dell'assoluta libertà d'espressione siamo davvero disposti a pagare qualunque prezzo? È davvero questa la libertà che dobbiamo desiderare? Possibile che l'occidente, con tutta la cultura che si ritrova, non sia capace di rinunciare a una parte della propria libertà di parola, se questa libertà può risultare offensiva per determinate categorie di persone? Non è forse la capacità di rispettare le differenze che ci rende migliori degli altri?

Scomuniche e guerre sante

A volte oggi sentiamo parlare di "fatwa", ovvero di scomunica che alcuni settori del mondo islamico lanciano contro credenti giudicati eretici o blasfemi, ovunque essi vivano. Gli ambienti più fondamentalisti usano invece la parola "jihad" per indicare un impegno risoluto contro il proprio avversario, fino alla violenza *stricto sensu*, ivi inclusa quella su di sé, se questa può servire per eliminare quanti più nemici possibili e guadagnarsi un posto in paradiso. Non si scomunica chi non appartiene alla propria comunità: gli si dichiara guerra.

Noi che viviamo in Europa occidentale conosciamo bene questa prassi: i chierici lanciano scomuniche da sempre (l'ultima fu quella di Wojtyla contro i mafiosi), e se anche dicono di non volere "guerre sante", sono sempre lì lì per desiderarle. È una tentazione troppo forte quella di poter dire di non avere rivali significativi a livello internazionale. E se per soddisfare i propri deliri di onnipotenza è necessario accodarsi alle guerre che gli Stati compiono tra loro, la chiesa romana non si farà pregare più di tanto.

Non dimentichiamo che in Italia il papato accettò improvvisamente il Concordato offerto da Mussolini per salvare quest'ultimo dall'ondata d'indignazione riguardo al delitto Matteotti, garantendo pieno appoggio alle leggi fascistissime, e poi ovviamente per ottenere importanti privilegi, che apparivano insperati coi Savoia (non a caso rimasti scomunicati fino a quel momento), senza dimenticare le garanzie, a tutti i livelli, contro il pericolo del comunismo.

Prima di compiere dei voltafaccia o di passare alle armi o di usare le maniere forti bisogna far vedere d'essere disposti a subire abusi, violenze o persecuzioni di vario genere. Quando la misura è colma, scatta la molla del diritto: dobbiamo reagire, costi quel che costi.

In questa maniera non si affrontano mai i problemi alla radice, non si ascoltano mai le ragioni dell'avversario: lo si lascia fare impunemente, sacrificando anche persone inermi, e poi si passa alla ritorsione. Come quando Cavour mandò gli italiani a combattere i russi in un'assurda guerra in Crimea, solo per sedere al tavolo delle trattative, in cui avrebbe chiesto ai francesi un aiuto militare contro gli austriaci. Una cosa analoga la fece anche il duce, quando disse d'aver bisogno di qualche migliaio di morti per entrare in guerra e trattare coi vincitori.

La chiesa è invece più furba: quando non aveva forze sufficienti per fare la guerra in proprio, chiedeva agli Stati di sostituirla; e tali forze le ha avute, grosso modo, in quel periodo che va dal patto di ferro coi Carolingi sino alla nascita degli Stati nazionali. Poi ha dovuto accontentarsi delle guerre per procura, che comunque le han permesso di sopravvivere, con alti e bassi, per altri 500 anni.

Oggi nel mondo occidentale non si parla più di "guerre sante", ma fino a un certo punto. Non si vuole usare un termine così medievale o appartenente al vocabolario degli attuali fondamentalisti islamici; ma quando gli ambienti governativi occidentali fanno capire d'essere in presenza di uno "scontro di civiltà" o di dover "esportare la democrazia", o quando praticano i "bombardamenti etici" (con tanto di mandato dell'Onu) nei confronti di chi non rispetta i valori umani universali o il diritto internazionale, in sostanza si sta dicendo o facendo una cosa analoga.

Gli stessi presidenti statunitensi, quando invocano la benedizione di dio sul loro paese, prima di scatenare qualche guerra, sembrano dei pontefici laici. Questa in fondo è anche una conseguenza del trionfo del protestantesimo borghese, il quale non ha più bisogno della mediazione ecclesiastica: è stata abolita la gerarchia per poter fare di ogni laico un prete.

Ora, fino a che punto è giusta la *libertà di parola*? Davvero la scomunica va considerata, sempre e in ogni caso, come una violazione di tale libertà? Sarebbe sciocco pensarlo. In politica non si può parlare tanto per parlare: ad un certo punto bisogna prendere delle decisioni. E chi non si attiene alle decisioni prese, cioè non accetta il ruolo della minoranza, va espulso: c'è poco da fare. La libertà di parola ha senso nei limiti imposti dalla libertà di associazione. Ci può essere il dissenso, ma fino al punto in cui non si prendono decisioni a maggioranza.

La "scomunica" veniva praticata anche dagli ebrei come "anatema" e dai greci come "ostracismo". Peraltro son sempre esistiti vari gradi di "scomunica", lasciando al pentito qualche margine di speranza. Semmai sono due le cose che maggiormente avrebbero dovuto essere evitate, ma non lo si è mai fatto in ambito cattolico: 1) che lo scomunicato potesse essere oggetto di qualunque violenza su di sé, fino alla morte (anche da parte di organi istituzionali); 2) che la scomunica venisse usata non tanto per motivi ideologici, quanto per motivi esclusivamente *politici*, cioè in maniera del tutto strumentale. Quanti imperatori sono stati scomunicati dal papato solo perché non accettavano l'integralismo della fede o il potere temporale della chiesa o la teocrazia universale o anche solo perché non volevano condurre delle crociate anti-islamiche, o volevano imporre alla chiesa il dovere di pagare le tasse?

L'ultima scomunica politica è stata promulgata nel 1949 da papa Pio XII contro il partito comunista, in Italia e all'estero, con risultati però

opposti a quelli sperati. Le masse cattoliche non la presero in considerazione, anche perché si sapeva benissimo che la resistenza anti-fascista
l'avevano fatta soprattutto i social-comunisti. Tuttavia anche con Wojtyla
e Ratzinger non si è andati tanto per il sottile, sia nei confronti del "socialismo reale" che nei confronti della "teologia della liberazione". Ci è illusi che potesse esistere una terza via tra socialismo e capitalismo, ma invece di pretendere una democratizzazione del socialismo, si è preferito
mettersi, come al solito, dalla parte sbagliata.

Chiesa gallicana e Stato laico

Che l'atteggiamento nei confronti della religione non sia, di per sé, in grado di risolvere i problemi politici, è dimostrato anche dal fatto che al tempo del re Sole, Luigi XIV, lo Stato e persino la Chiesa nazionale francese (detta "gallicana"), pur riuscendo ad affermare, con i *Quattro articoli* del 1682, una politicità del tutto *laica* riguardo ai rapporti da tenere col papato, favorirono lo sviluppo di un regime tra i più assolutistici di tutti i tempi in Europa occidentale.

I suddetti *Quattro articoli* sostenevano dei princìpi che in Italia la Chiesa romana ha cominciato parzialmente ad accettare solo col Concordato del 1929 (e sicuramente hanno favorito la legge francese del 1905 sulla separazione tra Stato e Chiesa).

Prendiamo il primo: il papato non ha alcun potere sugli affari civili e temporali. Guardiamo invece in Italia: ancora oggi pretende d'intromettersi nel merito di determinate leggi o sulla loro applicazione, si arroga il diritto di dire ai parlamentari di orientamento cattolico come devono comportarsi, esprime giudizi sul comportamento di organi di governo, pretende di non pagare alcun tipo d'imposta e di risolvere i casi giudiziari con propri tribunali e di avere un proprio insegnamento di religione nella scuola statale e una propria banca non controllata dalla Banca d'Italia, e così via.

Il suddetto articolo 1 diceva cose che in Italia suonerebbero come un'offesa al senso comune di molti cittadini credenti, pur essendo sommamente laiche e democratiche: "Negli affari temporali re e sovrani non possono, per volontà di Dio, essere sottomessi ad alcun potere ecclesiastico. Il potere della Chiesa non può deporli né direttamente né indirettamente, né dispensare i loro sudditi dalla devozione e dall'obbedienza o scioglierli dal giuramento di fedeltà".

Quando mai si è visto in Italia uno statista dire qualcosa di "ostile" o anche solo di "inopportuno" nei confronti della dottrina cattolica? Non solo evitano di esporsi i politici cattolici, che, in fondo, dovrebbero avere una coscienza più laica rispetto a quella medievale, e che oggi, grazie ai mass-media, ascoltano dichiarazioni pontificie quasi ogni giorno, ma anche gli statisti non cattolici tacciano sistematicamente. Nessun politico ha mai contestato le encicliche dei pontefici: nel migliore dei casi si evita di metterle in pratica. Si fa finta che non siano mai state scritte.

Il massimo che i parlamentari cattolici sono arrivati a dire è che, dopo la morte della Democrazia cristiana, è impossibile riproporre l'unità politica dei cattolici. Sicché ognuno, ferma restando la fedeltà al papato, è libero di militare nel partito che vuole. Tutti i politici sanno bene che parlar male della Chiesa significa perdere consensi, come negli Stati Uniti parlar male della pena di morte o dichiararsi non credenti. Anzi, spesso si vedono dei politici strumentalizzare le parole dei pontefici per arrivare a dire che una battaglia a favore della civiltà occidentale contro il terrorismo disumano, l'islamismo fondamentalista e, fino a ieri, l'impero comunista del male è giusta e sacrosanta.

E pensare che per garantire maggiore democrazia all'interno della Chiesa romana, i cui vertici sono sempre stati (e lo sono ancora oggi) particolarmente corrotti, basterebbe avere la consapevolezza della Chiesa gallicana francese quando all'articolo 2 diceva: "Restano in vigore e sussistono immutabili i decreti del Santo Concilio ecumenico di Costanza" (1415), che poneva precisi limiti all'infallibilità del papa in materia di fede. Quali? Quelli per cui non può esistere alcun potere assoluto del papa sulla chiesa universale, in quanto il concilio ecumenico gli è nettamente superiore.

Si è mai sentito un politico cattolico italiano, dal 1870 ad oggi, sostenere che il papato dovrebbe rinunciare al dogma dell'infallibilità pontificia, formulato nel Concilio Vaticano I, onde favorire un regime democratico-conciliarista nell'ambito della Chiesa? Anche tra i papi più "aperti" che abbiamo avuto negli ultimi tempi (Roncalli, parzialmente Montini, Luciani e Bergoglio) si è mai sentita anche solo una timida parola contro il dogma dell'infallibilità pontificia? Hanno forse paura di dover ammettere che la Chiesa gallicana aveva ragione oltre 300 anni fa?

Questa Chiesa ha subìto un primo tracollo col Concordato del 1801 voluto da Napoleone, molto favorevole al papato, ed è stata condannata definitivamente dal Concilio Vaticano I nel 1870. Durante la seconda guerra mondiale, per decisione governativa, la Chiesa fu dichiarata sciolta e i suoi beni sequestrati, ma, negli anni '50, ha potuto riprendere l'attività fino ad arrivare a 20-25.000 fedeli. Tuttora questo movimento religioso, che accetta il matrimonio dei preti e dei vescovi, esiste con nove parrocchie in Francia e altre in Portogallo, Isole Canarie, Camerun e Congo; e ha un proprio sito web: gallican.org. Papa Giovanni XXIII (1958-1963) cercò di riassorbire la scissione, ma senza alcun successo. La Chiesa si è ricostituita come associazione di culto nel 1916 e quindi quest'anno festeggia il centenario.

Difficile aver paura di una Chiesa del genere. Tuttavia se si decidesse di darle ragione, si dovrebbe poi ammettere che l'ha sempre avuta anche la Chiesa ortodossa, che su questo, come su altri argomenti, ruppe definitivamente con la Chiesa romana sin dal lontano 1054.

È possibile che il papato ancora non abbia capito che la democrazia è migliore dell'assolutismo monarchico? Al giorno d'oggi le monarchie assolute, se si esclude lo Swaziland, son tutte di religione islamica (Brunei, Oman, Katar, Arabia Saudita, Emirati Arabi Uniti), cioè di quella stessa religione con cui il papato non riesce a trovare alcun punto in comune.

Ma torniamo alla questione iniziale. È forse servito alla società francese del XVII e XVIII secolo il fatto che lo Stato si fosse dichiarato indipendente dalle pretese temporalistiche del papato? No, non è servito. Non solo perché lo stesso Luigi XIV fu costretto a rinunciare ai *Quattro articoli* per non perdere il consenso dell'intera nazione, ma anche perché per eliminare l'assolutismo occorrerà fare una rivoluzione politica vera e propria, quella del 1789.

Aldo Moro secondo Giulio Andreotti

M'è capitato casualmente sotto mano un libro di Giulio Andreotti, *A ogni morte di papa*, edito dalla Rizzoli nel 1980. Guardando la data, non ho potuto fare a meno di cercare le pagine in cui doveva per forza parlare del delitto Moro. E infatti le ho trovate: sono le pp. 132-37, corredate da una lettera autografa dello stesso Aldo Moro. In esse sono ben chiare le motivazioni per cui i vertici della Dc rifiutarono di scendere a trattative con le Brigate Rosse.

Vediamo però anzitutto il testo di Moro, poiché le pagine di Andreotti vogliono essere una replica a quello. Moro aveva spedito la lettera, attraverso i suoi familiari, al papa Paolo VI, chiedendo sostanzialmente d'intercedere presso il governo "per un'equa soluzione del problema dello scambio dei prigionieri politici" (tra lui e qualche brigatista, anche uno solo). Rivolgendosi al papa, Moro cercava di giustificare lo scambio sulla base di motivazioni non politiche, bensì *etiche*: il *ricongiungimento familiare*. Scrive testualmente che la sua famiglia ha "necessità assai gravi".

Politicamente sostiene un'altra cosa, e cioè la convinzione che il pontefice, facendo leva su questioni etiche, poteva influenzare notevolmente gli organi di governo: "solo la Santità Vostra può porre di fronte alle esigenze dello Stato, comprensibili nel loro ordine, le ragioni morali e il diritto alla vita". Quest'ultima frase è abbastanza singolare. Al momento del rapimento, Moro era Presidente del Consiglio, un illuminato statista democristiano, il primo democristiano a dichiararsi disponibile a un compromesso politico-strategico col partito comunista, il cui segretario era Enrico Berlinguer. In quanto statista, prigioniero politico, stava chiedendo al papa d'intercedere per favorire una trattativa coi terroristi: era autorizzato a farlo in quanto statista, o stava chiedendo un indebito favore personale, in quanto cattolico e amico del papa? Stava forse supplicando di trasgredire, in via del tutto eccezionale, una regola ferrea dello Stato nei confronti del terrorismo in generale? Oppure stava semplicemente chiedendo una cosa che, quando si è in guerra con un nemico qualunque, generalmente si fa?

Leggendo la replica di Andreotti, vien da pensare che se fosse stato quest'ultimo a essere catturato dalle BR, una richiesta del genere - stando a quanto scrive - non l'avrebbe mai fatta. Dunque che senso aveva quella lettera? Moro era favorevole alla trattativa perché era parte in causa del rapimento (in quanto prigioniero politico) o per ragioni di principio, che sarebbero potute valere per chiunque si fosse trovato nelle sue stesse condizioni?

Altre lettere, dal contenuto analogo, le aveva già spedite ai colleghi di partito e nessuno aveva accettato l'idea di patteggiare: sarebbe stata - si diceva - una forma di debolezza da parte dello Stato. Non si voleva riconoscere alcuna legittimità alle BR La Dc era riuscita persino a convincere i comunisti ad essere assolutamente intransigenti.

Ad un certo punto la pubblica opinione cominciò persino a pensare che l'ala più conservatrice della Dc non volesse far nulla per liberare un collega così scomodo, che si era permesso di accettare l'abbraccio "mortale" proposto dai comunisti (il famoso "compromesso storico"). Gli stessi comunisti si presentavano come il partito della *fermezza*, in quanto, per tutto il periodo della segreteria berlingueriana avevano cercato a più riprese di dimostrare che il loro poteva essere un partito di governo e i loro dirigenti degli statisti in piena regola, non inferiori, per legittimità e capacità, ai democristiani. Tuttavia una posizione del genere, di fronte a un caso così drammatico ed eccezionale, appariva poco giustificata.

Solo i socialisti sembravano essere parzialmente favorevoli a una trattativa. Cioè avevano capito che la richiesta di Moro aveva un suo senso. Non è da escludere che i socialisti si fossero comportati così anche per distinguersi dai comunisti, che al tempo di Craxi venivano considerati nemici peggiori degli stessi democristiani.

Ma ora vediamo come sono andati i fatti secondo la ricostruzione di Andreotti. Sarà da questa che capiremo, indirettamente, la differenza fra *trattativa* e *fermezza*. Qui intanto si può anticipare che, dopo il delitto Moro, al governo andarono i socialisti di Craxi, che gestirono lo Stato insieme alla destra democristiana di Andreotti, Forlani, Cossiga, Piccoli ecc., sino al tempo degli scandali affaristici venuti alla luce con l'inchiesta giudiziaria chiamata "Mani pulite", che fece, in sostanza, crollare la prima Repubblica e, con essa, i tradizionali partiti parlamentari. Il crollo del craxismo non portò alla democratizzazione del sistema, ma alla nascita del suo prodotto peggiore: il berlusconismo, che elevò la corruzione a sistema.

Dovendo contattare un esponente della Dc, una volta ottenuta la lettera di Moro, a chi pensò Paolo VI di mostrarla? Proprio ad Andreotti. Lo fece incontrare con mons. Casaroli, segretario dello Stato Vaticano (la più alta personalità dopo il papa), che gli portò appunto la lettera dello statista. Le date sono importanti: Andreotti e Casaroli si erano incontrati il 20 aprile 1978, chiarendosi le idee su che cosa il papa non avrebbe dovuto dire nel suo pubblico intervento, affinché non ci fossero incompatibilità con le direttive del governo. Cinque giorni dopo Andreotti riceverà la fotocopia della lettera di Moro, cui risponderà per iscritto allo stesso papa, perché così gli era stato chiesto. Il 22 aprile Paolo VI aveva fatto l'appello per liberare Moro e aveva precisato alle BR di farlo "senza porre condizioni": indirettamente era come condannarlo a morte.

Sino all'ultimo Moro era convinto di potersi salvare, altrimenti non avrebbe scritto 86 lettere in 55 giorni, chiedendo uno scambio di prigionieri, come le BR, peraltro, gli suggerivano di fare. Ma perché l'avevano rapito, visto ch'erano disposte a liberarlo? Solo per ottenere la libertà di alcuni loro detenuti? O per avere un riconoscimento nazionale? O per impedire la realizzazione dell'intesa di governo tra Dc e Pc? Le risposte a queste domande possono solo essere ipotetiche.

È stato detto che tra le BR vi erano infiltrati al soldo degli americani, che volevano la fine dell'idea di "compromesso storico", in virtù della quale i comunisti sarebbero andati al governo insieme ai democristiani, come al tempo del governo di unità nazionale, durato pochissimo, tra De Gasperi e Togliatti. Si è detto che la stessa avversione al "compromesso", per motivi diversi, potevano averla anche i brigatisti, i quali, eliminando Moro, facevano capire che i comunisti non potevano governare insieme ai loro nemici storici, ma solo attraverso una rivoluzione politica.

Non è da escludere che Moro, vedendo il rifiuto alla trattativa da parte dei propri colleghi di partito, sarebbe uscito dalla Dc e forse avrebbe rinunciato anche all'attività politica, se avesse ottenuto la libertà. Detestava il segretario Zaccagnini per averlo indotto ad accettare delle responsabilità di governo che non avrebbe voluto. Gli scriverà inoltre di non accettare "l'iniqua e ingrata sentenza della Dc. Ripeto: non assolverò e non giustificherò nessuno. (...) Chiedo che ai miei funerali non partecipino né autorità dello Stato né uomini di partito".

Ma quale risposta diede Andreotti a Paolo VI? Egli scrive nel libro che, facendo un appello così drammatico a favore di Moro, il papa non solo si era "umiliato", ma, nello stesso tempo, si era "esaltato" (p. 134). Cosa voleva dire è difficile capirlo. Probabilmente si riferiva al fatto che il papa, in quel momento, s'era sentito al centro dell'attenzione, rivestito d'un ruolo eccezionale in previsione della liberazione di Moro. Se l'appello avesse avuto effetto, l'importanza del suo pontificato sarebbe stata enorme. La condizione però era che doveva continuare a perorare la linea della fermezza adottata dal partito. Andreotti infatti fa capire chiaramente che il Vaticano non avrebbe mai dovuto intraprendere un'iniziativa che avrebbe potuto danneggiare il partito "cattolico" al governo (egli, in realtà, si riferisce agli "interessi dello Stato", ma il significato resta uguale, in quanto la Dc, sin dalla fine del dopoguerra, s'era sempre concepita come un "partito-stato").

Paolo VI esegue, probabile non senza travagli interiori, quello che Andreotti, uno dei principali avversari politici di Moro, gli aveva chiesto, e non gli viene neppure in mente di rivolgersi a Zaccagnini, segretario del partito, o a qualche altro democristiano, per avere conferme o smentite su quel che doveva dire. Moro non mancherà di scrivere alla moglie che il papa aveva fatto "pochino" e forse ne avrebbe avuto "scrupolo".

Andreotti gli rispose per iscritto il 25 aprile e anche questa lettera è acclusa nel libro come documento. Anzitutto gli fa capire che la Dc aveva apprezzato enormemente il tipo d'appello che aveva fatto, in cui era stato chiesto di liberarlo senza porre condizioni. Strano questo atteggiamento da parte di un collega di partito: in pratica è come se Andreotti avesse voluto far capire che se le BR l'avessero liberato senza porre condizioni, la Dc avrebbe considerato ciò non tanto come un gesto umanitario, quanto piuttosto come l'ammissione di una decisiva sconfitta politica del terrorismo italiano.

In secondo luogo suggerisce al papa di credere che Moro non poteva scrivere quelle lettere in piena "libertà intellettuale e morale", per cui non erano da prendere con la dovuta considerazione politica. Erano lettere di un disperato, che aveva accettato le condizioni delle BR relative a uno scambio di prigionieri solo per salvarsi la vita. Da notare, su questo aspetto, che vari appartenenti al "Comitato degli esperti" voluto da Cossiga, per esaminare la fondatezza o l'attendibilità di quelle lettere, in un primo tempo affermarono che Moro era stato sottoposto a tecniche di lavaggio del cervello da parte delle BR Guarda caso però i nomi di molti dei membri di quel Comitato furono poi ritrovati tra quelli degli iscritti alla loggia massonica P2, compreso quello dell'importante criminologo Franco Ferracuti, ch'era anche un agente della CIA. Cossiga ammetterà tuttavia, anni dopo, d'essere stato lui a scrivere parte del discorso tenuto da Andreotti in cui s'affermava che le lettere di Moro erano da considerarsi non "moralmente autentiche".

In terzo luogo Andreotti ritiene chiaramente un'assurdità equiparare uno "statista rapito" (sottinteso: democraticamente eletto) con un "gruppo criminale", per cui lo "scambio dei prigionieri" andava considerato assolutamente "inaccettabile", né si poteva accettare l'idea che lo Stato stesse vivendo una sorta di "guerra civile" con le BR, le quali - a suo giudizio - altro non erano che un manipolo di disperati, destinati alla sconfitta. Come in effetti avverrà subito dopo quel delitto, grazie soprattutto all'iniziativa del generale Dalla Chiesa. Tuttavia, proprio per queste ragioni, vien qui da chiedersi il motivo per cui sarebbe stato così impossibile trattare. Portando alle logiche conseguenze il discorso di Andreotti, il governo avrebbe potuto subito trarre in salvo uno statista di spicco, un politico cattolico di razza come Moro, e in più avrebbe sicuramente sconfitto, in un momento successivo, un gruppo terroristico, con scarsi agganci sociali, come le BR Non ci sarebbe stato motivo d'aver paura di cedere.

Andreotti usa anche l'esempio del "caso Sossi"[38] per giustificare l'atteggiamento irreconciliabile della Dc alla trattativa coi sequestratori (atteggiamento che però, in quell'occasione, non ebbe Moro, il quale, in una delle sue lettere dalla prigionia, ricorda d'aver fatto pressioni su Taviani per realizzare uno scambio di prigionieri). La "clemenza per forza maggiore", nel nostro ordinamento - scrive testualmente Andreotti, non senza riferimenti al passato fascista - è "giuridicamente inesistente". Strano un atteggiamento del genere, poiché proprio durante il "caso Sossi" lo Stato aveva fatto la promessa di liberare i detenuti richiesti dai terroristi, anche se poi se la rimangiò. Lo stesso Sossi, che, quand'era prigioniero delle BR, s'era dichiarato favorevole a uno scambio di prigionieri, sostenne che dal punto di vista tecnico-giuridico c'erano le possibilità per risolvere il sequestro Moro in maniera diversa.

Sicuramente Andreotti una dichiarazione "supplicante" come quella del papa non l'avrebbe mai fatta, pur essendo cattolico come lui, semplicemente perché, nella sua concezione della politica, gli interessi dello Stato dovevano prevalere su quelli dell'individuo, benché, nella fattispecie, sarebbe meglio dire che gli interessi ideologici dell'anticomunismo dovevano sempre prevalere su qualunque altro interesse. Ecco perché, con una punta di malignità, sostiene che proprio nel momento in cui il papa si umiliò, finì con l'esaltarsi.

Moro non poteva essere liberato perché - scrive Andreotti - le esigenze della famiglia, degli amici e dei parenti dello statista andavano

---

[38] Il rapimento del sostituto procuratore della Repubblica Mario Sossi, nel 1974, fu considerato la prima azione eclatante delle BR e la "prova generale" per il sequestro Moro. Sossi era un magistrato di destra e aveva processato il gruppo politico di estrema sinistra "XXII Ottobre" per alcune azioni terroristiche. Quando le BR lo rapirono, chiesero, in cambio della sua liberazione, la scarcerazione di otto detenuti del gruppo suddetto. Cosa che in effetti fu lì lì per avvenire tramite la Corte d'Assise di Genova, che concesse d'ufficio la libertà provvisoria agli otto detenuti e il nulla osta per il loro passaporto. Senonché il procuratore della Repubblica Francesco Coco ritenne di dover pretendere, per la concessione delle condizioni dei brigatisti, la liberazione preventiva di Sossi. In quel caso le BR decisero di accettare. Ma siccome Coco si rifiutò poi di liberare i detenuti, le BR lo assassinarono a Genova l'8 giugno 1976, insieme a due uomini della scorta.

nettamente considerate inferiori a quelle che avevano gli "agenti dell'ordine", le "guardie carcerarie", di non vedere aprirsi le porte delle carceri, ove erano custoditi i terroristi, per uno scambio di prigionieri. Le conseguenze di un gesto del genere sarebbero state "gravissime", in quanto non si possono fare mai eccezioni alla regola. Curioso che questo venga detto da un democristiano che fece del compromesso politico il suo cavallo di battaglia, anche se resta vero che ogni compromesso trovava in lui la sua ragion d'essere solo entro i parametri dell'anticomunismo. In tal senso le ragioni umanitarie, se avessero prevalso, avrebbero finito col negare l'obiettivo politico di fondo, quello appunto dell'anticomunismo, essendo Moro favorevole al "compromesso storico". Per Andreotti Moro era semplicemente un irresponsabile, la cui famosa stretta di mano con Berlinguer sarebbe stata fatta pagare dagli americani.

Non a caso quando scrive che lo scambio dei prigionieri sarebbe stata una condizione che avrebbe comportato "una lacerazione non rimarginabile dei fondamenti di giustizia su cui si articola la convivenza civile", stava dicendo le stesse cose dell'amministrazione americana, per quanto proprio gli americani siano sempre stati favorevoli, durante il periodo della guerra fredda, allo scambio delle spie e degli agenti segreti coi paesi comunisti, e le spie potevano anche essere dei killer: non si faceva alcuna differenza.

Peraltro, continuando a guardare le cose sul piano *umano*, Andreotti non ha dubbi di sorta nel considerare del tutto superiori alle esigenze dei familiari di Moro quelle delle vedove e degli orfani delle vittime del terrorismo. Un ragionamento quanto meno bizzarro, poiché, al fine di tutelare il senso di umanità delle vittime del terrorismo, egli accetta che se ne sacrifichi un'altra, pur potendolo benissimo evitare.

Nella sua concezione della politica o l'umano viene subordinato ideologicamente al politico, oppure viene valorizzato astrattamente e quindi in maniera strumentale, per realizzare obiettivi non umani, ma soltanto politici e ideologici, quelli appunto dell'anticomunismo. Moro invece aveva scritto a Cossiga in una delle sue lettere: "Il sacrificio degli innocenti in nome di un astratto principio di legalità, mentre un indiscutibile stato di necessità dovrebbe indurre a salvarli, è inammissibile".

Per Andreotti non aveva alcun senso lo scambio di prigionieri, in quanto, secondo lui, non esisteva alcuna "guerra", nell'accezione classica del termine, contro i terroristi, che non potevano essere riconosciuti come "veri nemici", al pari di una "nazione", e che, per tale motivo, sarebbero stati, prima o poi, sicuramente sconfitti, avendo un consenso nazionale irrisorio.

Secondo lui l'unico istituto giuridico che, in quell'occasione, si poteva usare era la *grazia presidenziale*, ma proprio la sofferenza delle vittime del terrorismo lo impediva, e infatti Giovanni Leone non la concesse, anche se all'ultimo momento pare fosse stato disposto a firmare un provvedimento di clemenza nei confronti di un estremista di sinistra. La grazia, peraltro, doveva presupporre - secondo Andreotti - il "perdono" degli offesi, cioè dei parenti delle vittime del terrorismo: cosa che in realtà non era mai stato concesso.[39]

Per giustificare il suo atteggiamento, Andreotti si avvale anche del fatto che "l'intero Parlamento" era sulla "linea della fermezza". Qui in realtà sta mentendo, in quanto esisteva anche un "fronte possibilista", nel quale spiccava Bettino Craxi e che comprendeva anche il Presidente del Senato Amintore Fanfani, l'ex Presidente della Repubblica Giuseppe Saragat e il leader radicale Marco Pannella, incline a ritenere che un eventuale avvicinamento, allo scopo d'intavolare una trattativa per salvare la vita dello statista, non avrebbe svilito la dignità dello Stato.

Trattare coi terroristi avrebbe potuto, secondo Andreotti, aprire la strada a una "infrenabile spirale di violenza". Quindi, così dicendo, egli faceva capire, contraddicendosi sul piano logico, che il terrorismo andava considerato come un fenomeno gravissimo, che avrebbe potuto portare a una guerra civile o addirittura a una rivoluzione comunista. Appena poco prima aveva invece fatto vedere d'essere convinto che lo Stato fosse troppo forte per considerare le BR un nemico convincente. In altre parole, proprio mentre affermava che "lo scambio di detenuti rappresentava una soluzione non praticabile", finiva con lo sopravvalutare appositamente l'effettiva pericolosità dei terroristi solo per poter eliminare uno scomodo avversario politico, ch'egli, in fondo, non aveva mai sopportato.

A ciò aggiungeva considerazioni umanitarie abbastanza pretestuose, in quanto, affermando di non potersi concedere la grazia istituzionale neppur a un solo terrorista, perché i parenti delle vittime, rifiutando di perdonare gli assassini, non l'avrebbero capita, finiva col subordinare gli interessi politici di un intero Stato ai sentimenti privati di alcuni suoi singoli cittadini. Moro, in una lettera alla moglie, qualificherà il comportamento del suo partito come "assurdo e incredibile". Da notare che Andreotti non prevede neppure la possibilità di salvare Moro pagando un ri-

---

[39] Nell'agosto 1991, Francesco Cossiga, Presidente della Repubblica, ch'era stato, al tempo del delitto Moro, sulle medesime posizioni di Andreotti, propose di concedere la grazia a Renato Curcio, brigatista condannato come mandante dell'omicidio di Giuseppe Mazzola e Graziano Giralucci. In quell'occasione anche Andreotti concordò con Cossiga, anche se poi della proposta non se ne fece nulla.

scatto in denaro, come poi avverrà nel caso di Ciro Cirillo, componente della direzione nazionale della Dc, ostaggio delle BR nel 1981. Lo stesso Vaticano pare avesse intenzione di versare una forte somma di denaro.

Ci vollero altre due settimane, dopo l'appello del papa, prima che le BR ammazzassero Moro. Il governo confidava unicamente nel fatto che l'avrebbero dovuto liberare senza condizioni; col che i terroristi avrebbero dovuto ammettere la loro sconfitta politica nei confronti dello Stato. All'ultimo momento, in verità, la direzione della Dc incaricò il presidente del Senato, Amintore Fanfani, di fare un discorso aperto alla trattativa, ma tutti sapevano che ormai era troppo tardi.

Le BR, abituate a ragionare in termini esclusivamente politici, non l'avrebbero mai liberato sulla base di semplici considerazioni umanitarie. Quindi, in un certo senso, la Dc e il Pc (ma anche molti partiti minori) le spingevano a restare coerenti sino in fondo, affinché dimostrassero, con la loro brutalità, di non meritare alcun consenso politico. Moro andava sacrificato sull'altare dell'anticomunismo. Gli stessi comunisti lo volevano, preoccupati di dimostrare che la loro ideologia era completamente diversa da quella delle BR.

L'ultima punta di malignità perversa, in questa vicenda riportata nel suo libro, Andreotti la riserba allo stesso Moro, dicendo che "da quando ci sono i terroristi in azione non mi è consentito di andare nei cinema pubblici come Moro faceva con tanta soddisfazione e disinvoltura" (p. 137). Qui vuol far passare Moro per un "amico" dei terroristi, o per una persona che i terroristi ritenevano meno pericolosa di lui sul piano politico. È come se gli volesse togliere il diritto a considerarsi "martire" o "eroe". Il suo coraggio ad accettare il "compromesso storico" coi comunisti andava soltanto considerato come un avventurismo irresponsabile, che avrebbe portato il paese alla catastrofe.

Vengono qui in mente le parole di Caifa, quando disse: "È meglio sacrificare uno solo piuttosto che perdere la nazione intera". E fu così che Israele perse sia il suo leader politico più prestigioso che la stessa nazione.

Oportet et haereses esse

San Paolo diceva in 1 Cor 11,19 ch'era opportuno che ci fossero eresie, proprio per verificare chi fosse di provata virtù. Lo diceva nei confronti di chi lo contestava, senza però specificare che la sua stessa teologia costituiva un'eresia nei confronti del giudaismo e un vero e proprio tradimento nei confronti della predicazione politica del Cristo.

L'eresia è sempre stata combattuta, ed è normale che sia così. Gli uomini amano le certezze acquisite, temono i salti nel buio, a meno che non siano mossi da esigenze irrinunciabili, improrogabili. Gli stessi eretici, pur senza volerlo, hanno bisogno di scontrarsi con una opposizione istituzionale, poiché ciò li aiuta a precisare meglio le loro idee.

Saremmo sciocchi però a pensare che l'eresia, di per sé, sia sempre migliore dell'ortodossia. I sofisti erano forse migliori dei filosofi greci della natura? Il relativismo può andar bene, soprattutto in una società come la nostra, ma farne un assoluto sarebbe una contraddizione in termini.

Di sicuro sappiamo che senza eresia il pensiero umano non sarebbe mai progredito, ma potremmo dire, con altrettanta sicurezza, che qualunque progresso, in nome dell'eresia, sia stato in sé positivo? Dovremmo anzi dire che in ogni cosa ci sono i pro e i contro, e che ciò che più importa è essere sufficientemente consapevoli della realtà di questa bilancia universale.

L'eresia vuole un futuro diverso dal presente, ma non è detto, nel caso in cui vi riesca, che il nuovo sia migliore del vecchio. È stato forse un bene uscire dalla ricca foresta per avventurarsi nella squallida savana? Probabilmente no. Eppure questo passaggio è stato decisivo per l'evoluzione della nostra specie, benché ancora oggi esistano tribù che vivono molto tranquillamente nelle foreste e non provino alcun desiderio di urbanizzarsi. Semmai siamo noi che, per sfruttare le risorse del loro habitat, le costringiamo a cambiare vita.

È stato forse un bene uscire dal comunismo primordiale per entrare nello schiavismo? Molto probabilmente no. Però è stato un bene superare lo schiavismo col servaggio e quest'ultimo col lavoro salariato, anche se il fatto stesso ch'esista un "salario" non è certo un segno di uguaglianza sociale.

D'altra parte le eresie non si formano a caso. Ci vogliono situazioni particolari, quelle in cui le tradizionali opzioni per risolvere determinati (inediti) problemi, si rivelano insufficienti. Prima o poi qualcuno

s'inventa nuove soluzioni e trova immancabilmente qualcun altro che gli
è ostile. Sono infatti gli interessi materiali che decidono quando e come
difendere l'ortodossia o l'eresia. Se si trattasse soltanto di opporre un'idea
a un'altra, forse un compromesso, prima o poi, si troverebbe. Ma se le
idee sono associate a degli interessi economici o politici, tutto diventa
più difficile. E in questi casi è la tenacia, la ferma convinzione d'essere
nel giusto che alla fine ha la meglio, anche se a prezzo di non pochi rischi, pericoli, sacrifici e certamente senza poter seguire un percorso li-
neare, poiché le opposizioni all'eresia non si arrendono facilmente, meno
che mai una volta per tutte. Basta vedere la reazione della Chiesa romana
alla riforma luterana.

Non ha senso quindi che l'eresia, in sé, venga considerata sempre
migliore dell'ortodossia; anche perché la stessa ortodossia, nel momento
in cui è nata, era stata sicuramente una forma di eresia nei confronti di
ciò che la precedeva.

A volte addirittura accade che l'eresia si affermi contro l'ortodossia dominante, recuperando qualcosa di un lontano passato, debitamente
reinterpretato sulla base di esigenze che col tempo sono profondamente
mutate. Basta vedere che cosa fu la riscoperta medievale dell'aristotelismo contro la teologia agostiniana. Nel basso Medioevo la borghesia ur-
bana aveva bisogno di una teologia meno esigente, meno severa, che arrivasse addirittura a giustificare il prestito a interesse, e la trovò riattua-
lizzando un filosofo esistito 500 anni prima di Cristo.

Ma allora qual è il criterio per stabilire quanto un'eresia merita
davvero di superare l'ortodossia? Se si accetta quello di Popper, secondo
cui una verità scientifica, quando non accetta d'essere falsificata, è soltanto un dogma, bisogna fare alcune precisazioni. Questo perché non tutto ciò che smentisce una verità acquisita, merita d'essere considerato con
più attenzione. Il navigatore Colombo cercò di convincere i teologi de-
trattori che i calcoli di Toscanelli per l'attraversata dell'Atlantico erano
esatti. Invece erano completamente sbagliati, e fu solo per caso che le sue
navi si salvarono, trovando tra l'Europa e l'Asia un nuovo continente.

Se non ci fossero cose che non si possono contraddire, la nostra
esistenza sarebbe completamente in balìa del caso o dell'arbitrio. Possiamo rinunciare alla gravitazione? Sì, ma al di fuori della dimensione terrena del nostro pianeta.

Semmai dovremmo chiederci: anche ammettendo che qualunque
cosa possa essere contestata, qual è il criterio che ci permette di farlo
senza dover rinunciare ai due aspetti che più o meglio ci caratterizzano
come specie, e cioè il senso di *umanità* e di *naturalezza* delle cose? Detto
altrimenti: che cosa siamo disposti ad accettare affinché la nostra vita

non diventi disumana o del tutto artificiosa? Qual è il prezzo che siamo disposti a pagare in cambio di una ricerca infinita verso nuove acquisizioni scientifiche?

Possiamo stabilire a priori un criterio del genere? Probabilmente no, altrimenti le eresie si sarebbero affermate con maggiore facilità. Il criterio può essere stabilito solo a posteriori, guardando i risultati delle nostre scelte, sempre che sia possibile porvi un rimedio effettivo e non provvisorio, nel caso in cui esse siano state del tutto sbagliate. Il che, se guardiamo quelle compiute con la rivoluzione industriale, particolarmente nocive all'ambiente naturale, siamo quasi indotti a credere che forse sarebbe stato meglio cercare dei criteri preliminari.

Forse il criterio migliore è quello dell'*autocritica*, che però va accompagnato alla solerte decisione di saper porre rimedio, in tempi brevi, ai propri errori. Bisogna cioè essere disposti, in tutta umiltà, a ritornare sui propri passi, rivedendo, con coraggio e lungimiranza, la fondatezza, la legittimità, l'efficacia delle decisioni prese.

Bisogna saper fare un passo indietro anche contro i propri interessi immediati, le proprie convinzioni consolidate. Bisogna abituarsi all'idea che gli errori servono per imparare a non ripeterli. Le catastrofi dell'umanità, le grandi tragedie storiche sono avvenute proprio quando non si era disposti a recedere dalle posizioni prese. I poteri dominanti volevano agire in maniera unilaterale.

Ancora oggi, p.es., i governi americani ritengono sia stata giusta la decisione di sganciare due bombe atomiche sui cittadini inermi di due città nipponiche. È grave che, a distanza di tanti anni, nessun presidente americano abbia voluto ammettere la mostruosità di quel gesto.

Facciamo un altro esempio. La magistratura italiana ha voluto fortemente, per taluni criminali (in modo particolare i mafiosi), l'applicazione dell'art. 41-bis, che li obbliga a un isolamento completo, cioè a un trattamento incompatibile con il dettato costituzionale. Ebbene, siamo davvero sicuri che proprio quell'articolo non induca i loro parenti a diventare ancora più ostili nei confronti dello Stato? Siamo sicuri che le decisioni unilaterali siano sempre migliori di quelle concordate?

Ateismo scientifico e socialismo democratico

Il vero valore, quello fondamentale, dell'ateismo sta unicamente nella realizzazione del socialismo democratico. Senza socialismo, l'ateismo è destinato a rimanere una mera speculazione intellettuale, cioè un valore relativo, di secondaria importanza.

Tuttavia il socialismo non si può realizzare senza una rivoluzione politica che ponga fine alla proprietà privata o statale dei mezzi produttivi, alle differenze di casta e di classe, all'antagonismo sociale tra gruppi di potere, alle discriminazioni di genere, alle rivalità interetniche, alla dipendenza da entità esterne ed estranee, in quanto del tutto artificiose, come lo Stato e il mercato.

L'ateismo, di per sé, non favorisce il socialismo più di quanto non favorisca il capitalismo. È vero, il capitalismo è nato come forma di compromesso ideologico col cristianesimo, ma nella sua evoluzione si è sempre più laicizzato, anche se sotto il capitalismo l'ateismo non riesce a essere coerente coi propri presupposti.

Di sicuro non è con gli strumenti teorici dell'ateismo che si può compiere una rivoluzione politica. Per favorire quest'ultima non è indispensabile affermare l'ateismo: è sufficiente sostenere la *libertà di coscienza* in merito all'atteggiamento da tenere nei confronti delle questioni religiose. Nel senso che uno può essere ateo o credente: l'importante è che s'impegni a realizzare politicamente il socialismo. Il dialogo di Cristo con lo scriba, in tal senso, è indicativo: si può essere degli ottimi credenti, ma ciò di per sé non fa diventare dei seguaci del movimento nazareno. E, nel caso in oggetto, l'impedimento non stava nelle ricchezze, come nella pericope del giovane ricco, ma proprio nel fatto che quando si deve compiere una rivoluzione politica, l'importanza della religione va di molto ridimensionata.

Il compito di realizzare il socialismo democratico riguarda ogni essere umano. Non ci si può sottrarre al dovere di *essere se stessi*. Di per sé l'ateismo non indica il *modo pratico*, esperienziale, in cui poterlo essere. Il compito di essere se stessi può essere realizzato solo mettendosi in rapporto con la volontà altrui. Uno può arrivare per conto proprio a una concezione ateistica dell'esistenza, ma non può arrivare da solo a credere nel socialismo, o comunque non può farlo in maniera coerente, poiché il socialismo presuppone una *pratica politica*, finalizzata a un ribaltamento del sistema dominante. E questa pratica può essere svolta solo insieme ad altre persone.

L'idea di socialismo presuppone un *movimento* di persone disposte a realizzarla concretamente. L'impegno politico fattivo, nel presente di queste persone e nel territorio in cui vivono, è imprescindibile per chi si dichiara a favore del socialismo. Infatti l'adesione al socialismo implica uno scontro, che può anche essere mortale, con le forze che difendono il sistema antagonistico.

Chi si sottrae al dovere di essere se stesso, inevitabilmente va a ledere il medesimo dovere che anche gli altri hanno, che è poi una forma di "diritto", nel senso che chiunque ha il diritto di rivendicare la possibilità di compiere il proprio dovere. Tale dovere non è un obbligo imposto dall'esterno, ma un impegno che uno prende con se stesso e verso gli altri. Chi si vuole liberamente sottrarre a questo dovere, va isolato, altrimenti finirebbe col danneggiare la libertà altrui, ostacolerebbe la realizzazione del dovere altrui. Va isolato e rieducato a capire l'importanza di tale compito.

I mezzi rieducativi non possono però essere contraddittori al fine da realizzare. Non si può obbligare nessuno ad essere se stesso; gli si può soltanto impedire di non ostacolare il compito altrui. Il compito della rieducazione sarà lungo e faticoso, ma è indispensabile per vivere il socialismo in una condizione pacifica. La *coesistenza pacifica* è la condizione preliminare per poter migliorare se stessi, per essere creativi in maniera libera, senza aver timore che altri possano distruggere i risultati della propria creatività.

Il compito di realizzare il socialismo democratico è *universale*, non riguarda solo la dimensione terrena. Vi è coinvolta *l'intera umanità*, del presente e del passato, esistente qui e altrove. Il genere umano è *uno solo*, ovunque esso si trovi. Ogni singolo individuo, nelle condizioni di spazio-tempo in cui è chiamato a vivere, ha il compito di essere se stesso, *umano* e *naturale*. Non esiste una dimensione cosmica in cui un individuo non possa essere se stesso. Nessuno può essere obbligato a essere quel che non vuole essere, oppure a essere quel che deve essere. A nessuno può essere impedito di diventare *umano* e *naturale*. La legge fondamentale dell'universo è quella della *libertà di coscienza*: senza di questa, tutte le altre leggi non possono essere applicate in maniera *democratica*.

Detto questo, noi dobbiamo esaminare la prassi politica di chi nella storia ha tentato di realizzare il *socialismo democratico*. Ciò al fine di capire se gli esempi del passato possono contenere degli aspetti utilizzabili nel presente (come fece Lenin, quando, per capire come realizzare la rivoluzione bolscevica, si studiava la Comune di Parigi). Sotto questo aspetto sarebbe quanto mai sciocco pensare di poter considerare significative solo quelle esperienze in cui era presente in maniera esplicita la parola "socialismo".

Conclusione

Oggi è giunto il momento di considerare il cristianesimo come una deformazione *globale* del messaggio di Gesù, cui gli apostoli sono incorsi subito dopo la sua morte. Di questa mistificazione, la tradizione più difficile da smascherare e da superare è quella appunto rappresentata dalla religione ortodossa, che è stata l'unica corrente che ha cercato di salvaguardare, nella sua interezza, l'ideologia dell'amore universale, costituendo l'esempio più suggestivo dell'idealismo cristiano, mentre le altre due correnti opposte, ma in fondo complementari: una individualista, settaria, spontaneistica... che ha portato al protestantesimo; l'altra autoritaria, istituzionale, legalista... che ha portato al cattolicesimo.

Tuttavia, nonostante questa mistificazione, gli uomini hanno saputo progressivamente recuperare (ma ancora molto resta da fare) il messaggio originario di Gesù, nonché quello di tutti coloro che, prima e dopo di lui, hanno voluto affermare i princìpi dell'*umanesimo laico*.

Il cristianesimo resta, nonostante la sua specificità, una religione in questo senso, che - come tutte le religioni - non crede nella possibilità di vivere sulla terra un'esperienza autenticamente umana, cioè fondata sulla verità e sulla libertà. In tal senso non si può cercare una conciliazione tra valori "umani" e valori "cristiani", poiché quest'ultimi, oggettivamente, a prescindere dalle intenzioni soggettive dei credenti, si pongono come negazione degli altri.

Se il cristianesimo primitivo ha avuto un clamoroso successo, con la predicazione di Paolo, ciò è dipeso dal fatto che il messaggio originario di Gesù era così innovativo rispetto ai tempi di allora che parte dei suoi effetti si erano comunque fatti sentire sulle masse oppresse.

A parte ciò, cristianesimo e umanesimo laico non solo restano due concezioni diverse ma anche ostili, per quanto l'opposizione ideologica non possa di per sé impedire il formarsi di intese su argomenti specifici, di carattere sociale (come ad es. la pace, la lotta contro l'analfabetismo e contro la povertà, ecc.). Le differenze ideologiche, di principio, non possono impedire la collaborazione pratica nella soluzione di problemi comuni. Sostenere, come da più parti si è fatto, che la visione cristiana dell'uomo non esclude la lotta rivoluzionaria per la liberazione della società dall'oppressione e dallo sfruttamento, significa sostenere una sciocchezza, poiché il cristianesimo (quello post-pasquale) è appunto nato per aver rinunciato a una lotta rivoluzionaria.

Quando si sostiene che l'amore universale è conciliabile con la democrazia o il socialismo, si dimentica di aggiungere che in nome dell'amore universale il cristianesimo ha cercato d'impedire (spesso anche con la forza) che si realizzassero molte rivoluzioni a favore degli oppressi. Che la religione sia incapace di conseguire un'autentica democrazia sociale, lo attesta anche quanto è avvenuto nella ex-Jugoslavia, dove il confronto tra cattolici, ortodossi e musulmani ha portato più che altro ad accentuare le differenze.

Se dunque un credente si comporta come un "rivoluzionario", ciò non dipende affatto dalla sua fede religiosa, ma dal modo *laico* e *umanistico* di affrontare i problemi sociali (un "modo" che convive in maniera contraddittoria con la sua "religiosità").

Occorre insomma che l'umanesimo laico dica a chiare lettere che tutto il cristianesimo, già a partire da quello apostolico, va considerato come una *falsificazione* (voluta o inconsapevole non fa differenza) dell'originario messaggio di Gesù e che, nonostante questa mistificazione, è ugualmente possibile rinvenire nei documenti canonici alcune tracce dell'autentico messaggio del movimento nazareno.

Ci si deve cioè porre nell'ottica inversa di quella p.es. di Alfredo Luciani e della "Azione socialista cristiana europea", per il quale il socialismo ha potuto ereditare il meglio del cristianesimo perché è fondamentalmente "cristiano". Il che, in altre parole, significa che il vero socialismo non è quello anticapitalistico bensì quello "riformista".[40]

*

Posto questo, è poi bene convincersi che l'umanesimo laico non può farsi mettere in crisi da una "tomba vuota". Esso non può continuare a interpretare la scomparsa dell'uomo-Gesù secondo le versioni anticlericali della "morte apparente", del "trafugamento del cadavere" e amenità simili, senza esporsi al ridicolo. Quando è in causa la ricerca della verità dei fatti non bisogna aver paura di niente, neanche di fare "il gioco dei clericali". Non ci si può lasciare condizionare da motivazioni di ordine politico, al punto da non voler ammettere l'evidenza. Peraltro, quale vantaggio daremmo alla chiesa se dicessimo che in origine il messaggio di Cristo era puramente *laico* e *umanistico*? Ovvero se sostenessimo l'idea che l'episodio della "tomba vuota" non può di per sé implicare l'adozione di un'esegesi spiritualistica del messaggio di Gesù?

Il lenzuolo trovato in quella tomba (noto col nome di Sindone) è un reperto autentico, e va considerato come prova convincente che il corpo di Gesù è stato effettivamente crocifisso e sepolto. Quanto poi al

---

[40] Cfr *Cristianesimo e movimento socialista in Europa*, ed. Marsilio.

modo come esso sia scomparso, non credo che la scienza debba occuparsene più di tanto. Gli uomini devono preoccuparsi di vivere un'esistenza degna di loro, e non vi riusciranno certo considerando la Sindone l'oggetto privilegiato dei loro studi, o, peggio ancora, il toccasana dei loro mali.

Qui è sufficiente affermare che se l'intenzione del Gesù storico era quella di realizzare una società veramente democratica, allora tutti i riferimenti evangelici che presentano la sua "passione" come fatto "inevitabile" e già "profetizzato", tutti i racconti di resurrezione e apparizioni post-pasquali, tutti i discorsi che plaudono all'esistenza di un dio o che giustificano la divinità del messia, vanno considerati chiaramente falsi.

Il problema vero, a questo punto, è diventato un altro, che possiamo formulare in queste sintetiche domande, cui, prima o poi, bisognerà trovare una risposta:

- nonostante si sia dimostrato che tutti gli eventi fondamentali della vita di Gesù sono traducibili in un linguaggio puramente umano e laicizzato (per quanto essi rappresentino i simboli basilari della fede cristiana), per quale ragione non si deve pensare che sia stata proprio la religione a modificare un messaggio che in origine era soltanto laico e umanistico?

- Se oggi, dopo esserci emancipati dalla fede cristiana, siamo in grado, studiando con maggior senso critico i testi canonici del cristianesimo, di accorgerci di quante e quali manipolazioni sono state fatte alla predicazione di Gesù, per quale ragione dovremmo temere di sostenere che proprio il Cristo ha formulato, in nuce, i princìpi fondamentali dell'umanesimo laico e socialista?

- Fino a che punto è possibile rintracciare nei testi canonici quegli aspetti dell'umanesimo laico che sono stati sottoposti a manipolazioni, come ad es. la gestione socio-comunitaria dei bisogni, delle proprietà, dei mezzi di lavoro...; la subordinazione della legge ai bisogni reali della società; la partecipazione popolare diretta alla vita sociale, culturale e politica; l'apertura universalistica a tutti i popoli della terra; l'uguaglianza nel rispetto delle diversità tra cittadini, tra nazioni, tra etnie, tra religioni, tra i sessi ecc.; l'importanza dell'essere umano come "centro dell'universo"; la non-violenza come principio e la violenza come legittima difesa?

Bibliografia

Patetta Luciano, *Ario l'eretico*, 2003, Tranchida

Simonetti Manlio, *Ortodossia ed eresia tra I e II secolo*, 1994, Rubbettino

Galligani Clemente, *Eresia e ortodossia. Dal Medioevo ai giorni nostri*, 2003, Armando Editore

Casula Lucio, *Leone Magno. Il conflitto tra ortodossia ed eresia nel quinto secolo*, 2002, Tielle Media

Tamagnone Carlo, *Ateismo filosofico nel mondo antico. Religione, materialismo, scienza. La nascita della filosofia atea*, 2005, Clinamen

Tamagnone Carlo, *L'illuminismo e la rinascita dell'ateismo filosofico*, 2008, Clinamen

Tamagnone Carlo, *Necessità e libertà. L'ateismo oltre il materialismo*, 2004, Clinamen

Tamagnone Carlo, *Dio non esiste. La realtà e l'evoluzione cosmica tra caso e necessità*, Clinamen 2010

Tamagnone Carlo, *La filosofia e la teologia filosofale. La conoscenza della realtà e la creazione di Dio*, Clinamen 2006

Tamagnone Carlo, *Vita morte evoluzione. Dal batterio all'homo sapiens*, Clinamen 2011

Tamagnonc Carlo, *Dal nulla al divenire della pluralità. Il pluralismo ontofisico tra energia, informazione, complessità, caso e necessità*, Clinamen 2009

Huxley Thomas H., *Il diavolo nei dettagli. Saggi sull'agnosticismo*, 2009, Book Time

Scola Angelo, Flores D'Arcais Paolo, *Dio? Ateismo della ragione e ragioni della fede*, 2008, Marsilio

Bloch Ernst, *Ateismo nel Cristianesimo. Per la religione dell'Esodo e del Regno. "Chi vede me vede il Padre"*, 2005, Feltrinelli

Vitale Vincenzo, *Volti dell'ateismo. Mancuso, Augias, Odifreddi. Alla ricerca della ragione perduta*, 2010, SugarCo

Flores D'Arcais Paolo, Augias Corrado, *Etica dell'ateismo. DVD. Con libro*, 2006, Casini

Welte Bernhard, *L'ateismo di Nietzsche e il cristianesimo*, 2005, Queriniana

Sacchi Dario, *L'ateismo impossibile. Ritratto di Nietzsche in trasparenza*, 2000, Guida

Endrighi Silvio, *Ateismo*, 2000, Book

Flew Antony, Lombardo Radice Lucio, Bultmann Rudolf, *Dibattito sull'ateismo*, 1967, Queriniana

Comte-Sponville André, *Lo spirito dell'ateismo. Introduzione a una spiritualità senza Dio*, 2007, Ponte alle Grazie

Nuovo ateismo e fede in Dio, 2012, EMP

De Liguori Girolamo, *L'ateo smascherato. Immagini dell'ateismo e del materia-

lismo nell'apologetica cattolica da Cartesio a Kant, 2009, Mondadori Education

Curci Stefano, *La nascita dell'ateismo. Dai clandestini a Kant*, 2011, LAS

Liggio Fernando, *La Grande Truffa del "Cristianesimo"*, Tempesta Editore, Roma, 2012

Liggio Fernando, *La storia clinica di Yeschuah Bar-Yosef Il "Galileo" (Gesù il "Cristo"), come storicizzato dai fondatori del "movimento settario messianico"*, Bastogi Editrice Italiana, Foggia, 2009

Liggio Fernando, *L'assurdità del "Creazionismo" e la funzione delle Religioni*, Aracne Editrice, Roma, 2011

Liggio Fernando, *Papi scellerati. Pedofilia, omosessualità e crimini del Clero Cattolico*, Editrice Clinamen, Firenze, 2009

Liggio Fernando, *Il "Cristo" diverso. Decodificazione del Cenacolo di Leonardo da Vinci*, Editrice Clinamen, Firenze, 2008

Peruzzi Walter, *Il cattolicesimo reale attraverso i testi della Bibbia, dei papi, dei dottori della Chiesa, dei concili*, Roma, Odradek edizioni

Bodei Remo, *I senza Dio. Figure e momenti dell'ateismo*, 2009, Morcelliana

Percetti Luca, *Il peso del cielo. Etica e ateismo in Lucrezio e Nietzsche*, 2012, Gruppo Edicom

Tonon Nando, *Elogio dell'ateismo*, 2009, Dedalo

Rensi Giuseppe, *Apologia dell'ateismo*, 2009, La Vita Felice

Del Noce Augusto, *Il problema dell'ateismo*, 2010, Il Mulino

Haught John F., *Dio e il nuovo ateismo*, 2009, Queriniana

Bianchini Gianni, *Ricerca intorno all'ateismo*, 2012, Gruppo Albatros Il Filo

Varone François, *Un Dio assente. Religione, ateismo*, 1995, EDB

Giorello Giulio, *Senza Dio. Del buon uso dell'ateismo*, 2010, Longanesi

Formenti Carlo, *Piccole apocalissi. Tracce della divinità nell'ateismo contemporaneo*, 1991, Cortina Raffaello

Lohfink Gerhard, *Dio non esiste! Gli argomenti del nuovo ateismo*, 2011, San Paolo Edizioni

Kojève Alexandre, *L'ateismo*, 2008, Quodlibet

Zeppi Stelio, *Il pensiero religioso nei presocratici. Alle radici dell'ateismo*, 2003, Studium

Bertoletti Ilario, *Massimo Cacciari. Filosofia come a-teismo*, 2008, ETS

Vernette Jean, *L'ateismo*, 2000, Xenia

Morin Dominique, *L'ateismo moderno*, 1996, Queriniana

L'ateismo: natura e cause, Massimo

Campanella Tommaso, *L'ateismo trionfato*, 2008, Scuola Normale Superiore

Marcozzi Vittorio, *Ateismo e cristianesimo*, 1967, Massimo

Diagnosi dell'ateismo contemporaneo. Relazioni del Simposio (13 e 14 ottobre 1978), 1980, Urbaniana University Press

Pettinari Graziano, *Come se Dio non fosse. La questione dell'ateismo, il nichilismo e il problema del male*, 2005, Trauben

Hoseki Schinichi Hisamatsu, *Una religione senza Dio. Satori e ateismo*, 1996, Il Nuovo Melangolo

Di Loreto Antonio, *Problematica dell'ateismo*, Japadre

Ghedini Francesco, *Esperienza del nulla e negazione di Dio. Interpretazioni dell'ateismo in Nietzsche*, 1988, Gregoriana Libreria Editrice
Issues of vagueness. Methodology and agnosticism, 2005, Il Poligrafo
Minois Georges, *Storia dell'ateismo*, 2003, Editori Riuniti

Attinenti a questo volume se ne possono trovare altri in questa libreria virtuale: www.lulu.com/spotlight/galarico:
Cristianesimo medievale
Laicismo medievale
Le ragioni della laicità
Diritto laico
Ideologia della chiesa latina
Esegesi laica

Bibliografia su Lulu

www.lulu.com/spotlight/galarico

- Cinico Engels. Oltre l'Anti-Dühring
- Amo Giovanni. Il vangelo ritrovato
- Pescatori di uomini. Le mistificazioni nel vangelo di Marco
- Contro Luca. Moralismo e opportunismo nel terzo vangelo
- Arte da amare
- Letterati italiani
- Letterati stranieri
- Pagine di letteratura
- L'impossibile Nietzsche
- In principio era il due
- Da Cartesio a Rousseau
- Le teorie economiche di Giuseppe Mazzini
- Rousseau e l'arcantropia
- Esegeti di Marx
- Maledetto capitale
- Marx economista
- Il meglio di Marx
- Io, Gorbaciov e la Cina (pubblicato dalla Diderotiana)
- Il grande Lenin
- Società ecologica e democrazia diretta
- Stato di diritto e ideologia della violenza
- Democrazia socialista e terzomondiale
- La dittatura della democrazia. Come uscire dal sistema
- Etica ed economia. Per una teoria dell'umanesimo laico
- Preve disincantato
- Che cos'è la coscienza? Pagine di diario
- Che cos'è la verità? Pagine di diario
- Scienza e Natura. Per un'apologia della materia
- Siae contro Homolaicus
- Sesso e amore
- Linguaggio e comunicazione
- Homo primitivus. Le ultime tracce di socialismo
- Psicologia generale
- La colpa originaria. Analisi della caduta
- Critica laica
- Cristianesimo medievale
- Il Trattato di Wittgenstein

- Laicismo medievale
- Le ragioni della laicità
- Diritto laico
- Ideologia della Chiesa latina
- Esegesi laica
- Per una riforma della scuola
- Interviste e Dialoghi
- L'Apocalisse di Giovanni
- Spazio e Tempo
- I miti rovesciati
- Pazìnzia e distèin in Walter Galli
- Zetesis. Dalle conoscenze e abilità alle competenze nella didattica della storia
- La rivoluzione inglese
- Cenni di storiografia
- Dialogo a distanza sui massimi sistemi
- Scoperta e conquista dell'America
- Il potere dei senzadio. Rivoluzione francese e questione religiosa
- Dante laico e cattolico
- Grido ad Manghinot. Politica e Turismo a Riccione (1859-1967)
- Ombra delle cose future. Esegesi laica delle lettere paoline
- Umano e Politico. Biografia demistificata del Cristo
- Le diatribe del Cristo. Veri e falsi problemi nei vangeli
- Ateo e sovversivo. I lati oscuri della mistificazione cristologica
- Risorto o Scomparso? Dal giudizio di fatto a quello di valore
- Cristianesimo primitivo. Dalle origini alla svolta costantiniana
- Le parabole degli operai. Il cristianesimo come socialismo a metà
- I malati dei vangeli. Saggio romanzato di psicopolitica
- Gli apostoli traditori. Sviluppi del Cristo impolitico
- Grammatica e Scrittura. Dalle astrazioni dei manuali scolastici alla scrittura creativa
- La svolta di Giotto. La nascita borghese dell'arte moderna
- Poesie: Nato vecchio; La fine; Prof e Stud; Natura; Poesie in strada; Esistenza in vita; Un amore sognato

Indice

Premessa..5
Socialismo e ateismo nel giovane Marx........................7
Lenin e la religione...16
Gramsci, il Pc e la religione......................................25
Laicità e religione nella sinistra italiana....................28
La lettera di Berlinguer a mons. Bettazzi...................37
Etica e socialismo cristiano.......................................43
Revisionismo e pre-politica.......................................49
Socialismo e libertà di coscienza...............................65
Il secolarismo e Augusto Del Noce............................71
   Il cattolicesimo integralista di Augusto Del Noce......77
Buttiglione e il cristianesimo rivoluzionario...............87
   Un bilancio apologetico..95
Il neoidealismo di Croce e Gentile...........................105
   Quadro storico..105
   Quadro culturale-filosofico..................................105
   Il neoidealismo italiano.......................................113
   Croce e Gentile: unità e diversità.........................114
   Il dibattito sul neoidealismo in Italia....................123
   Ulteriori osservazioni critiche sulla filosofia gentiliana..........124
Gentile e Marx...127
   Una critica del materialismo storico (primo saggio)..............127
   La filosofia della prassi (secondo saggio)................135
   Epistolario. Lettera n. 5......................................141
   Addendum. Gentile e la religione..........................142
Gentile e l'integralismo cattolico.............................146
Il pensiero di Benedetto Croce.................................151
   Il pensiero...152
   Alcune osservazioni critiche.................................157
Donini e l'ateismo scientifico...................................159
Il Gesù "comunista" di Costanzo Preve.....................172
L'ateismo di Rensi...179
L'ateismo del Mussolini socialista............................184
Karševan ateo-revisionista.......................................199
J. F. Samarin e i limiti degli slavofili.......................212

Credere di credere, tra Vattimo e Turrisi..............................215
Ateo è bello ma non banale..225
Nessun limite alla libertà di satira?...................................228
Scomuniche e guerre sante...234
Chiesa gallicana e Stato laico...237
Aldo Moro secondo Giulio Andreotti................................240
Oportet et haereses esse...248
Ateismo scientifico e socialismo democratico.....................251
    Conclusione..254
    Bibliografia...257
    Bibliografia su Lulu..260